SUCCESS
석세스

SUCCESS

How We Can Reach Our Goals

석세스

지금 시작하는 목표 설계의 비밀

하이디 그랜트 할버슨 지음 | 장원철 옮김

북파머스

추천의 글

하이디 그랜트 할버슨은 목표를 설정하고 달성하기 위해 우리가 알아야 할 모든 것을 이 책에 고스란히 담았다. 그녀는 그동안의 연구 성과를 추리고 추려 바로 목표를 달성할 수 있도록 매우 실용적인 실천 방안들을 제시한다.

우리는 왜 새해에 결심한 것들을 지키지 못할까? 보고서 제출을 계속 미루는 이유는 무엇일까? 시험과 성적에 초점을 맞춘 교육이 오히려 성적에 도움이 되지 않는 이유는 왜 그럴까? 내가 생각하는 미래의 모습과 현실은 어째서 일치하지 않는 걸까? 다소 비관적인 사람들이 왜 그렇지 않은 사람들보다 일을 더 잘하는가? 그녀는 이 모든 의문에 대한 일상적이고 실용적인 답을 제시한다.

할버슨은 뛰어난 작가일 뿐만 아니라 이 책에서 다루고 있는 목표 달성과 성공이라는 주제를 오랫동안 연구해온 심리학자로, 행복과 성공의 중심에 '목표'가 존재한다는 사실을 이미 오래전에 깨달았다. 이 책에서 그녀는 사람들이 왜 목표를 설정하는지, 어떤 이들은 목표를 달성하고 어떤 이들은 실패하는지에 대해 뛰어난 통찰을 보여준다. 또한 앞서 열거한 의문들에 대한 구체적인 해법을 제시한다.

할버슨이 진행한 연구 외에 다양한 연구 사례까지도 자세히 살펴볼 수 있다. 이처럼 목표 달성과 관련이 있는 의미 있는 연구 성과들을 통해 우리 삶에 곧바로 적용할 수 있는 실천적인 교훈을 얻을 수 있을 것이다. 그녀는 일반인들이 소화하기 까다로운 학문적인 개념까지도 일상적인 언어로 쉽게 풀어내는 놀라운 재능을 가지고 있다. 그 덕분에 동기 부여에 관한 최고 수준의 논문들에 담긴 핵심적인 원리들을 쉽게 이해할 수 있게 되었다. 바로 이 점이 이 책이 다른 평범한 책들과 비교되는 가장 큰 이유이다.

이 책의 핵심 메시지는 '사람은 얼마든지 변할 수 있다'일 것이다. 물론 말처럼 쉽게 변하는 사람은 없다. 그러나 변화에 필요한 적절한 동기 부여와 합당한 자극을 받으면 분명 변할 수 있다. 그렇다면 도대체 우리는 어디서 목표를 향해 달려갈 자극과 동기를 얻을 수 있을까? 그 모든 대답이 여기에 들어 있다. 여러분은 책장을 넘기기만 하면 된다.

내가 할버슨 박사의 멘토 중 한 사람이라는 사실이 자랑스럽다. 그런데 그보다 더 자랑스러운 것은 이 책에서 내가 무언가를 배울 수 있다는 것이다. 여러분도 내가 왜 이토록 그녀의 책을 칭찬했는지 알게 되기를 바란다.

_캐럴 드웩(스탠퍼드대학 심리학과 교수, 『마인드셋』 저자)

왜 우리는
여전히 실패를 반복할까

사람들은 누구나 어제보다 나은 '나'가 되고 싶은 욕구를 가지고 있다. 그래서 끊임없이 새로운 목표를 세우고 그것을 달성하기 위해 많은 시간과 에너지를 투자한다. 그런데 있는 힘을 다해 노력했음에도 성공보다 실패하는 경우가 더 많다. 그럴 때마다 우리는 실패의 원인을 찾는데 대부분의 사람은 자신의 부족한 능력이나 자질 때문이라고 결론짓고 스스로를 탓한다. 하지만 이것만큼 잘못된 생각은 없다.

사회심리학자로서 나는 오랫동안 '목표 달성'과 '성취'를 주제로 연구해왔다. 이 과정에서 나는 회사와 학교, 스포츠계와 그 외 전문 분야에서 자신의 목표를 위해 최선을 다하는 수많은 사람을 만나보고 그들의 행동을 자세히 관찰했다. 실험에 참여했던 이들이 쓴 보고서를 분석하여 사람들이 일상적으로 어떤 목표를 세우는지, 그것을 달성하기 위해 어떤 노력을 하는지 확인했다. 또한 목표와 동기 부여에 관한 수많은 연구 자료와 논문을 검토했다. 이러한 노력을 통해 나는 몇 가지 결론에 도달할 수 있었다. 그중 가장 핵심적인 두 가지는 다음과 같다.

첫째, 사람들 대부분은 실패의 원인을 완전히 잘못된 곳에서 찾는다. 심지어는 사회적으로 성공한 사람들조차 과거의 실패에 대해 정확한 이유를 대지 못한다. 나 역시 목표 달성에 관한 연구를 본격적으로 시작하기 전까지는 별반 다르지 않았다. 학창 시절 공부는 일등이지만 운동은 항상 꼴찌를 면하지 못했던 이유를 나는 '그렇게 태어났기 때문'이라고 여기며, 자책하면서 쉽게 포기하고는 했다. 하지만 어떤 경우에도 그렇게 태어나는 사람은 없다. 이 간단한 진리를 깨닫기까지 적지 않은 시간이 걸렸다.

둘째, 적절한 훈련과 전략을 활용하면 누구나 자신의 목표를 성공적으로 달성할 수 있다. 이를 위해서 가장 먼저 해야 할 것은 지금까지 성공과 실패의 원인이라고 믿던 것들을 완전히 버리는 일이다. 그 잘못된 선입견이 우리의 변화 가능성을 억눌러 목표 달성을 방해하기 때문이다.

사람들은 새해가 되면 크고 작은 목표를 세운다. 그중에서도 '다이어트'나 '금연'은 가장 흔히 세우는 목표 중 하나일 것이다. 실제로 나는 몸에 딱 달라붙는 옷을 입겠다는 욕심으로 새해가 되면 매번 다이어트를 결심한다. 남편 역시 건강을 지키고 담뱃값도 아끼겠다며 금연이라는 목표를 세운다. 하지만 머지 않아 항상 실패로 돌아가고 만다.

미국 질병통제예방센터가 발표한 보고서에 따르면 미국인의 70퍼센트 정도가 과체중이며 그중 절반이 비만에 속한다고 한다. 이들은 비만이 심장병이나 당뇨병과 같은 질병을 유발할 수 있다는 이유 이외에도 아름다운 몸매를 갖고자 하는 욕망을 충족시키기 위해서 온갖 방법으로 다이어트에 매진한다. 하지만 살을 빼겠다는 간절한 소망을 비웃기라도 하듯 다이어트에 성공하는 사람은 극소수에 불과하다. 금연이라는 목표도 마찬가지이다.

통계에 의하면 미국 성인 중 20퍼센트인 4,000만 명 정도가 흡연자이며, 그중 절반 가까운 1,900만 명 정도가 지난 1년 동안 최소한 한 번 이상 금연을 시도해본 적이 있다고 한다. 그러나 실제로 금연에 성공한 사람은 300만 명에 불과하다. 이는 금연을 시도한 사람 중 85퍼센트는 목표 달성에 실패했다는 이야기이다.

이렇게 실패율이 높은 이유는 무엇일까? 목표에 실패한 사람들이 다이어트나 금연에 대한 욕망이 간절하지 않아서가 아니다. 생명에 대한 위협만큼 두려운 것이 또 어디 있겠는가. 그런데도 사람들은 생활 방식을 바꾸기 위한 목표를 달성하는 데 번번이 실패한다. 이유가 무엇일까?

이에 대해 가장 흔히 듣는 대답은 '의지력 부족'이다. 의지력이란 '유혹을 이겨내는 힘'을 말한다. 그리고 많은 사람이 의지력을 '타고난 능력'이라 여긴다. 그런 이유로 많은 사람이 목표 달성에 실패한 원인을 의지력 부족으로 태어난 자신의 탓이라 생각한다. 그렇다면 이상하다. 어차피 의지력 부족으로 태어났다면 어떤 목표를 세워도 달성하지 못할 것이 뻔한데 왜 그렇게 끊임없이 새로운 목표를 세우는 것일까. 그건 바로 우리가 믿고 있는 것과 달리 의지력은 절대 타고난 능력이 아니기 때문이다.

의지력은 도대체 어떻게 키울 수 있을까. 의지력을 키우는 방법을 설명하기 전에 이 책에서는 '의지력'이란 말 대신 '자기통제력'이라는 말을 사용하려고 한다. 자기통제력은 '목표를 향해 가는 과정에서 부딪히는 다양한 유혹과 문제 상황으로부터 자신의 생각과 행동이 흔들리지 않게 지켜내는 내적인 힘'을 말한다. 사실 자기통제력은 목표 달성에 대단히 중요한 요소이다. 앞으로 좀 더 자세히 설명하겠지만, 모든 목표는 일정 수준의 자기통제력을 필요로 한다. 다만 목표를 이루기 위해서는 우리가 생각하는 것과 조금 다르게 작동하는 자기통제력을 제대로 이해할 필요가 있다.

성공과 실패의 모순 관계

의지력이 부족해서 실패했다는 것처럼 '어떤 사람은 태어날 때부터 자기통제력이 높고, 어떤 사람은 낮다'는 믿음은 완전히 잘못되었다. 만약 이 말이 사실이라면 이 세상에는 승자와 패자, 두 부류의 사람만 존재할 것이다. 높은 자기통제력을 가지고 태어난 사람은 하는 일마다 성공할 것이고, 그렇지 못한 사람은 실패만 하게 될 테니 말이다. 하지만 다행스럽게도 세상은 그렇게 돌아가지 않는다. 그런데도 많은 사람이 자기통제력은 타고나는 것이라 믿는다. 그 믿음에 대한 근거는 무엇일까?

주변을 돌아보자. 늘 성공만 하거나 늘 실패만 하는 사람을 본 적 있는가. 아마 없을 것이다. 남들보다 자기통제를 잘하는 사람도 종종 실패를 겪는다. 어떤 분야에서 최고의 자리에 오른 사람도 새해에 한 결심을 이루지 못해 낙담하는 모습을 어렵지 않게 찾아볼 수 있다.

가장 먼저 계속해서 다이어트에 실패하는 유명 연예인을 떠올려보자. 자넷 잭슨이나 오프라 윈프리, 또는 엘리자베스 테일러와 같은 사람이 생각날 것이다. 이들은 이미 자신의 분야에서 최고의 자리에 올랐다. 그러나 수많은 언론은 그들이 날씬한 몸매로 시상식의 레드 카펫을 당당하게 걸어가는 모습과 얼마 지나지 않아 살이 쪄서 뚱뚱하게 변해버린 모습의 사진을 동시에 실으면서 끊임없이 가십거리를 만들어낸다.

연예인들만 그런 것이 아니다. 최고의 권력을 가진 사람조차도 이러한 결심을 이루는 데 실패한다. 그 사실을 가장 잘 보여주는 사례가 있다. 미국 대통령을 지낸 버락 오바마는 상원의원 시절 《시카고 트리뷴》과의 인터뷰에서 이렇게 말했다.

"지금까지 셀 수 없이 금연에 실패했습니다. 담배를 끊었다가도 선거 스트레스 때문에 번번이 다시 피웁니다. 얼마 전에는 아내에게 당장 담배를 끊으라는 최후통첩을 받았어요."

하지만 오바마의 금연 실패는 이게 마지막이 아니었다. 대선에서 승리를 거둔 후, 그는 텔레비전 방송에 출연해 담배를 끊었다고 말하면서도 가끔씩 아내 몰래 피울 때도 있다고 했다. 그가 최종적으로 금연에 성공했는지는 모르겠다.

중요한 것은 오바마 전 대통령이 금연에 여러 번 실패했다고 해서 그를 자기통제력이 부족한 사람이라고 말하지 않는다는 것이다. 혼혈아로 이혼 가정에서 자라나 미국 대통령의 자리까지 오른 사람에게 자기통제력이 부족하다고 말할 사람은 아무도 없을 것이다.

앞에서 언급한 유명 연예인들이나 오바마 전 대통령 모두 수많은 시련과 좌절을 극복하고 그 자리에 오른 사람들이다.

그들이 거기에 이르기까지 보통 사람들과는 비교할 수 없을 만큼의 엄청난 자기통제력이 필요했을 것이다. 그런데 한 가지 아이러니한 사실은 그토록 자기통제력이 높은 사람들조차 다이어트나 금연과 같은 사소한 목표 달성에 실패했다는 것이다. 도대체 그 이유는 무엇일까.

근육처럼 키우는 자기통제력

자기통제력의 본질이 무엇인지 알게 되면 이러한 아이러니를 충분히 이해할 수 있을 것이다. 최근 진행된 흥미로운 심리학 연구들은 자기통제력이 우리 몸의 근육과 비슷한 특징을 갖는다고 주장한다. 근력의 세기가 개인에 따라 천차만별이듯이 자기통제력의 강도도 개인, 또는 개인이 처한 상황에 따라 제각각으로 나타난다는 것이다. 또한 잘 발달한 근육을 가진 보디빌더의 근육도 지치는 것처럼 자기통제력도 지칠 때가 있다고 한다.

자기통제력을 주제로 한 초기 연구 중 가장 대표적인 것은 로이 바우마이스터의 실험이다. 이 실험에서 연구팀은 장시간 아무런 음식도 먹지 않아 배고픈 학생들 앞에 초콜릿과 무가 담긴 접시를 놓아두고 그것을 일정 시간 응시하도록 했다. 그런 후 한 그룹은 무만 몇 조각 먹게 했고, 다른 그룹은 초콜릿을 먹도록 했다. 그 과정에서 무만 먹은 그룹은 초콜릿을 먹고 싶은 욕망을 참기 위해 상당한 자기통제력을 소진해야만 했다.

다음으로 연구팀은 학생들이 자기통제력을 얼마나 소진했는지 측정하기 위해 절대 풀 수 없도록 조작한 퍼즐을 풀게 했다. 이 실험을 통해 연구팀이 알아내고 싶었던 것은 학생들이 과연 얼마나 오랫동안 불가능한 퍼즐에 매달릴까였다. 그 결과, 예상대로 무를 먹은 그룹이 초콜릿을 먹은 그룹에 비해 훨씬 빨리 퍼즐 풀기를 포기했다. 게다가 실험 종료 후에는 무를 먹은 그룹이 초콜릿을 먹은 그룹보다 훨씬 피곤해 보였다.

이 실험의 결과는 일상적인 의사 결정과 같이 지극히 사소한 일을 하기 위해서도 자기통제력을 많이 사용해야 하며, 그렇게 소진된 자기통제력은 다른 일의 결과에 영향을 미친다는 사실을 말해준다. 그렇다면 사회적으로 의미 있는 성공을 거두기 위해서는 어떨까. 아마도 엄청난 자기통제력이 필요할 것이다.

자기통제력을 많이 소진한 상태에서는 아무리 자기통제력이 강한 사람이라 하더라도 사소한 목표를 추구하는 것도 힘에 부칠 수 있다. 이와 관련하여 한 인터뷰에서 다이어트에 실패한 원인에 대해 말하는 오프라 윈프리의 말을 들어보자.

"올해 들어서야 나는 아무리 적게 먹고 많이 운동하려고 노력해도 내 삶의 균형이 완전히 무너진 상태에서는 절대로 살을 뺄 수 없다는 것을 비로소 깨달았습니다. 다시 말해 충분한 휴식 없이 온종일 일에만 매달리다 보니 내 마음을 다스릴 수 있는 시간이 없었고, 그런 생활이 결국 내 에너지를 갉아 먹고 있었던 겁니다."

나는 이 인터뷰를 보고 윈프리가 인생을 가꾸는 소중한 교훈을 비로소 발견했다고 생각했다. 자신을 너무 가혹하게 몰아붙이면 자기통제력은 금세 바닥을 드러내고 만다.

목표 달성의 확률을 높이려면

여기까지 읽고 아마 이렇게 생각하는 사람도 있을 것이다. '맞아! 다이어트에 실패한 것은 내 탓이 아니라 내가 다른 일에 자기통제력을 다 써버렸기 때문이야. 그런데 그걸 안다고 해서 무슨 쓸모가 있지?' 이 사실을 알게 된 것은 분명히 쓸모가 있다. 자기통제력의 정체를 이해해야만 목표 달성을 위한 올바른 전략을 세울 수 있기 때문이다. 자기통제력이 근육처럼 충분한 휴식을 통해 회복된다는 사실을 이해한다면, 지금까지와는 다른 새로운 방법들을 활용할 준비가 된 것이다.

아무리 어려운 일도 반복해서 하면 쉽게 느껴진다. 다이어트나 금연에는 많은 고통이 따르고 특히 자기통제력의 수위가 낮을 때는 더 큰 고통을 느낀다. 따라서 힘든 순간을 슬기롭게 잘 넘기고 신속하게 에너지를 충전할 수 있다면 목표 달성의 가능성은 크게 높아질 것이다. 이를 위한 몇 가지 실천 방안 중 대표적인 두 가지를 소개할까 한다.

첫 번째, 외적 보상이 떨어진 자기통제력을 보충할 수 있다. 예를 들어 다이어트에 도전하는 사람에게 일정 기간 안에 어느 정도의 살을 빼면 금전적인 보상을 하겠다는 약속을 했을 때 다이어트 성공률이 훨씬 높아진다. 또 부모들이 자녀들에게 흔히 하는 약속 중 하나가 시험 성적을 올리면 선물을 주거나 용돈을 올려주겠다는 약속인데, 이것도 외적 보상을 통해 자기통제력을 높여서 시험 성적을 올리는 데 도움을 주기 위함이다. 자기통제력의 저장고가 일시적으로 바닥을 드러낼 때 외적 보상은 그 위기를 극복할 수 있도록 도움을 준다.

두 번째, 자기통제력에 대해 우리가 가장 잘못 알고 있는 것은 그것이 타고난 것이며 절대 변하지 않는다는 믿음이다. 그러나 자기통제력은 근육을 단련하는 것처럼 학습과 훈련을 통해 얼마든지 변화시키고 끌어올릴 수 있다. 이를 위해 가장 먼저 필요한 것은 규칙적인 훈련이다. 최근의 연구 결과에 따르면 규칙적인 운동, 입출금 기록하기, 올바른 자세로 앉기 등과 같이 일상적인 습관을 통해서도 자기통제력을 높일 수 있다고 한다. 또 다른 연구에서는 규칙적인 운동 프로그램에 참여한 사람들이 신체적으로 더 건강해졌을 뿐만 아니라, 설거지 같은 집안일을 보다 적극적으로 하고, 충동구매를 줄이는데 성공했다는 사실을 밝혀냈다.

성공으로 향하는 사소한 조각

지금까지 자기통제력이 무엇인가에 대해 살펴봤다. 굳이 이렇게 길게 자기통제력에 대해 설명한 이유는 심리학적으로 중요한 개념이기 때문만은 아니다. 자기통제력에 대한 잘못된 선입견이 목표 달성에 필요한 변화의 잠재력을 억누르고 있기 때문이다. 최근에 활발하게 이루어지고 있는 심리학 연구 성과들은 자기통제력이 무엇이며, 어떻게 하면 이를 끌어올릴 수 있는지에 대해 많은 해답을 제시하고 있다. 이러한 차원에서 심리학은 우리 삶에 아주 유용한 도구인 셈이다. 그러나 이 책은 여기서 끝나지 않는다.

내가 이 책을 쓰게 된 진짜 이유는 목표를 세우고 이를 달성하기 위한 구체적이고 실천적인 방법들을 제시하기 위해서이다. 나는 여러분이 목표 달성이라는 거대한 퍼즐을 푸는 데 대단히 중요한 조각을 찾을 수 있을 것이라 확신한다. 지금껏 목표 달성에 실패한 이유를 분명히 이해함으로써, 성공적인 삶을 만들어 나갈 수 있을 것이다.

앞으로 어떻게 목표를 설정하고 그것을 달성하기 위해 어떤 전략이 필요한지 명확하게 이해하는 것이 가장 중요하다. 더 나아가 다른 사람이 목표를 달성할 수 있도록 어떤 도움을 줄 수 있는지에 대해서도 해답을 얻을 수 있을 것이다. 부디 이 책이 변화를 꿈꾸는 여러분의 삶에 작은 한 걸음이 되길 바라는 마음이다.

차례

PART 1.
준비하라

1. 가려는 방향을   27
명확히 알고 있는가

최선이라는 말에 담지 못하는 것 ㅣ 목표를 바라보는 두
가지 사고방식 ㅣ 지금 할 일과 나중에 할 일 ㅣ 긍정적 사
고의 힘과 위험성 ㅣ 실천 학습 61

2. 변화가 필요할 때   64

나 자신을 믿는 마음 ㅣ 스스로 바꿀 수 있는 것 ㅣ 변화의
가능성 ㅣ 무의식적으로 움직이기 ㅣ 성공 확률을 높이는
방법 ㅣ 무의식을 움직이는 법 ㅣ 실천 학습 90

PART 1.
준비하라

1.
가려는 방향을
명확히
알고 있는가

무언가를 이루고자 할 때 목표를 명확히 세워야 한다. 이 당연한 이야기를 왜 하는지 상당히 궁금할 것이다. 그러나 곰곰이 생각해보면 우리는 이 사실을 자주 잊어버리고 지낸다.

사람들은 자주 목표를 세우고 그 목표를 이루기 위해 열심히 노력한다. 그런데 자신이 무엇을 원하는지 정확하게 알지 못한 채로 노력하면 다 좋아질까? 그저 열심히 노력하면 더 행복하고 더 건강하며 성공한 삶을 누릴 거라고 막연히 기대하는 것은 아닐까?

우리는 현실로 이루어졌으면 하는 많은 소망을 품고 있

다. 하지만 그 소망 중에 얼마나 많은 것을 이루었는지 생각해 보자. 구체적으로 목표를 세우고 어떤 노력을 해야 하는지 명확히 알아야만 행동으로 옮길 수 있다. 그렇지 않으면 그 목표는 그저 오랜 희망 사항으로 남을 뿐이다. 아주 멋진 휴가를 꿈꾸지만, 단순하게 햇살이 내리쬐고 바닷바람이 시원한 곳으로 가면 좋겠다고 생각만 하고 아무런 계획을 세우지 않으면 결국 아무 데도 갈 수 없다. 그래서 목표를 명확히 설정하는 것이 중요하다.

이 장에서는 내가 지금까지 반복해서 강조한 목표 설정에 대해 살펴보려고 한다. 목표를 이루는 데에 목표 설정이 전부라는 얘기를 하려는 것이 아니다. 하지만 시작이 반이라는 말이 있듯 명확한 목표 설정만큼 중요한 것은 없다. 어떤 것을 꿈꾸고 이루기 위해 노력하는 모든 일이 여기에서부터 시작된다. 목표는 적절한 방향과 구체적인 전략이 있을 때 더 가까워진다는 것을 잊지 말자.

최선이라는 말에 담지 못하는 것

'최선을 다하라'라는 말은 흔히 쓰이는 동기를 자극하는 표현이다. 우리는 이 표현을 헤아릴 수 없을 만큼 많이 들었고 또 말했다. 물론 대부분은 상대방이 잘되기를 바라는 마음을 담아 사용한다. 이 말은 노골적으로 스트레스를 주지 않으면서도 열심히 하면 된다는 의도를 전달하기 위해 적절하다고 생각할 것이다. 할 수 있는 최선의 결과를 산출하도록 노력하라. 하지만 거기까지다. 최선을 다하라는 말은 누구에게도 열정을 더해주지 않는다.

그 이유는 이 표현이 상당히 애매모호하기 때문이다. 최선이 정확히 무엇을 말하는 것일까? 당신이 회사의 중간관리자라고 생각해보자. 회사의 수익성을 높이기 위해 부하 직원에게 시장조사를 지시해야 한다. 이 일은 상당한 업무량이 요구되고 매우 중요한 일이다. 그래서 당신은 부하 직원인 밥에게 이렇게 말한다. "밥, 최선을 다하게." 하지만 밥의 최선이 무엇인지 당신은 어떻게 알 수 있을까? 게다가 중요한 것은 밥이다. 밥은 어디까지가 최선인지 알고 있을까? 최선이 어디까지인지 아는 사람은 아무도 없을지 모른다.

최선을 다하라는 말을 들은 사람은 '아주 작은 일까지 완벽하게 확인해야겠다'고 생각하지 않는다. 아마도 '지적받지 않을 정도로만 적당히 해야겠다'고 생각할 것이다. 만약 '상사가 내가 최선을 다했다는 사실을 믿고 만족할 때까지 열심히 일해야겠다'라고 생각해도 마찬가지이다. 목표를 명확히 규정하지 않은 채 최선을 다하라고만 하면 아이러니하게도 최선과 동떨어진 결과물을 만들어낸다.

그럼 대안은 없을까? 그 해답은 구체적이고 높은 목표를 설정하는 데 있다. 심리학자인 에드윈 로크Edwin Locke와 게리 래섬Gary Latham은 구체적이고 높은 목표가 탁월한 업무 효과를 발휘할 수 있다는 사실을 밝히기 위해 수십 년 동안 연구해왔다. 이들은 1,000여 편 이상의 논문을 분석해 달성해야 할 목표를 정확하게 규정하고 목표치를 높게 설정한 사람들이 그렇지 않은 사람들에 비해 훨씬 좋은 성과를 냈다는 사실을 밝혀냈다. 목표가 자신이 직접 세운 것이든 아니면 외부에서 주어진 것이든, 혹은 누군가와 공동으로 세운 것이든 상관없었다. 어떤 상황이나 함께하는 사람이 달라져도 목표가 모호하거나 목표치가 낮은 것보다 목표가 구체적이고 높을 때 훨씬 성과가 좋았다.

그러면 왜 명확하고 어려운 목표가 '최선을 다하라'는 말보다 더 좋은 성과를 가져오는 것일까? 그 이유는 목표가 구체적일수록 해야 할 일이 간단하게 느껴지기 때문이다. 기대하는 일이나 달성해야 할 목표가 무엇인지 정확히 설정하는 것은 스스로 이 정도면 충분하다고 노력의 정도를 낮춰 잡는 가능성을 차단한다.

목표가 불분명하면 쉽게 지치고 유혹에 빠지기도 쉽다. 하지만 목표가 명확하면 목표를 이루었는지 이루지 못했는지만 있을 뿐 이도 저도 아닌 상황에 놓이지 않는다. 목표를 달성하지 못했다고 해도 포기하지 않고 노력하면 언젠가 이루게 된다.

목표를 높게 잡는다는 것은 무슨 의미일까? 사람들은 목표를 세우면 오히려 실패하게 될 거라고 생각하기도 한다. 하지만 그렇지 않다. 코미디 영화 「스탠드 업」에서 열정적인 에스칼란테 선생님은 저소득층의 성적이 낮은 학생들에게 수학 보충수업을 하면서 이렇게 말한다. "도전해야 얻을 수 있다." 도전하지 않으면 그 무엇도 이룰 수 없다. 어려운 목표를 세울수록 더 집중하고 더 많은 노력을 기울이며 유혹에도 쉽게 흔들리지 않는다. 어렵다는 것은 도달할 수 있다는 것과 같은 말이다.

로크와 래섬은 과학자, 회사원, 트럭 운전사, 조합원, 벌목꾼 등으로 이뤄진 다양한 그룹에게 매일 수행할 과제를 주는 실험을 통해 이 사실을 입증했다. 1970년대 초 이뤄진 한 조사에서 래섬은 벌목 회사의 트럭 운전자들이 법으로 규정된 적재 한도의 평균 60퍼센트 정도만 적재해 화물을 운송한다는 것을 알았다. 이는 시간과 회사의 자원을 낭비하는 일이었다. 회사에서 구체적인 적재 기준을 정해주지 않았기 때문에 트럭 운전사들은 굳이 많은 화물을 실어 나를 필요가 없었다. 래섬은 회사와 트럭 운전사들에게 법적 제한 중량의 94퍼센트까지 화물을 실은 뒤 출발하라는 구체적인 과제를 제시했다. 9개월 후 다시 조사했을 때 트럭 운전사들은 90퍼센트 정도 적재해 운반하는 모습을 보였다. 회사는 이를 통해 막대한 비용 절감 효과를 얻을 수 있었다.

사람들은 자신에게 부과된 과제를 꽤 잘 수행하며 때로는 그 이상도 해낸다. 누군가로부터 어려운 과제를 요구받았더라도 목표가 구체적이라면 실제로 그것을 해내려는 성향이 있다. 스스로에게 어려운 목표를 부여하더라도 마찬가지이다. 도달하기 어려운 목표를 수행하기 위해 능력도 그만큼 올라간다. 약 3,000명의 미국 노동자를 대상으로 한 다른 연구에서도 비슷한 결과가 확인되었다. 연간 평가에서 우수한 점수를 받은 직장인들 대부분은 자신 혹은 자신이 속한 팀에 주어진 목표가 달성하기 힘들다고 느꼈다.

만약 목표가 너무 높은 것이 실패의 원인이라고 생각하고 있다면 그건 분명 잘못되었다. 결과와 별개로 힘들게 노력해서 어려운 목표를 달성했을 때 얻는 성취감과 그 과정에서 얻게 되는 탁월함을 보상으로 얻을 수 있다. 정말 어려운 과제를 달성했을 때와 비교적 쉬운 과제를 해냈을 때의 느낌을 비교해보자. 어느 쪽이 성취감이 높을까? 어려운 일을 달성했을 때가 성취감과 만족감이 높을 뿐 아니라 행복도까지 상승한다. 반면에 쉬운 과제는 이런 긍정적인 느낌을 주지 못한다.

누군가는 하는 일이 만족스러워야 더 나은 수행 능력을 보여준다고 생각할 수도 있다. 또 잘하는 일을 할 때 업무 만족도가 상승한다고 생각할 수도 있다. 둘 다 맞는 말이다. 직업 만족도가 조직에 대한 공헌도를 높이고 스스로에 대한 자부심도 상승시킨다. 이것이 더 나은 도전 과제로 나아가게 만들고 작업 수행 능력과 만족감까지도 높인다. 도전 목표를 구체적이고 분명하게 설정하는 것이 성공과 행복의 순환을 가져오고 이것이 반복되도록 만든다. 로크와 래섬은 이를 가리켜 '높은 기대치의 선순환high performance cycle'이라고 했다.

누구나 선순환의 사이클을 시작할 수 있다. 그 첫 번째 단계가 바로 자신에게 구체적이고 명확한 목표를 부여하는 것이다. 달성할 수 있는 목표는 열정을 불러일으키고 성공의 기회를 가져다준다.

목표를 바라보는 두 가지 사고방식

우리는 자신에게 주어진 목표를 이루기 위해 여러 방법을 시도한다. 이때 생각하는 방식의 차이가 있을 수 있다. 진공청소기를 사용할 때 목표를 '깨끗하게 청소하기' 혹은 '바닥에 떨어진 머리카락 빨아들이기'라고 표현할 수 있는 것처럼, 수학 시험에서 A학점 받기라는 목표를 세우고 '학교에서 1등 하기' 혹은 '수학에 대한 이해력 높이기'라고 생각할 수 있다. 마찬가지로 규칙적으로 운동하겠다는 목표는 '5킬로그램 감량하기'나 '더 건강한 몸 만들기'라고 이야기할 수 있다.

✛ 나는 어떤 유형의 사고를 하는가?

먼저 다음의 질문에 답을 해보자. 어떤 행동을 하기 전에 머릿속에 떠오르는 생각이 무엇인지 알아보기 위한 질문이다. 여기에는 정답도, 오답도 없으며 더 나은 답도 없다. 깊이 고민하지 말고 당신이 할 법한 행동을 선택하면 된다.

1. **업무 체크 리스트를 작성하는 이유는**

   a. 업무 효율을 높이기 위해서이다.

   b. 업무를 잊지 않고 기억하기 위해서이다.

2. **집을 청소하는 이유는**

   a. 머무는 공간의 청결함을 위해서이다.

   b. 바닥의 먼지를 없애기 위해서이다.

3. **임대료를 지불하는 일은**

   a. 생활공간을 관리하기 위해서이다.

b. 매달 돈을 지불하는 일이다.

4. **문단속은**

a. 문을 잠그는 일이다.

b. 안전을 지키기 위해서이다.

5. **누군가와 인사를 나누는 것은**

a. 안녕하세요, 라고 말하는 일이다.

b. 상대방에게 친근감을 표현하는 일이다.

a는 2점, b는 1점으로 선택한 항목의 점수를 더해보자.

점수가 6점 이상이라면 당신은 일상적인 행동을 추상적인 방식으로 생각하는 경향이 있다. 이는 어떤 행동을 할 때 '왜' 하는지에 초점을 맞추어 사고한다는 뜻이다. 반면 점수가 5점 이하라면 행동을 구체적으로 생각하는 경향이 있다. '무엇'을 하는지에 초점을 맞춘다는 의미이다.

이 두 가지 사고방식 중에 어떤 것은 옳고 어떤 것은 틀렸다고 할 수 없다. 그저 다를 뿐이지만, 이 차이는 대단히 중요하다. '왜'를 중심으로 추상적으로 생각하는 사고방식과 '무엇'에 초점을 맞추는 구체적인 사고방식은 각기 다른 장단점을 가지고 있다. 둘 중 어떤 것이 더 좋은 효율을 보이는지는 상황에 따라 다르다. 그러므로 주어진 상황에 맞게 사고 방향을 전환하는 것이 목표를 달성하는 데에 중요한 역할을 한다. 좋은 소식은 사고 방향을 전환하는 것이 그렇게 어렵지 않다는 점이다. '왜'에 초점을 맞추어 생각할 때와 '무엇'에 초점을 맞출 때가 언제인지 알기만 하면 된다.

먼저 추상적인 사고방식에 대해 살펴보자. 추상적으로 사고하는 것은 어떤 일을 할 때 더 많은 열정과 에너지를 이끌어낼 수 있다. 일상적인 행동에 큰 의미와 뚜렷한 목적을 연결하기 때문이다. 이런 사고방식은 크게 중요하지 않다고 여겨지는 어떤 행동을 새로운 관점으로 바라보게 한다. 예를 들어 회사에서 야근을 해야 할 때 '2시간 정도 더 일하는 것'이라고 생각하기보다 '경력에 도움이 되는 일을 하는 것'이라고 생각하는 차이가 있다. 어떻게 생각하는지에 따라 업무를 받아들이는 자세와 효율이 다를 수밖에 없다. '왜'에 기반한 사고방식은 동기를 유발하고 열정을 끌어내는 일에 탁월하다.

다른 사람에게 동기 부여를 하고 싶을 때도 '왜'의 관점에서 설명하는 편이 설득력을 높일 수 있다. 예를 들어 자녀의 수학 시험 점수를 높이고 싶다면 교과서를 펴서 공식을 무작정 외우라고 하는 것보다 수학을 잘하면 대학 입시에 유리하다고 말하는 것이 낫다. 근의 공식을 꼭 외워야 한다고 구체적인 지시를 해서는 아이에게 동기 유발이 되지 않는다. '왜' 알아야 하는지를 이해해야 스스로 공부할 가능성이 높아진다.

그렇다면 구체적인 사고방식은 어디에 도움이 될까? '무엇'에 집중하면, 주어진 과제가 어렵거나, 익숙하지 않은 것이거나, 복잡하거나, 상당히 많은 수련 시간이 필요한 일을 수행해야 할 경우에 유용하다. 예전에 한 번도 진공청소기를 사용해본 적이 없는 사람은 '집을 깨끗하게 하는 일'보다 '바닥의 먼지를 빨아들이는 일'이라고 생각하는 것이 실질적으로 도움이 된다.

심리학자 댄 웨그너Dan Wegner와 로빈 발처Robin Vallacher는 커피 애호가들에게 커피 한 잔을 마시게 한 후 방금 마신 커피에 대한 느낌을 서로 다른 서른 개의 문장으로 표현하라고 했다(장담하건대 커피 한 잔의 느낌을 서른 개의 다른 문장으로 표현하는 것이 가능할까 하고 생각하는 사람이 있을지 모른다. 물론 나도 마찬가지이다). 커피 애호가들의 진술에는 커피를 맛있게 마시기 위해, 활력을 얻기 위해처럼 '왜'에 기반한 추상적인 표현을 포함해 액체를 마시다, 삼키다 등과 같이 '무엇'에 기반한 구체적인 진술도 있었다.

그다음으로 실험에 참가한 절반에게는 흔하게 사용하는 크기의 머그잔에 커피를 주고 다른 참가자 절반에게는 꽤 들기 힘든 무거운 머그잔에 커피를 주었다(이 실험에서 들기 힘든 무거운 머그잔은 230그램 정도였는데 1983년에 행해졌다는 것을 말해

두겠다. 당시만 해도 스타벅스에서 볼 수 있는 것처럼 커다란 잔에 커피를 먹는 사람은 없었다). 커피를 마신 사람들에게 방금 자신이 먹은 커피에 가장 잘 어울리는 묘사를 선택하라는 지시를 내렸다. 일반적인 크기의 머그잔으로 커피를 마신 참여자들은 주로 '왜'에 기반한 묘사를 골랐다. 익숙한 조건 아래에서 커피를 마신 사람들은 커피를 '왜' 마시는지에 기초해 자신의 행동을 떠올린 것이다.

하지만 무거운 잔을 사용한 사람들은 구체적인 '무엇'에 기반을 둔 표현을 더 선호했다. '입에다 잔을 가져다 댄다' 등 자신이 취한 행동에 더 많은 주의를 기울였다. 흘리지 않고 마실 수 있는 일반 컵보다 무거운 컵을 사용하게 함으로써 사람들이 커피를 마시는 행동 자체에 집중하도록 만든 것이다. 무거운 컵을 든 참여자들은 '무엇'을 하고 있는가에 주의를 기울임으로써 기묘하고 익숙하지 않은 잔을 사용해 실수 없이 커피를 마실 수 있었다. 만약 '왜'에 기반한 추상적인 사고방식으로 행동했다면 뜨거운 커피에 데거나 옷이 젖는 결과를 가져왔을 것이다.

웨그너와 발처는 젓가락과 손을 사용해 치즈를 먹는 실험도 진행했다. 젓가락을 사용한 실험 참가자들은 자신의 행동을 허기 달래기, 영양 공급하기 등으로 추상적으로 생각하는 대신 음식을 들어 입에 넣기, 손을 움직이기처럼 구체적으로 표현했다. 여러 번 반복된 실험을 통해서도 동일한 결론을 얻었다. 달성하기 어려운 행동일수록 지금 무엇을 하고 있는가에 초점을 맞추면 그 행동이 쉬워진다는 사실이다(이 시점에서 궁금할 수 있겠다. 우리 같은 사회심리학자들이 젓가락으로 치즈 먹기, 생무 조각 먹기, 웃긴 비디오 보면서 웃음 참기와 같은 기묘한 실험을 통해 특별한 즐거움을 누리는 것은 아니냐는 것이다. 짧게 대답하면 맞다. 그렇게 즐거운 실험에 많은 시간을 소요한 후 곧 재미없는 통계자료를 만들고 분석하느라 더 많은 시간을 보낸다).

익숙하거나 쉬운 일을 할 때는 추상적인 사고방식으로 그 일의 의미나 목적을 바라보기 시작한다. 한 연구에 의하면 술을 접한 경험이 부족한 미성년 음주자는 술에 대해 평가할 때 잔을 들어 올리다, 삼키다 등으로 행동을 묘사하는 경향이 뚜렷했다. 반면에 알코올 중독 치료센터에 있는 환자들의 경우 긴장을 완화하기 위해, 지루함을 덜기 위해 등으로 술의 의미를 표현하는 경우가 많았다. 술을 최근에 접한 사람들은 '왜 마시는지'에 대해 덜 생각한다. 알코올 중독자들이 그 이유에 대해 잘 알고 있는 것과 대조적이었다.

추상적인 사고방식은 큰 그림을 그리는 데 도움이 된다. 작고 일상적인 행동들은 모두 중요한 것들의 일부분으로 장기적인 목표를 달성하기 위한 하나의 과정이 되는 것이다. '무엇'에 기반하기보다 '왜'에 기반해 사고할 때 사람들은 충동을 억제하기가 쉽고 유혹을 더 잘 견뎌내며 미래를 위한 자신의 행동을 잘 계획한다. '왜'에 기반해 사고하는 사람은 자신이 누구인지 또 무엇을 원하는지를 분명하게 느낀다. 또 타인, 운명, 행운과 같은 외부 압력 요소에도 영향을 덜 받으며 상황에서 발생하는 변수에도 잘 대처한다.

반면에 구체적인 사고방식을 가진 사람들은 본질에 초점을 맞춘다. 그들은 동기 부여가 낮은 반면에 나무 대신 숲만 보는 위험에 빠지지 않는다. 이 능력 덕분에 특별히 험난한 과제를 달성할 때 능숙하게 대처할 수 있다. 그러므로 특별히 어려운 과제를 완수하려고 한다면 큰 그림은 잊어버리고 눈앞에 놓인 과제에 집중하는 것이 낫다.

이 두 가지 사고방식은 모두 장점과 단점이 있다. 가장 좋은 전략은 달성하고자 하는 목표에 맞게 사고방식을 변환시키는 것이다. 때때로 이 변환은 자동적으로 일어나지만 항상 그런 것은 아니다. 중요한 것은 상황에 맞추어 사고를 변환하는 것이다.

동기 부여가 필요하고 자기통제력을 강화하고 싶다면, 그리고 타인에게도 동일한 영향을 주고 싶다면, '왜'에 집중해야 한다. 하고자 하는 행동 너머에 있는 큰 의미와 목적을 고려하는 것이다. 예를 들어 디저트 접시의 유혹 앞에서도 다이어트를 고수하고 싶다면, 살을 빼려고 하는 이유를 떠올려야 한다.

일에 활력을 못 느끼는 직원들에게 동기 부여를 해야 한다면, 주어진 업무를 왜 수행해야 하는지 이유를 구체적으로 알려주어야 한다. 회사를 위해서 혹은 그들을 위해서.

반면 복잡하고 까다로운 업무, 어려운 과제, 익숙하지 않은 목표를 수행해야 할 때는 구체적인 사고방식을 활용해야 한다. 또한 새로운 어떤 것을 배울 때는 그 과정을 단계별로 나누어야 한다. 스키를 처음 배울 때를 떠올려보자. 스키 폴대를 잡고 무릎을 살짝 구부리는 것에 집중해야 한다. 활강 속도와 우아한 동작, 남의 시선과 같은 것은 잊어버려야 한다. 눈밭에 드러누워 수업을 끝내지 않으려면 스키 초보자에게 이것이 최상의 방법이다.

이제 목표를 달성하기 위해 두 가지 사고방식을 의식적으로 선택하는 방법에 대해 알아보자. 그전에 먼저 당부하고 싶은 것이 있다. 무언가 새로운 것을 배울 때마다 단계별로 적어두고 습관이 되도록 실천했으면 한다. 훈련을 통해 우리의 뇌가 새로운 전략들을 수용하고 반사적으로 사용할 수 있게 되면 필기가 전혀 수고스럽게 느껴지지 않을 것이다.

+ **추상적 사고를 해야 할 때**

1. 동기 부여가 되지 않거나 너무 많은 유혹 때문에 최근 어려움을 겪고 있는 행동을 적어보자. 디저트 먹지 않기에

서부터 중요한 이메일에 답장하기까지 일상에서 마주하는 사소한 일이어도 좋다.

2. '왜' 그런 행동을 잘하고 싶은지 적어보자. 그 행동의 목적은 무엇일까? 어떻게 해야 목표를 달성할 수 있을까? 목표를 달성함으로써 얻을 수 있는 이득은 무엇일까?

유혹에 흔들리거나 어려움을 겪을 때 당신이 그 행동을 해야 하는 이유를 떠올리자. 반복해서 생각하고 습관이 되면 작은 행동은 특별한 노력 없이 자동으로 몸이 움직이게 될 것이다. 계속 그것을 유지하기만 하면 된다.

+ 구체적 사고를 해야 할 때

1. 복잡하거나, 특별히 어렵거나, 익숙하지 않거나, 해보지 않았지만 달성하고 싶은 것에 대해 적어보자. 컴퓨터에 익숙하지 않지만 웹사이트를 만들고 싶다거나 새로운 경력을 쌓고 싶다거나 어떤 것이어도 좋다.

2. 다음으로 그 목표를 달성하기 위해 할 일이 무엇인지 떠올려보자. 목표를 달성하기 위해 가장 먼저 해야 할 행동은 무엇일까?

목표를 달성하기 위해서는 멈춰 서서 내가 해야 할 다음 행동이 무엇인지 생각해보고 거기에 집중해야 한다. 물론 반복을 통해 습관으로 만들어야 한다.

지금 할 일과 나중에 할 일

자신이 설정한 목표를 추구할 때 '왜'와 '무엇' 사이에 적절한 균형적 사고를 할 수 있으면 이 두 가지 사고방식 중 어느 하나에 무의식적으로 치중하는 편향을 개선할 수 있다. '왜'가 기반이 되었든 '무엇'을 토대로 했든, 우리가 행동과 목표에 대해 사고할 때 큰 영향을 미치는 또 다른 요인은 시간이다. 특히 계획한 것이 무엇이든 실제로 행동을 옮기기까지 얼마나 많은 시간이 걸렸는지가 중요하다.

새로운 다이어트 계획을 내일부터 시작해야 할까, 다음 달부터 시작할까? 다음 주 휴가 계획을 짜고 있는가, 내년도 휴가 계획을 짜고 있는가? 연구에 따르면 사람들은 먼 미래의 목표일수록 '왜'에 편향된 사고를 하고 가까운 미래의 계획일수록 '무엇'에 기반한 사고를 한다.

야코프 트롭Yaacov Trope과 나이라 리버만Nira Liberman은 대학생들을 대상으로 다양한 일상적인 활동에 걸맞는 표현을 선택하도록 하는 실험에서 이 사실을 증명했다. 이들은 한 그룹에게는 가까운 미래(내일)에 이사를 한다면 해야 할 행동을 상상하도록 하고, 다른 그룹에게는 먼 미래(다음 달)에 이사를 할 때 해야 할 행동을 상상하게 했다. 가까운 미래를 상상한 학생들은 '새 아파트로 이사하기', '짐을 싸고 박스 나르기'와 같이 '무엇'을 기반으로 생각했다. 반면에 먼 미래를 상상하도록 한 집단은 '새로운 삶의 시작'과 같이 '왜'를 기반으로 사고를 했다. 같은 행동이라도 시간에 따라 사고의 방향이 달라지는 것이다.

이 차이는 시간이 선택과 결정을 내리는 데 매우 중요한 역할을 한다는 것을 알려준다. '왜'에 기반한 사고는 '희망 사항desirability'이라고 부르는 정보에 많은 주의를 기울이도록 이끈다. 이 말은 목표 달성 여부와 상관없이 목표 자체가 좋은 기분을 가져다준다고 이야기할 수 있다. 먼 미래의 일을 고려할 때 사람들은 이런 방식으로 생각한다. '의과대학에 입학하면 멋지겠지? 그리고 부자도 되겠지?', '6개월 후 있을 회의에서 아주 멋진 연설을 하게 되면 경력에도 좋을 것이고 친구들에게도 당당한 모습을 보여줄 수 있겠지?', '올 크리스마스에 친척을 초대하면 우리 아이에게 좋은 추억이 되겠지?' 이 물음에 '그렇다'라는 답을 하면 당신은 목표를 설정하고 특정 행동을 할 가능성이 높다.

반면에 '무엇'에 기반한 사고는 보다 구체적인 '실행 가능성feasibility'에 더 많은 무게를 둔다. 실제로 할 수 있는 일이 무엇인지를 먼저 생각한다. 성공하려면 어떻게 해야 하는지, 어떤 장애물이 있는지를 떠올린다. 가까운 미래에 일어날 어떤 일을 생각할 때 우리가 고려하는 사항은 이것들이다. '지금 성적으로 내년에 의과대학에 입학할 가능성은 있나?', '다음 주 회의에 참석하려는데 아이를 누구에게 맡기지?', '내일 친척들이 도착하는데 이 사람들을 모두 어디에 재우지?'

시간의 여유가 있을 때는 좋은 생각이었던 것이 마감이 다가올수록 자꾸만 이상해지는 경험을 한 적은 없는가? '그때 왜 이런 생각을 했지?', '생물학에서 C를 받았으면서 어떻게 의과대학에 입학할 생각을 했지?', '그때 내가 왜 우리 집에서 열두 명 이상을 재울 수 있다고 생각했을까?' 먼 미래의 일이 현실로 다가올수록 막막해졌던 경험이 다들 있을 것이다. 의사가 되겠다고 결정했을 때, 친척들을 집안에서 재우겠다고 마음먹었을 때 실질적으로 무엇을 해야 하고 무엇을 하지 않아야 하는지 구체적으로 생각하지 않았기 때문이다. 먼 미래의 일을 생각할 때 우리는 '왜'에 기반을 둔 사고를 하고 실제로 '무엇'을 할 것인가에 대해서는 덜 생각한다. 잠재적으로 풍요로운 보상을 가져올 계획과 목표를 설정하지만 논리적으로는 악몽을 잉태한다.

반대로 가까운 미래에 일어날 사건일 경우 우리는 정반대의 실수를 저지른다. 단지 너무 귀찮다는 이유로 재미있고 보람도 느낄 수 있는 일들을 즉석에서 거절하는 경우가 있다. 내 경우에는 무료 인도 여행을 거절한 적이 있었다. 몇 주 안에 여행을 준비하기에는 번거로운 일이 너무 많다는 이유에서였다. '풍토병 예방 접종을 받아야 할까?', '여권을 갱신해야 하는데 비자는 어떻게 하지?', '강아지는 누구에게 맡겨야 하지?' 마음만 먹으면 금방 처리할 수 있는 일이었는데도 여행을 가지 않았고 나중에 후회했다. 갔더라면 수천 달러의 경비를 절약하고도 흥미로운 경험을 잔뜩 할 수 있었을 것이다. '무엇'을 해야 하는가에 대해 너무 많이 생각한 탓이다. 이처럼 가까운 미래의 일은 예측할 수 없는 기회비용에 사로잡히게 한다. 세부 사항에 빠져 허우적거리다 실질적인 혜택을 포기하는 것이다.

리버만과 트롭은 연구를 통해 '왜'와 '무엇' 중 하나를 선택할 때 나타나는 가치교환 현상**trade-off**을 밝혀냈다. 텔아비브 대학교의 학생들에게 과제 선택의 기회를 주는 실험을 진행했다. 학생들은 지루하지만 쉬운 과제(모국어인 히브리어로 된 '심리학의 역사')와 흥미롭지만 어려운 과제(영어로 쓰여 읽기 까다로운 '낭만적 사랑')를 선택할 수 있었다. 과제 제출 기한도 차이를 두어 다음 주에 과제를 제출하는 '근 미래 조건'과 9주 뒤에 제출하는 '먼 미래 조건'으로 나누었다. '근 미래 조건'에서 과제를 제출해야 하는 학생들은 압도적으로 쉽지만 지루한 과제를 선택했다. 이들은 어려운 일을 하지 않으려고 흥미를 기꺼이 희생했다. 그와 반면 '먼 미래 조건'에서 과제를 제출하는 학생들은 어렵지만 보다 흥미로운 과제를 더 많이 선택했다. 시간도 많으니 해볼 만한 도전이라고 생각했겠지만 마감 기한이 다가오자 '낭만적 사랑'을 선택한 학생들은 영어-히브리어 사전을 손에 들고 후회했다.

우리는 먼 미래에 무엇을 하고자 할 때 잠재적 보람을 위해 실질적인 고려사항들을 무시한다. 반면 근 미래의 일을 하고자 할 때는 너무 사무적으로 생각한다. 여기에 즐거움과 같은 오락적 요소는 배제된다. 먼 미래에 대해 생각하라고 하면 사람들은 탐험가처럼 낭만적으로 생각하지만, 지금 당장 할 일이라고 생각하면 회계사처럼 딱딱하게 사고한다.

이런 경향은 돈이 개입된 문제를 결정할 때도 마찬가지이다. 도박은 두 가지 사항, 배당금과 확률을 고려해야 한다. 배당금은 '희망 사항'에 속한다. '왜' 도박을 하느냐와 관련되어 있으며 도박에서 얻을 수 있는 잠재적인 보상이다. 확률은 '실행 가능성'으로 실제로 어떤 일이 일어날 수 있는 개연성이다. 한 실험에서 학생들에게 당첨률이 높지만 당첨금이 4달러인 복권과 당첨률이 낮지만 당첨되면 10달러를 받을 수 있는 복권 중 하나를 선택하게 했다. 당일 추첨을 하는 경우 학생들은 배당금이 낮아도 당첨률이 높은 복권을 선호했지만, 두 달 후 추첨일 경우 확률이 낮아도 배당금이 높은 복권에 모험을 걸었다. 경품 추첨에서도 비슷한 결과가 나왔다. 당일 추첨이면 인기는 없지만 당첨 확률이 높은 정수기 필터를 선호했지만, 2개월 후 추첨하는 경우 대부분이 당첨 확률은 낮은 고급 오디오를 선택했다.

위험과 보상을 함께 고려해야 하는 상황에서 할 수 있는 한 모든 정보들을 분명히 하고 또 객관적으로 다루는 일이 중요하다. 무언가를 결정해야 할 때 우리가 시간에 영향을 받는다는 사실도 기억해야 한다. 그래야 익숙한 사고편향을 극복하고 최상의 결정을 내릴 수 있기 때문이다.

'왜'에 기초한 사고와 '무엇'에 기초한 사고는 현실적인 측면에서도 상당한 차이를 만들어낸다. 또 다른 연구에서 리버만과 트롭은 일주일 동안 업무와 레저 활동에 각각 얼마만큼의 시간을 할당할 것인지 계획하도록 했다. 한 그룹은 다음 주 일주일 동안의 계획을, 또 다른 그룹은 1년 뒤 일주일 동안의 계획을 세웠다. 먼 미래의 계획일 때 사람들은 평균 82시간을 레저 활동을 하겠다고 적었지만, 근 미래일 경우 평균 68시간을 할당했다. 지금 당장일 때보다 평균적으로 14시간이나 더 레저 활동에 투자한 것이다.

다음 일주일의 계획을 세운 그룹의 사람들은 자연스럽게 업무 활동과 레저 활동에 소비하는 시간이 서로 가치 교환 관계(역자 주: 트레이드 오프trade-off, 한쪽의 이익이 높아지면 다른 쪽은 손실이 높아지는 관계)라는 것을 알았다. 한 부분에 할애하는 시간을 늘리면 다른 부분에 사용할 시간이 줄어든다는 것을 인식했다. 흥미로운 점은 미래 계획일 때는 달랐다는 것이다. 먼미래의 계획을 세운 사람들은 각각의 활동을 고립된 영역으로 간주했다. 두 가지 일이 가치교환 관계라는 것을 인식하지 못한 채 하고 싶은 일에 시간을 더 할애한 것이다. 목표에 대해구체적으로 사고하는 것은 시간을 현실적으로 관리할 수 있을뿐만 아니라 미루는 습성을 예방할 수 있는 최상의 길이다.

리버만과 트롭, 신 맥크리Sean McCrea, 그리고 스티븐 셔먼Steven Sherman은 대학생들에게 간단한 조사를 바탕으로 보고서를 작성하는 과제를 주었다. 기한은 3주로, 이메일로 보고서를 제출하면 보상금을 지급하기로 했다. 조사를 시작하기 전에 연구팀은 학생들을 두 그룹으로 나누어 '왜'에 기초한 사고와 '무엇'에 기초한 사고를 하도록 관여했다. '왜'에 기반한 사고를 하게 된 집단은 '은행 계좌 열기', '일기 쓰기'와 같은 열가지 활동 목록을 받고 이 활동을 해야 하는 '이유'를 제시해야 했다. '무엇'에 기초한 사고를 하게 된 집단은 동일한 활동목록을 보고 '어떻게' 할 것인지에 대해 작성해야 했다. 연구팀은 학생들이 조사를 마치고 이메일을 보내기까지 얼마나 많은 시간이 소요되는지 측정했다. 결과는 놀랍게도 '무엇'에 집중한 학생들이 '왜'에 초점을 맞춘 학생들에 비해 평균 열흘 정도 일찍 과제를 제출했다(이 연구의 다른 버전에선 14일 차이가 났다). '무엇'에 기반한 사고는 특정한 행동에 집중하도록 함으로써 빠르게 목표를 달성할 수 있도록 한다. 반면에 '왜'에 기반한 사고를 하면 실질적인 행동으로 옮기는 것이 늦어진다.

심리학자들은 종종 "이렇게 하는 것이 나을까요, 저렇게 하는 것이 나을까요?"라는 질문을 받는다. "집중하는 편이 좋을까요, 잠시 딴생각을 하는 편이 좋을까요?", "실수한 것을 다시 검토하는 것이 나을까요, 지나간 것은 그대로 두는 것이 좋을까요?" 심리학자가 줄 수 있는 답은 '상황에 따라 다르다'이다. 큰 그림을 그리며 생각하는 것이 좋은지, 사안의 핵심을 생각하는 것이 좋은지 물어도 마찬가지이다. 추구하려는 목표가 어떤 것인가에 달렸기 때문이다.

큰 그림, 즉 목표에 대해서 '왜'에 기반해 생각하면 동기부여와 일에 대한 열정을 얻는 데에 도움이 된다. 얻을 수 있는 보상에 초점을 맞추어 자기통제력과 인내심을 향상시킬 수 있다. '무엇'에 기초한 사고는 이루고자 하는 목표가 어렵거나 익숙하지 않을 때 장점이 있다. 당장 해야 할 세부 사항에 초점을 맞추기 때문에 미적거리는 일을 예방할 수 있기 때문이다. 성취는 한 가지 스타일을 고수해서 달성되는 것이 아니다. 직면한 목표를 어떤 사고에 기반해 다룰 것인지를 결정하는 능력에 달렸다.

긍정적 사고의 힘과 위험성

목표를 설정하고 그 목표를 달성하고자 할 때 '긍정적 사고'가 얼마나 중요한지는 모두 잘 알고 있을 것이다. '자신을 믿어라, 목표 달성을 확신하라, 그러면 성공할 수 있다.' 이런 메시지를 전하는 자기계발 서적으로 책장을 채우는 것은 쉬운 일이다. 이 개념은 비교적 단순하며 실험심리학자들 사이에서도 인기가 있다.

세계는 낙관주의자들을 사랑한다. 좋은 소식은 낙관주의가 자연스러운 성향이라는 것이다. 낙관주의를 다룬 여러 연구를 살펴보면 사람들은 이웃들보다 자신에게 더 좋은 일이 일어날 것이라 믿는 경향이 강하다. 남들보다 사회에서 더 성공하고, 좋은 경력을 쌓고, 더 멋진 집에서 살며, 돈도 더 많이 벌고, 더 건강하게 오래 살 것이라는 믿음을 갖는다. 대체로 이런 믿음을 갖는 건 좋은 일이다. '대체로'라고 한 이유는 이 생각에는 중요한 한계가 있기 때문이다. 긍정적 사고를 할 때는 주의가 필요하다. 항상 적절한 방향을 향하고 있어야 한다.

앞으로 살펴보게 되겠지만 미래에 대해 긍정적 사고를 할 때는 여러 패턴이 있다. 체중 감량을 목표로 하고 있다고 가정해보자. 이 목표를 달성하기 위해 '긍정적 사고'를 하는 방법은 적어도 두 가지다.

긍정적 사고 유형 1:

"나는 살을 뺄 능력이 있어. 목표를 달성할 수 있다는 자신감으로 가득 차 있어."

이는 성공의 가능성에 대한 긍정적 사고이다.

긍정적 사고 유형 2:

"도넛과 감자칩의 유혹에 저항할 수 있을 거야. 운동 프로그램을 지키는 데에도 어려움은 없어."

이는 장애물 극복 가능성에 대한 긍정적 사고이다.

모든 자기계발 서적이 긍정의 중요성을 이야기하지만 긍정적 사고에 대해서는 뭉뚱그려 설명한다. 당신이 할 수 있다는 것을 믿으라고 할 뿐 불행히도 긍정적 사고를 모호하게 표현하는 실수를 저지른다. 긍정적 사고의 한 가지 형태는 큰 성과로 이어지지만 다른 하나는 실패로 안내하는 초대장이다.

긍정적 사고 유형 1처럼 성공의 가능성에 대해 긍정적으로 생각하는 것부터 시작하자. 동기 부여에 관한 연구 중에서 보편적으로 인정받는 이론은 '기대값 이론Expectancy Value Theory'이다. 간단하게 말하면 (1) 성공할 가능성이 얼마나 되는가(기대 영역)와 (2) 그것으로 얻을 수 있는 혜택은 얼마인가(값어치의 영역)의 함수관계에 의해 사람들의 동기 부여가 결정된다는 이론이다. 당연히 동기 부여가 높을수록 목표에 도달하기도 쉽다. 성공에 대한 확신은 확실히 성공으로 이끌어가는 경향이 있다(이 규칙에는 중요한 예외가 있는데 4장에서 얘기하겠다. 여기선 대부분의 목표에서 이 말이 참이라는 사실만 알아두자).

이 주제에 대해 헤아릴 수 없이 많은 심리학적 연구와 증명이 있지만 운동 습관에 관한 최근 연구를 예로 들어보려 한다.《뉴욕 타임스》의 타라 파커 포프Tara Parker-pope는 건강 칼럼을 쓰면서 실내운동 기구 사용 실태를 파악한 미국 행동의학 저널의 연구를 인용했다. 트레드밀, 실내 자전거와 같은 실내 운동 기구는 편리성에도 불구하고 이런 기구로 규칙적인 운동을 하는 성인은 드물다(우리 집에는 스텝퍼가 있는데 아직도 남편에게 쓸데없는 걸 샀다고 책망을 듣는다. 바닥에 널브러져 있어 종종 걸려 넘어질 뻔하게 만드는 역기 세트를 갖고 있는 남편에게 싫은 소리를 듣게 될 줄은 꿈에도 몰랐다). 실내운동 기구를 구입하고서 방치하지 않고 실제로 사용하는 사람이 있을까? 연구에 의하면, 운동 기구를 구입하면서 운동할 것이라고 확신한 사람들이 그렇지 않은 사람들보다 1년이 지난 후에도 거의 3배나 많이 운동 기구를 사용하는 것으로 밝혀졌다.

목표하는 일을 성공하리라고 믿는 것은 좋은 일이다. 반드시 성공한다고 상상하는 일엔 분명한 장점이 있다. 유혹에 저항할 수 있고 최소한의 노력으로 장애물을 극복할 수 있으며 직관적으로도 이치에 맞다. 하지만 현실은 조금 다르다. 심리학자 가브리엘 외팅켄Gabriele Oettingen은 동기 부여 측면에서 '반드시 성공하겠다'라는 현실적 믿음과 '쉽게 성공할 수 있다'는 낙관적 믿음이 결과에 어떤 영향을 주는지 연구했다. 거듭된 연구를 통해 이 믿음은 성취에 매우 다른 영향력을 행사한다는 것을 알았다.

체중 감량 프로그램에 지원한 비만 여성들이 있었다. 프로그램 초반에 외팅겐은 그 여성들에게 체중 감량 성공에 대한 기대치를 물었다. 체중 감량 프로그램을 시작하면서 긍정적 기대에 대한 자료를 읽은 여성들은 모두 실패의 가능성은 조금도 예상하지 않고 평균 11킬로그램 정도를 감량할 것이라고 확신했다.

하지만 외팅겐은 참여한 이들 중 절반에게 살을 빼는 과정에서 발생할 어려움을 상상하게 했다(긍정적 사고 유형 2). 사람들은 직장 탕비실에 남아 있는 도넛과 같은 유혹을 떠올렸다. 체중 감량 프로그램이 마무리되었을 때, 감량 과정을 낙관적으로만(긍정적 사고 유형1) 생각한 여성들은 음식의 유혹을 효과적으로 이겨내지 못했다. 반면 감량 과정의 어려움을 미리 상상한 그룹의 여성들은 낙관적인 전망을 가진 그룹보다 평균 10킬로그램 이상을 감량했다. 외팅겐과 동료들은 대학 졸업 후 고임금 직종에 종사하는 학생과 낭만적인 관계를 지속적으로 이어가는 사람들, 고관절 복원술에서 회복하고 있는 사람들에게서도 같은 패턴을 발견했다. 달성하고자 하는 것이 무엇이든, 성공적으로 과제를 완수한 사람들은 성공하리라는 확신뿐만 아니라 그 과정에서 힘든 일을 겪게 될 것이라는 믿음을 갖고 있었다.

목표 달성 과정이 험난하리라고 믿는 것이 왜 중요할까? 시작할 때는 불편하지만 걱정이나 두려움과 같은 부정적인 감정은 목표 추구 과정에서 아주 유용하다. 우선 상당한 동기 부여를 가져올 수 있다. 발생할 수 있는 어려움들을 예상하게 하며 더 많은 노력을 더 기울이도록 만든다. 심리학자 대니얼 길버트Dan Gilber는 『행복에 걸려 비틀거리다Stumbling on Happiness』라는 책에서 "사람들은 때때로 지독하게 어두운 미래를 상상하며 스스로를 겁에 질리게 한다"라고 했지만 어떤 일이든 지불해야 하는 비용이 있는 법이다.

외팅겐의 연구는 사람들이 목표를 향해 가는 과정이 어렵다고 여길 때 더 많은 노력을 기울인다는 것을 보여준다. 어려움을 예상하면 그만큼 해낸다. 연구에 따르면, 대학 졸업 후 좋은 직장을 쉽게 얻을 것이라고 믿은 사람들은 응시 원서를 적게 보냈다. 곧 있을 시험에 좋은 점수를 예상한 학생들은 공부에 시간을 덜 할애했다. 고관절 복원 수술을 대수롭지 않게 생각했던 사람은 재활 과정의 어려움을 힘거워했다. 목표를 수

월하게 달성할 것이라고 생각하는 사람들은 그 과정에서 마주하는 난관을 제대로 대비하지 못한다. 자신들이 꿈꾸고 있는 것을 현실로 만드는 것이 쉽지 않다는 사실에 그저 충격에 휩싸인다.

목표를 설정하고 그에 도달하는 가장 좋은 방법은 무엇일까? 최선의 전략은 '목표를 달성하게 되면 어떻게 될까'라는 긍정적 사고일 것 같지만, 사실은 '목표에 도달하기 위해 무엇을 해야 할까'라는 현실적 사고이다. 외팅겐은 이를 가리켜 '간극 인지mental contrasting'라고 말했다. 처음엔 목표를 달성한 자신의 모습을 상상하고 그다음으로 희망과 현실 사이에 놓인 격차에 대해 숙고하라는 것이다. 대학 졸업 후 좋은 직장을 갖고 싶다면 대기업의 입사 합격 발표를 확인하는 자신의 모습을 상상하고 그 후 준비 과정에서 발생할 수 있는 모든 어려움을 생각해야 한다. 이는 '행동 수반의 필수적 감정'이라고 부르는 것으로, 심리학적으로 목표 달성에 도달하는 결정적 요소이다. 좋은 직장을 얻게 되면, 혹은 누군가와 사랑에 빠진다면 얼마나 좋을까와 같은 긍정적 사고는 그냥 꿈일 뿐이다. 간극 인지는 소망과 꿈을 현실로 바꾼다. 그 꿈을 현실로 만들기 위해 반드시 해야 할 일에 초점을 맞추기 때문이다.

간극 인지는 목표를 이루기 위해 헌신할 수 있도록 만든다. 중요한 것은 목표를 달성할 수 있다고 믿는 일이다. 성공을 확신하지 못하는 간극 인지는 우리를 목표와 동떨어진 곳으로 인도한다. 결코 손안에 쥘 수 없는 환상이 되는 것이다. 또 간극 인지는 달성하고 싶은 것과 그 앞을 가로막고 있는 장애물을 함께 생각하면서 우리가 좋은 결정을 내릴 수 있도록 판단의 선명성을 높여준다. 성공할 가능성이 높을 때는 목표에 더욱 매진할 수 있도록 도와주고 성공 가능성이 높지 않을 때는 새로운 방법을 찾게 한다.

간극 인지는 고통스럽거나 실망스러운 감정도 감내하는 과정이다. 하지만 우리가 무엇을 해내기 위해서는 가장 중요하고 필수적이며 현실적인 전략이다. 지금 성적으로 의과대입학은 현실성이 없다는 걸 깨닫고 도전을 포기해야 다른 목표를 추구할 기회가 열린다.

다시 목표 달성에 관한 화제로 돌아가자. 외팅겐과 그의 연구진들은(이 연구에선 나도 일원이었다) 성공 가능성을 확신하는 사람들에게 간극 인지 전략을 사용하도록 지도했다. 외국어를 배우는 열두 살 아이들, 여름방학 동안 자율 학습을 진행하는 열다섯 살 그룹, 새로운 짝을 찾으려는 성인들, 그리고 환자들과 소통 능력을 향상시키고 싶은 간호사들을 대상으로 진행한 연구에서 간극 인지 전략은 참가자들이 노력과 추진력, 계획에 더 많은 시간을 기울이도록 했으며 전체적으로 높은 달성률을 이끌었다.

병원 인사과 직원들을 대상으로 한 연구에서는 간극 인지 전략을 훈련한 직원들이 2주 후 시간 관리 능력과 업무 결정 능력, 프로젝트 완성도가 향상되었다. 흥미로운 것은 그들은 훈련을 받지 않은 그룹과 비교했을 때 자신보다 더 성공적으로 프로젝트를 완성할 수 있는 사람이 누구인지를 판단하는 능력 또한 향상되었다는 점이다. 간극 인지 전략을 훈련하고 나서 그들은 합리적이고 보다 효율적으로 행동했으며 업무 만족도가 올라갔다. 이 단순한 전략적 사고는 우리가 추구하는 목표에 그대로 적용할 수 있다.

+ 간극 인지를 통해 목표를 설정하는 방법

1. 노트에 현재 하고 싶은 일이나 생각하고 있는 것을 적어보자. 휴가, 작가로 성공하기, 3킬로그램 감량하기 등 어떤 것이어도 좋다.

2. 이제 목표를 이루고 난 뒤에 맞이할 행복한 미래를 상상해보자. 예를 들어 휴가를 떠나 해변에 느긋하게 누워 있는 모습이나 3킬로그램을 감량한 후의 모습을 떠올려보는 것이다.

3. 다음은 목표를 이루기 위해 노력하는 동안 겪을 어려움을 생각해보자. 예를 들면 다이어트를 할 때 빵을 좋아하는 식성은 체중 감량을 방해하는 어려움이다.

4. 목표를 달성해서 얻을 수 있는 또 다른 이익을 적어보자.

5. 또 다른 어려움을 적어보자.

6. 적어둔 것 외에 떠오르는 이익을 적어보자.

7. 다시 어려움을 적어보자.

다 적었으면 이제 생각해보자. 목표를 이룰 가능성은 어느 정도인가? 이 목표를 끝까지 추구할 것인가, 아니면 다른 목표를 설정할 것인가? 간극 인지 과정을 거쳐야 목표를 달성했을 때 얻을 수 있는 이익과 그 과정에서 겪을 어려움을 스스로 인지할 수 있게 된다. 그 후 그 목표를 계속 추구할 것인지, 아니면 과감하게 포기할 것인지 판단할 수 있다.

지금까지는 구체적이고 높은 목표를 설정하는 것이 중요하다는 것과 어려운 목표가 동기 부여를 높인다는 것에 대해 이야기했다. 또한 목표에 대한 사고방식이 자신은 물론 다른 사람의 성공 가능성에 큰 영향을 준다는 것을 알게 되었다. 더불어 목표를 설정하고 긍정적인 사고를 어떤 방향으로 끌고 가야 하는지도 확인했다.

다음 장에서는 우리가 이미 추구하고 있는 목표에 대해 살펴볼 것이다. 그것들은 어디에서 온 것일까? 동등하게 매력적인 목표 사이에서 하나의 목표를 왜 선택했을까? 목표를 현명하게 선택할 수 있다면 우리는 더 행복하고 더 성공적으로 살 수 있을 것이다. 그러기 위해선 해야 할 것과 하지 말아야 할 것이 무엇인지를 분명히 알아야 한다.

각 장의 끝에서는 주요 내용을 정리하고 실전해야 할 사항을 강조하는 것으로 마무리하려고 한다. 이를 통해 목표 달성에 더욱 쉽게 다가갈 수 있을 것이다.

• **구체적인 목표를 세우자**

목표는 구체적이어야 한다. '살 빼기'보다 '5킬로그램 빼기'라고 목표를 구체적으로 표현하는 것이 좋다. 이렇게 해야 목표 달성이 분명해진다. 달성하고자 하는 것을 정확히 알수록 거기에 도달할 때까지 동기 부여를 유지할 수 있다. '최선을 다하자'와 같은 모호한 목표는 현실적으로 동기 부여가 되지 않는다.

• **목표를 높게 설정하자**

실현 가능한 선에서 최대한 어려운 목표를 설정하는 것이 중요하다. 기준치를 낮게 잡으면 목표를 쉽게 달성할 수 있지만 그 이상 발전할 수 없다. 또 목표가 너무 쉬우면 종종 목표가 무엇이었는지 잊어버리고 태만해진다. 5킬로그램 감량을 목표로 한 사람이 10킬로그램을 감량하는 경우는 없다.

• **목표에 대한 접근 방식을 생각하자**

목표는 '왜' 해야 하는가와 '무엇'을 해야 하는가로 나누어서 생각하자. 예를 들어 옷장에 가득 쌓인 옷을 정리해야 할 때 '집을 깨끗하게 하기'와 '안 입는 옷은 버리기'로 생각할 수 있다. '왜'의 관점에서 생각하면 추진력과 동기 부여를 끌어올리고 유혹을 이겨낼 수 있다. 반면 '무엇'의 관점에서 생각하면 특별히 어렵거나 익숙하지 않은 것, 학습하는 데 오랜 시간이 걸리는 일을 할 때 유리하다.

• 목표에 맞는 접근 방식을 고르자

목표가 먼 미래의 일일 때 사람들은 '왜'의 관점에서 사고하는 경향이 강하다. 이 사고방식은 우리가 목표의 가치와 호감도에 더 주안점을 두도록 만든다(디즈니랜드로 여행을 가면 정말 신이 날 거야). 하지만 어떻게 목표를 이룰 것인지는 크게 고민하지 않는다. 반면 가까운 미래의 일일 때는 '무엇'의 관점에서 생각한다. 이 사고방식은 실용성을 강조하여 목표 달성을 통해 얻게 될 즐거움은 다소 무시된다. 달성 가치와 실현 가능성 사이에 한쪽으로 치우치지 않고 목표에 맞게 적절한 방식을 선택하는 것이 가장 좋다.

• 긍정적으로 생각하되 현실적으로 판단하자

목표를 달성하는 데 긍정적인 생각은 중요하다. 성공에 대한 자신의 능력을 믿는 것은 열정과 동기 부여에 큰 도움을 준다. 하지만 무엇을 하든 목표 달성에 이르는 과정을 과소평가하지 마라. 달성할 만한 가치가 있는 대부분의 목표는 시간과 계획, 노력과 인내가 요구된다. 쉽게 달성할 수 있다고 여유를 부리면 그 과정에서 준비를 소홀히 하게 된다.

• 간극 인지를 활용하자

목표를 달성하고 싶으면 그 목표를 이루었을 때의 자신의 모습을 상상하는 동시에 그 과정에서 겪을 어려움에 대해 충분히 생각해야 한다. 간극 인지 과정을 거치는 것은 목표 달성을 위해 옳은 결정을 할 수 있도록 도 와준다. 또한 동기 부여를 자연스럽게 자극하고 전력으로 목표에 향하게 만든다.

2.
변화가 필요할 때

모든 목표가 동등한 가치를 갖는 것은 아니다. 겉보기에 직장에서의 경력이라는 목표를 추구하는 것처럼 보이는 두 사람일지라도 마음속엔 다른 목표를 설정하는 것이 다반사이다. 직장에서의 성공이 여러 가지로 정의되고 사람에 따라서도 다르기 때문이다. 어떤 이에게는 고용 안정성이 직장에서의 성공일 수 있지만 다른 이에게는 좋은 평판이나 명예를 획득하는 것, 혹은 개인적 성장일 수도 있다. 흥미로운 것은 어떤 목표는 지속적으로 우리를 성장시키지만 그렇지 않은 목표도 있다는 점이다. 다시 말해 어려운 과제에 직면했을 때 노력과 인내로 우리를 자연스럽게 이끌어가는 목표도 있지만 속수무책으로 무력감을 가져오는 목표도 있다.

목표를 달성한다는 것은 단지 원하는 것에 도달하는 방법을 안다는 것이 아니다. 진정한 목표 달성은 그 과정을 즐길 뿐만 아니라 행복을 느끼고 자신이 발전하는 느낌을 받을 수 있어야 한다.

이 장에서는 목표가 어떻게 달라지고 왜 달라지는지에 대해 이야기할 것이다. 그리고 이를 통해 최선의 목표 달성 방법은 무엇인지, 어떻게 목표에 변화를 줄 수 있는지도 말이다. 먼저 당신이 설정한 목표가 어디에서부터 왔는지 이해하는 것이 도움이 될 것이다. 과거에 당신이 왜 그런 선택을 했는지 이해하면 그때의 선택을 객관적으로 재평가할 수 있다. 그러면 앞으로는 신중하게 목표를 선택할 수 있게 될 것이다.

선택한 목표에 우리의 신념이 중요한 영향을 끼칠 수 있다는 사실을 알아야 한다. 예를 들어 수학 실력 향상이라는 목표에 전념하고자 한다면 처음부터 수학 실력을 올릴 수 있다고 믿어야 한다. 그냥 시도나 해보자고 해서는 소용이 없다. 신념의 강도는 목표를 달성하게 만들 수도 있지만 그저 시간과 에너지를 낭비하는 것으로 만들 수도 있다. 그래서 목표에 많은 영향을 미치는 일반적 신념에 대해 초점을 맞춰 설명하려한다. 이런 신념이 과거 우리가 내린 선택을 어떻게 형성할 수 있었는지 살펴보고 우리가 가진 신념 중 어떤 것은 아주 잘못된 것일 수 있다는 점을 알게 될 것이다.

놀랍게도 우리가 선택한 목표에 가장 큰 영향을 미치는 것이 환경이다. 게다가 환경의 영향을 대부분은 의식하지 못한다. 다른 말로 하면 실제로 자신이 추구하는 목표여도 그것이 목표라고 인지하지 못할 수 있다는 얘기이다. 목표는 우리를 둘러싸고 있는 어떤 환경이나 암시 혹은 다른 사람의 행동에 의해 생기기도 한다. 신호나 암시가 어떻게 우리에게 영향을 주는지를 알게 되면 이런 것들의 영향력을 인지하고 제어하는 방법을 배울 수 있다. 또한 다른 사람의 목표를 형성하는 데 이 신호와 암시를 사용하는 방법도 배울 수 있을 것이다.

나 자신을 믿는 마음

자신의 장단점에 대한 믿음은 목표를 설정할 때 아주 큰 역할을 한다. 자신이 수학과 과학에 재능이 있다고 믿는다면 과학기술자가 되겠다는 목표를 세울 수도 있다. 반면 움직임이 느리고 균형 잡는 일을 못 한다고 생각하는데 농구 선수가 되겠다는 목표를 세우는 사람은 없다. 자신의 능력에 대한 믿음은 자신이 생각하고 있는 것을 가능하게 하며 실질적으로 성취할 수 있는 것이 무엇인지를 알려준다.

흥미로운 점은 자신이 갖고 있다고 생각하는 능력이 그렇게 중요하지 않다는 사실이다. 실제로 중요한 것은 '어떤 능력이나 자질은 타고나는 것인가, 아니면 획득할 수 있는가' 하는 문제이다. 개인의 지능은 한계가 있는 것인가? 아니면 더 똑똑해질 수 있는가? 심리학자들이 '암묵 이론implicit theories'이라고 부르는 개념이 있는데 이는 지능, 인성, 도덕성 혹은 어떤 인간적 특징의 변화 가능성에 대한 개인적 신념을 일컫는다. '암묵'이라고 부르는 이유는 그런 자질들이 의식적인 차원에서 고려되는 것이 아니기 때문이다. 게다가 자신이 어떤 자질을 갖고 있는지 깨닫지 못하는 경우도 있다. 그러나 이 신념은 목표 선택에 강력한 영향을 미친다.

✛ 지능이란 무엇인가?

다음의 질문으로 지능에 대한 암묵 이론을 살펴보려 한다. 다소 질문이 반복되더라도 최대한 솔직하게 답변해야 한다.

1. **지능은 어느 정도 정해져 있다. 그러므로 어떤 상황에서도 지능엔 큰 변화가 있을 수 없다.**

① —— ② —— ③ —— ④ —— ⑤ —— ⑥

전혀 동의하지 않는다.　　　　　　　　　　완전히 동의한다.

2. 지능은 크게 변하지 않는다.

① —— ② —— ③ —— ④ —— ⑤ —— ⑥

전혀 동의하지 않는다.   완전히 동의한다.

3. 타고난 지능은 바꿀 수가 없다.

① —— ② —— ③ —— ④ —— ⑤ —— ⑥

전혀 동의하지 않는다.   완전히 동의한다.

이제 점수를 더해보자. 이 점수로 당신이 어떤 믿음을 가지고 있는지 확인할 수 있다. 사람들을 똑똑하게 만드는 것은 무엇일까? 총명함이 타고나는 것이라고 믿는다면 지능은 유전의 영향을 받아 어릴 때 개발되고 성인이 된 후에는 변동 없이 지속된다. 이를 '지능의 고정성 이론'이라고 한다. 질문에 답해 더한 점수의 합이 10점 이상이면 이 이론을 굳게 믿는다는 뜻이다. '지능의 고정성 이론'은 사람은 일정한 정도의 지능을 갖고 있으며 다른 무엇에 의해 변화되는 것이 아니라고 본다. 이들에게 지능은 불변의 자질이다.

반면 총명함이라는 것이 경험과 학습의 누적으로 개발될 수 있는 자질이며 노력에 따라 증가할 수 있다고 생각하는 것을 '지능의 가변성 이론'이라고 한다. 점수가 9점 이하이면 이 이론을 지지할 가능성이 높다. '지능의 가변성 이론'은 지능이 변화한다고 보기 때문에 이 이론에 따르면 사람은 일생 동안 똑똑해질 수 있다.

'암묵 이론'은 단일한 특징이나 자질에 초점을 맞춤으로써 때때로 분명한 모습을 드러낸다. 예를 들어 대부분의 미국인은 수학적 소질을 불변의 자질이라고 믿는다. 이 관점으로 보면 세상에는 수학을 잘하거나 못하는 사람이 있을 뿐이다. 사람들의 지능은 고정성 혹은 가변성으로 양분되는 것 같다. 하지만 막상 '지능의 가변성'에 대해서는 생각해본 적이 없을 것이다. 어느 이론이든 모두 옳은 것처럼 들리지만 분명한 것은 지능의 속성에 대한 태도는 아주 중요한 방식으로 여러분이 선택한 목표와 삶에 영향을 미친다는 점이다.

'암묵 이론'에 대한 정의와 이해는 스탠퍼드대학교 심리학과 교수인 캐롤 드웩의 연구에서 상당 부분 이루어졌다.『마인드셋』이라는 책에서 그녀는 자신의 능력에 대한 신념이 삶의 모든 국면에서 어떤 방식으로 개인의 성장과 계발(혹은 무능력)에 영향을 미치는지 정교화했다. 수십 번의 연구를 통해 드웩은 총명함과 같은 개인적 자질이 불변이라고 믿는 사람들은 대체적으로 타인의 평가를 중요시하는 경향이 있음을 알아냈다. 그들은 자신들이 똑똑하고 적어도 어리석지는 않다는 확인을 받고 싶어 했다. 그들은 자신이 총명하기를 바랐으며 총명하게 보이기를 원했다. 타인에게 받는 평가가 그들에게 상당한 의미를 가진다.

총명함을 고정된 자신이라고 생각하면 개인에게 상당한 중요성을 지니게 된다. 실질적으로 더 이상 얻어낼 수 있는 자질이 아니기 때문이다. 총명함이란 단순히 개인적 자부심과 관련된 문제가 아니다. 총명함은 곧 성공과 원하는 대로 삶을 살 수 있는 능력을 갖고 있다는 것을 뜻한다. '지능의 고정성'을 믿는 사람의 목표는 자신이 똑똑하다는 사실을 다른 사람과 스스로에게 증명하는 것이다.

그러므로 이들은 무언가를 선택하거나 목표를 세울 때 자신의 지적 능력을 증명해 보이려 한다. 너무 도전적인 목표는 피하려 하고 안정성을 추구하는 경향이 높다. 여기서 내 개인적인 경험을 털어놓는 게 좋을 듯하다. 대학원 시절의 나는 완고한 '지능 고정설'의 숭배자였다. 어떤 영역에 특출한 재능을 보이는 사람들은 타고난 것이라고 생각했다. 많은 미국인처럼, 어떤 일에 노력을 기울인다는 것은 곧 그 일에 재능이 없다는 뜻이라고 여겼다. 능력이 부족한 사람이나 노력으로 극복하려 애쓴다고 말이다. 그래서 나는 가능하다면 쉬운 과제만 선택하려고 했다. 그래야만 사람들에게 내가 똑똑하다는 것을 보여줄 수 있고 스스로도 그런 기분에 빠질 수 있었기 때문이다.

열두 살 때 부모님께 피아노를 사달라고 조르고 졸라 얻은 피아노로 1년 동안 수업을 받은 적이 있다. 그때 그런대로 괜찮은 피아니스트가 되는 것조차 어마어마한 노력을 기울여야 한다는 사실을 깨닫고 그만둔 기억이 있다. 지금은 이때의 결정을 두고두고 후회한다. 피아노를 그만두는 바람에 피아노를 통해 얻을 수 있는 즐거움과 만족감을 스스로 포기했기 때문이다. '지능의 고정성'을 믿는 사람들은 항상 이런 식으로 자신을 속인다. 삶을 풍요롭게 할 수 있는 잠재성을 가졌지만 조금이라도 어렵다고 느껴지면 지레 겁먹고 포기한다.

'지능의 가변성'을 믿는 사람들은 이와 같은 실수를 하지 않는다. 능력은 시간과 함께 성장하는 것이라고 믿는 이들은 자신의 우수성을 증명하느라 에너지를 쓰지 않는다. 오직 자신의 능력을 기르는 데에 관심을 기울인다. 이들에게 도전은 위협이 아니라 새로운 기술을 습득할 수 있는 기회일 뿐이다. 실패가 어리석음을 뜻하는 것도 아니다.

나는 종종 우리 어머니가 습득한 다양한 기술에 놀라고는 한다. 어머니는 학교에서 정식으로 무언가를 배운 적도 없고 경험이 다양한 편도 아니었다. 그럼에도 어머니는 목탄 스케치, 복잡한 퀼트 공예와 바느질에 탁월한 솜씨를 보였고 뛰어난 정원사이기도 했다. 게다가 가구를 직접 제작하고 손수 땅에서 파낸 바위로 담장을 만들 수도 있었다. 이 모든 것은 전부 스스로 배운 것들이었다. 내가 성인이 되었을 때는 어머니의 재능이 얼마나 되는지 기억할 수 없을 정도였다.

실수하고 실패하지 않았다면 결코 이런 능력을 얻을 수 없었을 것이다. 어머니는 뭔가를 새로 배울 때는 자주 실수를 했다. 퀼트를 처음 시작할 때만 해도 어머니의 작품은 생각만큼 예쁘지 않았고 정원의 식물들은 말라죽기 일쑤였으며 때때로 바위 담장이 무너지기도 했다. 이로 인해 낙담하기도 했지만 어머니는 그 실수로부터 항상 무언가를 배웠다. 그녀는 단 한 번도 마침내는 해낼 수 있다는 사실을 의심하지 않았다. 그림, 바느질, 정원 가꾸기, 페인트칠, 담장 쌓기 같은 재능을 하나둘 섭렵할 수 있었던 것은 어머니가 '지능의 가변성 이론'을 신뢰하는 사람이었기 때문이다.

그러면 '암묵 이론'이 우리의 선택을 좌우한다는 증거를 살펴보자. 드웩은 고등학생과 대학생을 대상으로 학교에서 추구하는 목표를 적어보도록 요청했다. 지능의 고정성을 믿는 학생들은 '인정하기는 싫지만 공부한 것보다 성적을 더 잘 받고 싶다', '과제를 잘하지 못한다는 것을 알았더라면 수강을 신청하지 않았을 것이다'와 같은 내용을 적었다. 반면 지능의 가변성을 믿는 학생들은 '점수를 받는 것보다 무엇을 배우는 것이 더 중요하다'는 목표를 추구했다.

홍콩대학교 학생들을 대상으로 한 연구에서 드웩의 연구진들은 이런 믿음의 차이가 실제로 삶에서 결정을 내리는 데 상당히 중요한 영향을 미친다는 것을 알았다. 홍콩대학교에서는 모든 수업이 영어로 진행이 된다. 그렇지만 입학할 때 영어가 능숙하지 않은 학생들이 있었다. 드웩은 영어가 능숙하지 않은 학생들에게 보충수업에 참여해 영어 능력을 높이기를 권유했다. 지능의 가변성을 믿는 학생들은 보충수업에 흥미를 보였고 이 학생들의 73퍼센트가 참가를 신청했다. 하지만 지능의 고정성을 신뢰하는 학생들은 보충수업에 흥미를 보이지 않았으며 그들 중 13퍼센트의 학생들만 참가 의사를 밝혔다. 지능의 고정성을 신뢰하는 학생의 대다수는 보충수업이 영어 능력 향상에 도움이 되지 않는다고 생각했으며 오히려 자신의 부족한 영어 실력이 공개적으로 드러나는 것을 부끄럽게 여겼다.

스스로 바꿀 수 있는 것

'암묵 이론'은 지능에만 관여하는 것이 아니다. 이 이론은 거의 모든 것에 대해 말할 수 있다. 성격이 변하지 않는다고 믿는다면 우리는 그 무엇도 바꿀 수 없을 것이다. 모든 것이 변할 수 있다고 믿어야만 발전을 도모할 수 있다. 아이들을 지도할 때도 마찬가지이다. 드웩과 그녀의 연구진들은 열 살에서 열두 살 사이의 어린이를 대상으로 우정에 관한 연구를 진행했다.

성격이 바뀌지 않는다고 믿는 그룹의 아이들은 거절을 회피하는 경향을 보이며 인기 있는 동년배에게 더 많은 관심을 가졌다. 밸런타인데이에 이 아이들은 가장 인기 있는 아이의 호감을 얻기 위해 선물을 했다. 또 거절을 회피하기 위해 자신이 보인 호의를 되돌려줄 수 있는 아이에게만 카드를 보냈다. 반면 성격은 변한다고 믿는 아이들은 친해지고 싶은 친구에게 카드를 보내며 인간관계에 훨씬 열린 모습을 보였다.

교실 밖에서도 동일한 패턴을 발견할 수 있었다. 데이트 상대를 선택하는 연구에서, 성격은 변하지 않는다고 믿는 사람들은 자신에게 호감을 보이며 완벽한 사람으로 봐주는 짝을 찾았다. 그들이 생각한 이상적인 파트너는 '자신과 함께 있으면 운이 좋다'라고 느끼는 사람이었다. 그리고 다툼이 발생하거나 관계가 틀어질 때면 관계를 정리하는 속도도 빨랐다. 반면 성격이 변한다고 믿는 집단의 사람들은 자신의 성장과 발전에 도움을 줄 수 있는 짝을 선호했다. 이들은 파트너와의 관계를 서로에게 무언가 배울 수 있는 기회로 여겼다.

또 텍사스대학교의 심리학과 교수인 제니퍼 베어Jennifer Beer는 실험을 통해 인간관계에서 내성적인 사람들이 자신의 수줍음을 바라보는 관점에 따라 관계를 맺는 방법이 달라진다는 것을 밝혀냈다. 베어는 실험 참가자들에게 두 사람 중 한 사람을 선택해 만남을 이어갈 수 있으며 모든 과정을 녹화할 것이라고 얘기했다. 참가자들이 고를 수 있는 선택지는 두 가지였다. 하나는 아주 사교적이면서 동시에 매력적인 사람과 짝이 되는 상황으로, 이들로부터 적절한 사교술을 배울 수 있었다. 이 선택지를 골랐을 때의 단점은 녹화된 비디오에서 매력적인 대상과 비교되어 자신이 다소 바보처럼 보일 수 있다는 점이었다. 또 다른 선택지는 그들보다 더 수줍음이 많고 사교술이 떨어지는 사람과 대화하는 것으로, 배울 점은 없지만 적어도 자신이 바보처럼 보이지는 않을 수 있었다.

'수줍음 많은 내 성격을 고칠 수 있어'라고 생각했던 사람들은 자신이 바보처럼 녹화될 것이라는 사실을 알면서도 배울 수 있는 상대를 선호했다. 하지만 '수줍은 성격은 바뀔 수 있는 것이 아니야'라고 생각한 사람들은 자신이 더 나아 보일 수 있는 상대를 선호했다. 성격이 변하지 않는다고 생각하는 사람들은 다른 사람들에게 자신의 장점이 최대한 드러나는 것을 신경 쓰지만 실질적으로는 변화의 가능성을 가로막는다. 결국 이들에게 배우고 성장하는 것은 불가능한 목표가 된다.

변화의 가능성

도전을 회피하고 안전만 추구한 적이 있는가? 목표를 꾸준히 추구하는 것이 결국 목표를 이루는 쉬운 길이라는 것을 믿고 있는가? 오래전에 마음먹었음에도 여전히 능숙해지지 않은 목표가 있는가? 달성하고 싶었는데 결코 달성하지 못한 목표가 있는가? 이 질문에 동의한다면 당신은 틀림없이 '불변성'을 믿는 사람이다. 그렇게 타고났다는 믿음은 생각하는 것 이상으로 우리 인생에 영향을 미친다. '지능의 고정성 이론'은 진리이다. 완전히 틀렸다는 의미에서 그렇다.

지능을 예로 들어보자. 나는 지금 지능을 결정하는 데 유전자가 아무런 역할을 하지 못한다는 주장을 하려는 것이 아니다. 똑똑한 부모가 똑똑한 아이를 갖는 경향은 분명히 있다. 하지만 리처드 니스벳Richard Nisbett이『무엇이 지능을 깨우는가』에서 지적했듯이 똑똑한 부모는 염색체 이상의 것을 아이들에 물려준다. 그들은 배움의 기회가 풍부한 집안 환경을 만들어준다. 아이들과 더 많은 이야기를 나누고, 더 좋은 교육 기회를 제공하기 위해 교육비를 많이 지출하고, 좋은 학군에서 아이를 키우기 위해 노력한다. 똑똑한 부모들은 아이들이 지능을 계발할 수 있는 더 많은 기회를 주려고 한다.

이 말이 믿기지 않는다면 교육 환경이 열악한 학생들에게 같은 기회를 제공했을 때 어떤 일이 벌어지는지 지켜보면 된다. 모두가 그런 것은 아니겠지만 적절한 환경이 갖춰지면 그들도 똑똑해진다. 모든 학생에게 동등한 배움의 기회를 제공하자는 취지의 KIPP(Knowledge Is Power Program) 인증 학교의 놀라운 성공이 그 예이다. 사우스 브롱크스에 있는 KIPP 아카데미는 교육 환경과 학습 지원이 열악한 빈곤층과 소수인종 자녀들을 우선적으로 후원한다. 풍부한 교육 여건을 제공할 뿐만 아니라 상당한 양의 공부를 시킨다. 이 학교에 다니는 학생들은 아침 7시 30분까지 등교해 오후 5시까지 수업을 들어야 하며 토요일과 여름방학에도 보충수업을 받는다. 선생님들은 어느 때곤 가정을 방문해 학생들을 격려하고 밤낮 구분 없이 소통을 할 수 있다. 학생들은 학습에 매진하고 교사들은 학습에 관련된 사항이라면 아낌없는 후원을 한다. 여기에 불행이 있다면 종종 더 가난한 학생들이 이 프로그램의 혜택을 받지 못한다는 것뿐이다.

이 프로그램이 어떤 성과를 이끌어내었을까? KIPP의 지원을 받은 80퍼센트 이상의 학생들이 수학과 읽기 영역 모두에서 상위 등급을 달성했다. 이는 뉴욕에 있는 평범한 학교에 비해 무려 두 배에 달하는 수치이다. 게다가 8학년 졸업반 학생들의 읽기와 수학 능력은 전국 학생의 74퍼센트를 능가했다. KIPP 학생들이 보통 하위 28퍼센트 언저리에서 시작했다는 사실을 돌이켜보면 놀랄 만한 기록이다. 이렇듯 기회가 주어지면 아이들이 더 똑똑해진다는 것은 의심의 여지가 없다.

캐롤 드웩은 실험을 통해 적절한 환경만 주어지면 학생

들의 능력이 향상될 수 있다는 또 다른 예를 보여준다. 그녀는 먼저 뉴욕 소재 공립학교에 다니는 7학년 학생들을 통제 그룹과 자극 그룹으로 나누었다. 자극 그룹 학생들은 일주일에 30분씩 8주 동안 연구팀의 일원을 만나 뇌심리학 및 학습과 성장에 대해 배우고 과학 잡지를 읽은 다음 토론을 했다. 연구자들은 이 학생들에게 지적 능력은 경험과 공부를 통해 발전할 수 있다는 사실을 강조했다. 비교를 위해 통제 그룹의 학생들은 같은 기간 동안 연구팀을 만나 뇌의 다른 영역인 기억에 관한 공부를 했고 지능의 본질에 대한 토론은 포함하지 않았다. 8주 후에 통제 집단의 수학 점수는 7학년 학생 평균에 미치지 못했지만 자극 집단의 학생들은 실력이 향상되었다. 이 실험은 똑똑해지기 위해선 '똑똑해질 수 있다는 가능성'을 받아들이는 데서부터 시작해야 한다는 것을 보여준다. 인간의 믿음은 성장의 문을 열 수도 있으며 닫을 수도 있다.

니스벳은 "IQ의 상속 가능성은 IQ의 변동 가능성에 영향을 주지 않는다"라고 했다. 다른 말로 하면, 유전자가 처음엔 지능의 정도를 결정하는 역할을 하지만 지능이 어디까지 향상될지를 정해주지는 않는다는 말이다. 이는 성격에도 동일하게 적용할 수 있다. 후속 연구에 의하면 기술이나 지식을 개발할 기회가 주어진 사람들은, 특히 동기 부여가 잘된 사람들은 능력이 발전한다. IQ 점수이든, 대학 입학시험이든, 대학의 학점이든 하고자 한다면 말이다. 지능은 변화하는 속성을 지녔다. 더 똑똑해질 수 없다고 믿고 있다면 수학, 글쓰기, 컴퓨터, 음악 등 어느 분야에서든 좋은 결과를 얻을 수 없다. 그러니 이제 지능의 고정성 이론은 버려야 할 때이다. 이 믿음은 우리를 잘못된 길로 이끈다.

무의식적으로 움직이기

목표를 설정하고자 할 때 사람들은 자신이 정교하게 사고한다고 믿는 경향이 있다. 할 것인지 말 것인지를 재단하고 성공의 가능성을 평가한 다음, 목표를 세우고 거기에 헌신한다는 것이다. 이 과정은 의도를 가지고 이루어진다. 분명한 것은 우리가 추구하는 목표 중 어떤 것은 결단과 목적의식의 산물이다. 하지만 모든 목표가 그렇지는 않다. 진실을 말하면 대다수가 그렇지 않다. 일상에서 우리가 추구하는 목표의 대다수는 의식적 자각 없이 추구된다.

　이상한 소리처럼 들리겠지만 인간의 사고 작동 방식이 그렇기 때문이다. 첫째로, 의식적 자각은 상당히 제한적이다. 한 번에 하나씩 처리할 수 있으며 그러지 않으면 혼동이 와서 뒤엉키기 시작한다. 그러나 무의식적 자각은 처리 능력이 막대하다. 비유하자면, 무의식적 자각이 나사의 슈퍼컴퓨터와 같은 정보 처리 능력을 갖고 있다면 의식적 자각은 포스트잇에 끄적인 메모에 불과하다.

가능하다면 무의식적 자각에 일 처리를 맡기는 것이 좋다. 무언가를 더 많이 도전하고 싶다면 무의식적 사고가 모든 것을 제어하도록 하면 된다. 많은 성인들이 하루 종일 격무에 시달린 후 집으로 차를 몰아 돌아온다. 그러고는 불현듯 집까지 어떻게 왔는지 기억하지 못한다. 그동안 우리의 의식은 다른 것에 집중되어 있기 때문이다. 그럼에도 아무 문제 없이 집에 도착한다. 무의식적 자각이 그런대로 괜찮은 운전수이기 때문에 가능한 일이다. 집에 가야 한다고 의식적으로 자각하지 않아도 무의식적 자각은 우리의 목표가 무엇인지 알고 목표를 수행한다.

어떻게 의식적으로 생각하지 않아도 집에 가야 한다는 목표를 완수할 수 있었을까? 그 해답은 목표가 환경적 단서에 의해 촉발되기 때문이다. 일몰, 하루 업무량, 퇴근하는 직원들과 같은 여러 단서가 무의식적 자각에게 '집에 가야 할 시간'을 알려준다. 이런 단서는 반복되는 특정 목표와 결합해 의식적 자각이 없이도 목표를 활성화한다. 때로는 어떤 목표를 추구하고 있다는 생각조차 못 할 정도로 말이다.

성공 확률을 높이는 방법

그렇다면 환경은 어떻게 무의식을 자극하는 것일까? 먼저 잠재 능력을 이해하기 쉽도록 정의를 내린 후에 이야기를 마저 하도록 하자.

예를 들어 목표와 관련된 어휘나 이미지도 무의식을 자극할 수 있다. 심리학자 존 바그John Bargh와 피터 골비처Peter Gollwitzer는 한 실험에서 '자원 딜레마resource-dilemma'라고 알려진 게임을 통해 사람들을 관찰했다. 두 사람은 참가자들로 하여금 컴퓨터로 만들어진 가상의 마을에서 연못 낚시를 하도록 했다. 참가자들의 최종 목표는 많은 물고기를 잡아 높은 점수를 얻어 게임에서 이기는 것이었다. 그런데 이 게임에는 한 가지 제한이 있었는데, 현실에서처럼 마구잡이로 물고기를 잡아 연못의 물고기를 고갈시키지는 말아야 했다. 이 규칙을 지키지 않으면 참가자들과 마을 사람들이 모두 굶어 죽을 위험에 처할 수 있기 때문이다. 그래서 참가자들은 물고기를 잡을 때마다 개인적 이윤을 추구할 것인지 지역공동체를 위해 물고기를 놓아주어야 하는지 고민에 빠진다.

게임이 시작되기 전 바그와 골비처는 참가자 일부에게 '돕다', '지원하다', '협동하다', '공평하다', '나누다'와 같은 단어가 마구잡이로 뒤섞인 어휘 목록을 보고 글짓기를 하도록 했다. 이 글짓기는 협동 목표를 위한 무의식을 자극하기 위한 것이었다. 이 참가자들은 협동을 자극하는 어휘에 노출되지 않은 그룹에 비해 25퍼센트나 많이 고기를 놓아주었다. 개인의 점수보다 공동체를 위한 선택을 더 많이 한 것이다. 이 수치는 점수보다 협력을 중요하게 생각하라는 말을 들은 후 게임을 한 또 다른 그룹의 수치와 비슷했다.

이는 목표 달성에 있어 무의식을 자극하는 것이 의식적인 자극만큼이나 중요하다는 것을 말해준다. 동기 부여 연구에서 비교적 새로운 발견으로 무의식을 자극하면 어떤 목표든 간에 힘을 덜 들이고 목표를 달성할 수 있다.

바그와 골비처는 또 다른 연구에서 단어 퍼즐 보드게임을 진행했다. 무작위로 나열된 알파벳으로부터 단어를 조합하는 것이다. 참가자들이 구내전화가 설치된 방에서 혼자 퍼즐을 맞추는 사이 그들 모르게 그 과정이 녹화되었다. 시작하고 2분이 지나면 구내전화로 퍼즐 맞추기 작업을 중단하라는 지시가 내려진다. 하지만 이 퍼즐 작업을 시작하기 전 참가자들의 절반은 '승리', '성공', '갈망', '완성', '획득' 등과 같이 목표 성취와 관련된 단어 퍼즐을 맞춰본 상태였다. 바그와 골비처는 목표 성취와 관련된 퍼즐을 맞추면서 무의식적으로 목표 달성을 자극받은 학생들의 57퍼센트가 작업을 중단하라는 지시가 떨어진 이후에도 퍼즐을 맞추는 것을 발견했다. 비교 집단의 경우에는 22퍼센트의 학생들만이 그러했다.

아마도 지금쯤 크고 굵은 글씨로 '노력', '도전', '성공하자' 처럼 벽에다 흔히 붙여놓는 동기 유발 포스터가 덜 우스꽝스 럽게 느껴질 것이다. 전에는 '누가 성공하자라고 쓰인 포스터 를 쳐다본다고 성공을 할 수 있을까' 하는 생각을 했을지 모른 다. 하지만 무의식은 우리가 생각하기 전에 이미 반응한다.

물론 무의식적인 자극을 받기 위해 목표 달성과 관련된 단어를 계속 읽어야 한다는 말은 아니다. 이와 관련된 많은 연 구 결과가 단어를 보는 것 외에도 다양한 요인을 통해 충분한 자극을 얻을 수 있다고 말해주기 때문이다. 예를 들어 헬스클 럽을 지나치는 것만으로도 운동하고자 하는 목표를 자극할 수 있다. 과일과 야채를 담은 접시는 건강한 식습관을 자극할 수 있다.

다른 사람들의 목표를 촉발할 수도 있다. 특히 우리와 밀 접한 관계이고 우리가 특별한 목표를 추구하기를 원하는 사람 이면 더욱 좋다. 제임스 샤James Shah는 대학생을 대상으로 한 조 사에서 아버지가 학생들의 성취에 얼마나 영향을 미치는지를 실험했다. 샤는 학생들이 어려운 과제에 도전하기 전에 아버지 의 이름을 무의식적으로 노출시켰다. 아버지라는 단어에 노출 된 학생들은 어려운 목표에 더 성실하게 임했으며 수행 능력도 더 좋았다. 아버지와의 관계가 좋을수록 효과 또한 더 컸다.

흥미로운 사실은 실험에 참가한 학생들이 아버지의 이름을 보거나 들었다고 해서 과제를 더 열심히 했다고 생각하지 못했다는 사실이다. 아버지의 존재가 무의식적으로 학생들에게 영향을 주었고 의식적인 노력 없이도 완성을 추구하도록 했다. 또한 사랑하는 대상은 좋은 행동을 무의식적으로 추구하듯 나쁜 행동을 억제하는 것에도 큰 영향을 주었다. 어머니의 한숨 소리를 무의식적으로 환기시키는 것만으로도 음주 욕구를 억제할 수 있었고 싱크대에 설거지 그릇을 쌓아놓는 버릇을 수정할 수 있었다.

그러나 부모의 존재가 모두 긍정적으로 작용한 것은 아니고 역효과가 발생하는 경우도 있었다. 다소 반항적인 10대를 대상으로 한 연구에 따르면 아버지를 무의식적으로 노출시켰을 때 오히려 수행 능력이 나빠졌다. 놀랍게도 반항심은 무의식적 사고조차도 해야 할 것을 싫어하게끔 만든다.

주목할 것은 전혀 모르는 사람도 우리의 목표를 촉발할 수 있다는 점이다. 심리학자들은 이를 '목표 전염 효과goal contagion effect'라고 부른다. 무의식적인 목표는 상당한 전염성을 갖고 있어서 누군가 목표를 추구하는 것을 그저 지켜보는 것만으로도 동기 부여를 높일 수 있다. 독일에서 남자와 여성 그룹을 대상으로 진행한 '목표 전염'을 다룬 연구 중 하나를 소개하겠다. 연구팀은 '요한'이라는 어떤 남자의 짧은 이야기를 참가자들에게 읽게 한 후 친구들과 함께 방학 계획을 짜도록 했다. 이야기의 한 버전은 요한이 여행을 떠나기 전 농장에서 한 달 동안 일하는 내용이었다. 구체적으로 언급되지 않았지만 이 이야기에는 요한이 여행 경비를 벌기 위해 농장에서 일한다는 것이 암시되어 있었다. 다른 버전에서는 요한이 한 달 동안 자원봉사를 했고, 여행 경비에 대한 어떤 암시도 없었다. 연구팀은 실험 참가자들을 두 그룹으로 나누어 각각 첫 번째 이야기와 두 번째 이야기를 읽게 했다. 그 후 참가자들 모두에게 컴퓨터를 사용해야 하는 과제를 내주면서 빨리 처리할수록 많은 수당을 받을 수 있다고 했다. 요한이 농장에서 일하는 첫 번째 이야기를 읽은 학생들은 자원봉사를 하는 두 번째 이야기를 읽은 그룹보다 10퍼센트나 빠르게 과제를 처리했다. 강조하지만, 요한의 행동이 자신에게 영향을 미칠 것이라고 생각한 학생들은 없었다. 그러나 돈을 벌어야 했던 요한의 목표는 전염되었다. 돈을 버는 요한에 노출된 학생들은 조금이라도 돈을 더 벌기 위해 빠르게 과제를 처리했던 것이다.

남성들을 대상으로 진행한 또 다른 연구를 살펴보자. 이 실험에서는 참가자들에게 '바스'라는 남자의 이야기를 읽도록 했다. 바스는 지방에 있는 작은 레스토랑에서 대학 친구 나타샤를 만난다. 그들은 밤새도록 술을 마시고 춤을 춘 후 각자 집으로 돌아간다. 또 다른 버전의 이야기에서 바스는 나타샤와 저녁을 함께 한 후 집에 데려다준다. 그리고 이렇게 묻는다. "잠시 들어가도 돼?" 하룻밤 사랑이 암시되어 있지만 명시하지는 않았다. 각각 '사랑을 갈구하는 바스'와 '집으로 돌아가는 바스' 이야기를 읽은 남성 참가자들에게 연구팀은 엘렌이라는 매력적인 학생을 도와줘야 하는 상황을 만들었다. 그 결과 사랑을 찾는 바스 이야기를 읽은 그룹이 집으로 돌아가는 바스 이야기를 읽은 그룹보다 훨씬 많은 시간과 에너지를 들여 아름답고 연약한 엘렌을 도왔다.

이 시점에서 한편으론 걱정이 될 수도 있다. 누군가에게 어떤 특정 목표를 보여주는 것만으로 목표 설정을 조작할 수 있다는 뜻이기도 하기 때문이다. 하지만 목표 전염 효과는 다소 한계가 있다. 실제로 농장에서 일하는 요한의 이야기는 용돈이 부족한 대학생들에게는 전염성이 있었다. 그러나 참가자 중 부유한 학생들에게는 아무런 효과가 없었다. 어떤 목표이든 전염되려면 개인에게 그만한 가치가 있어야 한다.

그렇다면 우리가 전혀 이루고 싶지 않은 목표에도 전염성이 있을까? 범죄물을 많이 보면 범죄 욕구가 자극될까? 친구가 바람 피우는 모습을 보면 나도 무의식적으로 그런 목표를 가지게 되는 걸까? 결론만 이야기하면 전혀 아니다. 아무리 강력하게 무의식을 자극해도 추구할 가치가 없다고 느끼거나 잘못된 목표라고 생각하면 어떤 것도 동기를 자극하지 못한다.

'바스' 이야기의 또 다른 버전에서 바스의 아내가 첫 출산을 기다리고 있음을 끼워 넣자 결과가 드라마틱하게 바뀌었다는 사실을 알려주고 싶다. 참가자들은 바스의 행동을 도덕적으로 비난받을 만한 것으로 인식했다. 사람들은 이 버전에서 바스에게 전혀 동요되지 않았다. 엘렌을 특별히 더 도와주려고도 하지 않았다.

이처럼 목표를 전염시키고 무의식적으로 자극하는 일에도 한계가 있다. 주변에 범죄를 자극하는 요인이 많더라도, 무의식적으로 목표가 전염되어 살인을 하거나 은행을 털거나 바람을 피우지 않는다. 처음부터 그런 목표를 갖고 있지 않는 한 말이다. 일반적으로 무의식적으로 작동하는 목표는 우리가 이미 의식적으로 선택한 목표이거나 바람직하다고 생각하는 목표 중의 하나이다.

무의식이 움직이는 법

이제 우리를 둘러싼 환경적 요인이 목표 선택과 달성 과정에 무의식적으로 영향을 줄 수 있다는 사실을 알게 되었다. 그렇다면 지금부터는 어떤 환경적 요인이 이러한 영향을 줄 수 있는지 살펴보려 한다.

여기서 중요한 것은 우리가 놓치고 있는 것들이 무엇인지 알아야 한다는 것이다. 달성하고자 하는 목표(체중 감량, 금연, 부모님께 안부 인사하기, 집 수리)가 있다면, 우리를 둘러싼 환경에 무의식을 활성화할 수 있는 자극 인자를 두는 것도 좋다. 자극 인자는 그 의미가 명확하다면 어떤 것이든 상관없다. 건강한 식습관을 위해 잘 보이는 곳에 건강한 먹거리를 두거나 부엌에 건강 잡지를 놓아두는 것도 자극 인자이다. 잘 보이는 장소에 큰 글씨로 해야 할 일 목록을 적어두는 것도 마찬가지이다. 전화기 옆에 부모님 사진을 끼운 작은 액자를 두는 것도 그렇다. 사용할 수 있는 단서가 무엇이든 상관이 없다. 목표를 달성할 수 있도록 무의식을 자극하기만 하면 된다.

이와 같은 방법으로 타인에게도 동기 부여를 할 수 있다. 학생 자녀를 둔 부모라면 자녀가 공부에 자극을 받을 수 있는 단서를 배치한다(우리 부모님은 내가 고등학생일 때 방에 아인슈타인과 베토벤 사진을 걸어 두셨다. 어느 정도 효과가 있었는지도 모르겠다). 회사의 관리자라면 직원들의 작업 능률과 일에 대한 열정을 고무할 만한 요소를 사무실에 배치해둔다. 배우자를 가정적으로 만들고 싶다면 사랑, 화목 등의 의미를 가진 요소를 잘 보이는 곳에 둘 수 있다.

기억해야 할 것은 같은 자극인자라 할지라도 사람에 따라 전혀 다른 반응을 보일 수 있다는 점이다. 권력을 상기시키는 단서는 공동체적 가치를 중시하는 사람에게 사회적 책임감(타인을 돕거나 기부하는 것)을 무의식적으로 자극할 수 있다. 하지만 동일한 단서가 개인주의적 성향이 강한 사람에게는 사적인 이익(승진, 재정적 보상)을 추구하도록 만든다.

그러므로 다른 사람의 동기 부여를 위한 자극 인자는 그 사람에게 의미가 있는 것이어야 한다. 대상에 대한 신중한 고민과 함께 그의 환경에 맞는 단서를 적용할 수 있도록 창의성을 발휘해야 한다. 무의식적으로 목표를 추구하도록 하면 지속적으로 주의를 기울이는 데서 오는 긴장감을 완화시킬 수 있다. 또 유혹에 직면하고 산만해졌을 때에 계획대로 진행할 수 있는 가장 좋은 방법이 될 수 있다. 그것이 바로 긴 시간 동안 자신의 리듬을 유지하고, 달성해야 한다는 강박관념에 시달리지 않고서도 목표를 달성하게 할 수 있는 전략이다.

• 어떤 요인이 자신에게 영향력을 미치는지 파악하자

목표를 설정할 때 보다 좋은 선택을 하고 싶다면 목표를 선택하는 과정에 영향을 주는 요인을 먼저 파악해야 한다. 그 영향력에 초점을 맞춤으로써 어떤 선택이 옳은 것인지 잘못된 것인지 평가할 수 있다. 나아가 원한다면 부정적 영향력을 감소시킬 수도 있다.

• 자신의 능력을 신뢰하자

자신의 능력에 대한 신뢰는 목표 선택에 큰 영향을 미친다. 만약 매력적인 목표가 있는데도 선택을 망설이고 있다면 그 이유가 무엇인지 스스로에게 물어야 한다. 나의 능력을 제대로 인식하고 있는가? 아니라면 목표에 도달하는 또 다른 방법이 있는가?

• 변화 가능성을 수용하자

내 능력에 대한 믿음만큼이나 목표를 달성할 수 있는 능력을 갖고 있다고 믿는 것이 중요하다. 많은 사람은 지적 능력과 성격, 적성과 같은 것이 고정되어 있다고 믿는다. 그래서 무엇을 하려고 하든 더 나아질 수 없다고 생각한다. 이러한 '고정성'에 대한 믿음은 자신의 능력을 개발하기보다 입증하기 위해 애를 쓴다.

다행히 최근 십수 년의 연구를 통해 인간적 자질의 '변동성'에 대한 믿음이 시간이 지날수록 과학적 지지를 받고 있다. 우리 안에 변하지 않는 자질이 있다는 믿음은 버려야 한다. 변화 가능성을 믿는 것이야말로 더 나은 선택을 하도록 만들며 우리 안의 잠재성을 이끌어낸다.

• 적절한 환경을 만들자

우리가 추구하는 목표에 강력한 영향을 줄 수 있는 것은 환경이다. 환경의 영향은 항상 무의식적이다. 단어, 보이는 사물, 마주치는 모든 것들과 우리는 상호작용을 하며 그것들은 우리의 무의식을 자극한다. 또 무의식적으로 닮고 싶어 하는 롤 모델은 '목표 전염'을 통해 우리에게 동기 부여를 할 수 있다.

• 무의식을 자극하는 요인을 곁에 두자

목표를 향한 동기 부여와 열정을 유지하고 싶다면 주변에 자극 인자를 두어야 한다. 그러면 목표를 향해 무의식적으로 나아갈 수 있다. 또한 유혹에 흔들리거나 의식이 다른 것으로 인해 방해를 받는 경우에도 무의식은 목표를 향해 움직인다.

PART 2.
설정하라

3.
목표는
우리를 앞으로
나아가게 한다

매 학기마다 나는 큰 강의실을 가득 채운 150명의 신입생들을 마주한다. 그들은 노트북과 펜을 들고 앉아 내가 입을 열기만을 기다린다. 대학생이었을 때 나는 학생들에게 영감을 불어넣는 교수가 되는 꿈을 꾸고는 했었다. 학생들을 매혹적인 심리학의 세계로 안내하고 스스로를 잘 이해할 수 있도록 돕고 싶었다. 그렇게 함으로써 그들이 자신의 잠재성을 충분히 계발할 수 있도록 하고 싶었다. 영화 〈죽은 시인의 사회〉에 나오는 키핑 선생님처럼 학생들과 열띤 토론을 주고받는 상상을 했다. 그러나 내가 학생들에게 가장 많이 받는 질문은 "교수님, 그거 시험에 나옵니까?"이다. 처음 이 질문을 받았을 때의 실망감은 상당히 컸다.

물론 미국에서 가장 좋은 대학 중 하나에서 가르치는 행운을 거머쥐었고 또 엘리트 의식으로 똘똘 뭉친 학생들이니 꾸짖을 수도 없는 노릇이다. 이들은 모두 좋은 학점을 받고 자기가 똑똑하다는 것을 증명하고 싶어 한다. 학생들 모두가 그렇지는 않겠지만, 많은 학생이 지능이 고정되어 있다고 믿는 것은 의심할 수 없는 사실이다.

요즘 대학생들은 과학적 탐구나 자아 발견에 자신의 시간을 투자하려고 하지 않는다. 그들은 로스쿨에 입학하거나 의학전문대학원, 아니면 MBA 프로그램을 이수하고 싶어 한다. 학생들에게 학점에 신경 쓰지 말고 배운 것을 보다 깊이 사고하여 거기에서 의미를 탐구하라고 충고하면 그들은 나를 덜떨어진 교수쯤으로 생각할 것이다. "저 교수 세상 물정을 모르는군. 학점에 신경 쓰지 말라니? 여기가 무슨 「죽은 시인의 사회」인 줄 아나 봐."

안타깝게도 학생들이 놓치고 있는 사실이 하나 있다. 대학을 다니는 목적이 자기의 능력을 증명하는 것인지, 자신의 능력을 개발하고 성장하고자 하는 것인지에 따라 인생이 달라진다는 것이다. 이 두 가지 목표는 모두 동기를 부여하지만 그 마음을 깊이 들여다보면 큰 차이가 있다. 앞에서 우리는 자기 능력에 대한 믿음이 목표 선택에 어떤 영향을 미치는지 살펴봤다. 지금부터는 목표의 유형이 목표를 달성하는 과정에 어떤 영향을 미치는지 자세히 알아보고자 한다.

평가받기 VS 성장하기

우리가 선택하는 목표는 도전 과정을 즐기고 흥미를 유지하는 데 영향을 준다. 어떤 목표는 강한 동기 부여를 할 수 있을 뿐만 아니라 추구 과정에서 난관을 이겨낼 수 있도록 한다. 또한 큰 어려움에 부딪혀도 계속 시도하고 포기하지 않게끔 한다. 그러나 다른 어떤 목표는 우리를 실패의 길로 인도한다. 그러므로 우리는 목표들을 구분하는 법을 배워야 한다.

학창 시절을 떠올려보자. 어떤 목표를 가지고 있었는가? 능력을 개발하고 자신이 할 수 있는 것을 배우는 데 관심을 기울였는가. 아니면 자신의 능력을 부모님이나 선생님, 스스로에게 증명하기 위해 노력했는가. 지금은 어떤 모습인지도 생각해보자. 직장에서 새로운 프로젝트나 업무가 주어지면 전문 지식을 확장할 수 있는 기회라고 생각하는가, 아니면 능력을 입증해 직장 상사에게 좋은 인상을 남길 기회로 보는가. 연인이나 배우자와의 관계는 어떤가? 관계에 문제가 생겼을 때 실수로부터 무언가를 배우고 서로 성장하는 계기에 초점을 맞추는가, 이별을 고민하는가. 각기 다른 성향의 이 목표들은 '평가받기be good'와 '성장하기get better'의 관점에서 살펴볼 수 있다. 다음 질문에 답해보자.

+ 평가받기 혹은 성장하기

다음 항목에 대한 가장 적절한 대답을 1~5점으로 기록해보자. 정답은 없으니 오래 고민하지 말고 떠오르는 대로 솔직하게 답하면 된다.

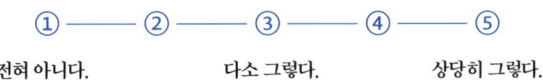

① ——— ② ——— ③ ——— ④ ——— ⑤

전혀 아니다.   다소 그렇다.   상당히 그렇다.

1. 학교나 직장에서 동료들보다 더 잘하는 것이 나에게는 아주 중요하다.
2. 무언가를 배울 수 있는 친구를 사귀는 것을 좋아한다. 민감한 충고를 솔직하게 해주기를 바란다.
3. 항상 새로운 기술이나 지식을 습득할 수 있는 기회를 찾는 편이다.
4. 다른 사람에게 좋은 인상을 심어주는 것에 대해 상당히 신경을 쓴다.

5. 타인에게 똑똑하고 능력 있다는 것을 보여주는 것이 중요하다.

6. 친구나 지인들과 솔직하고 편안한 관계를 갖기 위해 노력한다.

7. 학교 혹은 직장에서 지속적으로 배우고 스스로를 향상하기 위해 노력한다.

8. 다른 사람과 함께 있을 때 그들이 나를 어떻게 생각하고 있을지 신경이 쓰인다.

9. 다른 사람이 나를 좋아한다는 것을 알면 기분이 좋다.

10. 직장동료나 친구들보다 더 잘하려고 노력한다.

11. 변화와 발전에 도움이 되는 사람을 좋아한다.

12. 학교 혹은 직장에서 내 능력을 입증하기 위해 노력하는 편이다.

먼저 1, 4, 5, 8, 9, 10, 12의 질문에 대한 점수를 더한 후 이를 7로 나누어 값을 구한다. 이 점수는 당신의 '평가받기' 지향 점수이다. 다음으로 2, 3, 6, 7, 11의 점수를 더하고 이 점수를 5로 나누어라. 이는 당신의 '성장하기' 지향 점수이다. 두 점수 중 어떤 점수가 더 높은가?

목표를 달성하는 사람과 포기하는 사람, 그리고 실패하는 사람에 대한 이해는 지난 수십 년간 심리학의 주요 관심사였다. 대부분의 학자들은 지적 능력이 큰 역할을 한다고 가정했지만 그 가정이 틀렸다는 사실이 밝혀졌다. 높은 지능은 난해한 수학 문제처럼 난이도가 높은 과제를 해결하는 데 영향을 줄 수는 있다. 하지만 지적 능력이 과제를 해결하는 동안 부딪히는 어려움을 얼마나 잘 다룰 수 있느냐를 설명하지는 않는다. 인내와 결단 혹은 무력감에 압도당하지 않고 이겨내는 것과 똑똑함은 어떤 관련도 없다.

학교나 전문 분야 혹은 직장에서 추구하는 목표 유형은 우리가 어떻게 어려움에 맞서 나가야 하는지에 대해 많은 것을 알려 준다. 최종적으로 성공에 이르는 것과는 상관없이 말이다. 성취를 연구하는 심리학자들은 자신의 능력을 증명하는 데 초점을 맞추는 사람들과 진행 과정, 성장, 숙련도에 초점을 맞추는 사람들 사이의 차이점을 알아내기 위해 다양한 실험을 했다.

능력을 증명하고 싶어 하는 사람

심리학자들은 자신의 똑똑함이나 재능, 능력 혹은 다른 사람을 압도하고자 하는 욕구나 자신의 능력을 드러내려는 욕망을 '성과 목표performance goal'라는 포괄적 개념으로 설명한다. '성과 목표'를 추구할 때 우리의 에너지는 특정한 결과물을 획득하는 데 집중된다. 시험에서 A학점을 받는 것, 영업 목표량을 달성하는 것, 매력적인 사람과 교제하는 것, 로스쿨에 입학하는 것 등이 성과 목표의 결과물이다. 사람들이 추구하는 대부분의 성과 목표는 자아존중감과 밀접하게 연관되어 있다. 이 목표를 선택하는 이유는 성과 목표 달성 여부가 사회적 평판과 관련되어 있다고 생각하기 때문이다. 성공적인 삶을 살고 있는지 혹은 그렇지 않은지는 이 성과 목표의 달성에 달렸다.

A학점을 받지 못하는 것은 단지 자신에게 실망하는 차원에서 그치지 않는다. 이는 내가 똑똑하지 못하다는 것을 다른 사람들 앞에서 증명하는 일이다. 영업 목표에 도달하지 못하는 것은 그 직업에 재능이 없음을 드러내는 것이다. 매력적인 사람에게 관심을 받지 못하는 것은 내가 매력도 없고 가치도 없음을 가리키는 반증이다. 로스쿨에 입학하지 못한다면 삶을 망친 것이나 다름없다. 성과 목표는 '전부 갖느냐, 빈손이냐'로 결론이 난다. 성공 아니면 실패만 있을 뿐이다. 성과 목표를 달성하고자 할 때 거의 도달할 뻔했다는 말은 위로가 되지 않는다. 이 세계에선 오직 금메달만이 가치가 있다.

하지만 성과 목표는 동기 부여를 상당히 높인다. 그렇기 때문에 성공할 가능성도 높다. 성과 목표를 지향하는 사람들은 적절한 통제 아래에서 굉장히 열심히 일을 하며 높은 수준의 성취를 보여준다. 성과 목표가 강한 학생들은 최상위 등급의 학점을 획득하며, 영업자들은 높은 생산성을 보인다. 만약 내가 당신이 어떤 일을 얼마나 잘하는지에 기초해 당신을 판단하겠다고 말한다면, 이는 내가 당신을 지적 능력, 수행 능력, 운동신경으로 판단하겠다는 말이다. 이런 말을 듣는 순간 우리는 할 수 있는 한 최선을 다하려고 한다. 하지만 성과 목표는 양날의 칼과 같은 속성을 가졌다. 자아존중감과 관련이 있기에 동기 부여는 높이지만 일이 뜻대로 되지 않으면 더 쉽게 포기할 위험도 있다.

성과 목표의 특징을 더 자세히 살펴보면 이 양면성을 쉽게 이해할 수 있을 것이다. 예를 들어 A학점을 받아 자신이 친구들보다 똑똑하다는 것을 증명하는 것이 목표인 학생이 첫 시험에서 A를 받지 못하게 되면, 그 학생은 자신이 그다지 똑똑하지 않다는 생각을 갖게 될 것이다. 이와 함께 몇 가지 연쇄적인 반응이 나타나는데 먼저 공포와 비슷한 감정이 일어난다. 걱정과 불안을 포함해 수치심까지 느낄 수 있다. 자아존중감은 바닥으로 떨어지고 자신감이 흔들린다. 자신이 그다지 똑똑하지 못하다고 생각하는 순간 지속적으로 노력해야 할 이유가 사라진다. 포기하기 쉬울 뿐더러 남은 시험에도 최선을 다하지 못하게 된다.

그래서 '평가받기'를 지향하게 될 때, 우리는 쉽게 '이거

안 되겠다'고 믿으며 시도를 멈추게 되고 실패의 운명으로 떨어지게 된다. 이 잘못된 신념을 강화하는 것은 처음이 뜻대로 되지 않기 때문이다. 토머스 에디슨은 이렇게 말한 적이 있다.

"우리가 평생 동안 겪는 실패의 대부분은 자신이 성공에 얼마나 가까이 다가갔는지 알지 못하기 때문에 일어나는 것이다."

언제나 성장을 추구하는 사람

하지만 모든 학생들이 A학점에 매달리는 것은 아니다. 나는 오랫동안 학생들을 가르치면서, 학점 말고 다른 것에 집중하는 학생들이 있다는 것을 알게 되었다. 소수이지만 그들은 자신을 증명하는 것보다 무엇을 배우느냐에 더 관심을 갖는다. 그들은 성과 목표를 추구하는 학생들과는 아주 다르다. 그들은 지금 강의하고 있는 내용이 몇 주 전 교실에서 주고받은 내용과 어떤 관련이 있으며 다른 과목과는 어떤 연관이 있는지 자신이 본 최근 뉴스와 어떻게 연관시키면 좋을지 묻는다. 그들은 어떤 주제에 대한 내 해석에 도전하고, 결과를 다르게 해석할 수 있는 길은 없는지 물어온다. 이 부류의 학생들은 수업이 끝난 후 더 많은 질문을 하기 위해 연구실로 온다. 그들 중

일부는 손에 중간고사 시험지를 들고 찾아오지만, 왜 이 답이 틀렸는지를 알고 싶어서이지 점수를 두고 논쟁하려는 것이 아니다. 그들이 원하는 것은 '이해'이다.

심리학자들은 기술과 능력을 향상시키고 개발하려는, 그래서 더 나아지려는 욕망을 '향상 목표mastery goal'라고 부른다. 향상에 중심을 둔 사람들은 특별한 결과를 산출했느냐 아니냐로 자신을 평가하지 않는다. A학점을 받았느냐, 영업 목표치를 달성했느냐를 평가 기준으로 삼지 않고 진행의 관점에서 자신을 바라본다. 나는 나아지고 있는가? 배우고 있는가? 좋아지고 있는가? 이 목표는 타인에게 자신을 증명할 필요가 없다. 성과 목표를 추구하는 사람들과는 전혀 다른 방식으로 자신의 가치를 바라본다. 이들은 최고가 되기보다 끊임없이 성장하고 발전한다는 느낌을 중요하게 여긴다.

향상 목표를 추구할 때 사람들은 앞서 부딪히는 난관이나 능력 부족을 탓하지 않는다. 아무런 의미가 없기 때문이다. 물론 능력이 부족할 수 있지만 아직 충분한 경험이 없기 때문이므로 시간과 에너지를 들여 경험을 쌓으면 될 문제라고 생각한다. 그래서 그들은 노력을 통해 변화시킬 수 있는 부분에 신경을 쓴다. 노력이 부족하지는 않았는지, 학습 방법에 문제가 있지는 않았는지, 전문가의 도움을 받아야 할지 등 어떤 변화가 필요한지 고민한다.

향상을 추구하는 사람들은 문제에 부딪히면 능력을 증명하려는 사람들처럼 실망하거나 무기력하지 않고 행동을 취한다. 무엇이 잘못되었는지 자문하고 고치려고 한다. 첫 시험에서 C학점을 받았다면 공부 시간을 두 배로 늘리거나 철저한 예습과 복습 같은 다른 공부 방법을 찾으려고 한다. 그들은 영업 목표량을 달성하지 못했다면 직장 내 전문가를 찾아 지도를 받는다. 매력적인 이성이 나에게 관심을 보이지 않는다면 어떻게 하면 그의 주목을 끌 수 있을지 어떻게 해야 첫 만남을 자연스럽게 시작할 수 있을지 연구한다. 이렇게 향상을 추구하는 사람들은 시간이 걸릴 수도 있지만 상당한 성취를 얻을 수 있다. 또한 어려움에 빠지더라도 쉽게 좌절하고 포기하지 않는다.

심리학자들은 성과 목표를 추구하는 사람들과 향상 목표를 추구하는 사람들의 사고방식, 행동 유형, 감정이 다르게 작동한다는 것을 알아냈다. 지금부터는 이와 관련된 여러 실험 사례를 살펴보자.

어떤 목표가 가장 좋은가

어떤 목표를 추구하는 것이 좋을까? 이 질문에 대해 간단한 답해보겠다. '상황에 따라 다르다'이다. 처음 언급했던 것처럼 성과 목표가 향상 목표보다 사람들에게 더 강한 동기 부여를 불어넣을 수 있다. 자신의 영리함이나 가치를 증명하려고 하는 사람들은 종종 엄청난 에너지와 열정을 가지고 과제에 접근한다. 하지만 이는 가시적인 보상의 성패가 달려 있을 때에만 부분적으로 참이다.

앤드류 엘리엇^{Andrew Elliot}과 동료들은 대학생을 대상으로 진행한 실험에서 단어 퍼즐 맞추기와 유사한 게임을 하도록 했다. 참가자는 철자가 새겨진 주사위 세트를 굴린 후 가능한 한 많은 단어를 만들어야 했고 이것으로 점수가 매겨졌다. 철자 게임을 하기 전 연구팀은 참가자들을 두 그룹으로 나누고, 첫 번째 그룹에게는 연구의 목적이 '단어 만드는 능력을 비교하여 평가하는 것(성과 목표)'이라고 설명했고 두 번째 그룹에게는 '게임을 잘하는 방법 배우기(향상 목표)'라고 말했다. 또 두 그룹 절반에게는 게임을 잘하면 현재 수강하고 있는 과목에서 추가 점수를 획득할 수 있는 기회가 주어진다는 이야기도 했다. 대학생들에게 추가 점수는 아주 매력적인 보상이다.

그 결과 추가 점수에 대한 이야기를 듣지 못한 성과 목표 그룹과 향상 목표 그룹 대부분이 120점 정도의 비슷한 점수를 획득했다. 반면 추가 점수가 보상으로 주어지는 조건에서 성과 목표 그룹의 학생들은 180점을 획득해, 120점 언저리에 머무는 향상 목표 그룹보다 50퍼센트 이상 점수가 높았다. 게임 기술의 향상을 목표로 받은 학생들은 추가 점수라는 보상에 크게 반응하지 않았다. 하지만 자신의 능력을 증명하고 싶었던 학생들은 고득점이 곧 자신의 능력이고 그것만이 원하는 보상을 획득할 수 있는 기회였기에 크게 동기 부여가 되었다.

다른 연구에서도 성과 목표를 추구하는 것은 다양한 영역에서 고득점을 이끌어내는 모습을 보여주었다. 수학 문제 풀이에서부터 핀볼 게임에 이르기까지 참가자들은 능력을 증명하고 보상을 얻을 수 있을 때 더 높은 점수를 받았다. 이런 연구에서 참가자들에게 주어진 과제가 그들이 정말 도전하고 싶었던 과제가 아니라는 것은 분명했다. 그럼에도 비교적 쉬운 난이도의 과제를 통해 자신의 장점을 드러내고 능력을 보여줄 수 있다는 동기 부여가 되자 성과 목표를 가진 사람들은 열성적으로 참여했다. 그러나 익숙하지 않을 뿐 아니라 복잡하고 어려우며 장애물과 방해 요소로 가득한 게임을 할 때는 실험의 양상이 달라졌다.

어려움에 직면할 때

로라 젤리티Laura Gelety와 나는 '성과 목표' 혹은 '향상 목표'를 설정할 때 문제 상황을 대처하는 방식이 어떻게 달라지는지 알아보는 연구를 진행했다. 우리는 참가자들에게 문제 해결 방식을 주제로 실험을 할 것이라고 말했다. 그런 다음 참가자 중절반에게는 획득한 점수가 자신의 '개념 및 분석적 사고 능력'을 반영한다고 설명했다. 최대한 많은 점수를 획득하도록 동기 부여한 것이다. 다시 말해 그들에게 성과 목표를 추구하도록 조건화했다. 그리고 다른 절반의 참가자들에게는 능력을 향상시킬 수 있는 훈련 프로그램이며 새로운 학습의 기회를 얻을 수 있을 것이라는 암시를 주었다. 이 그룹에게는 향상 목표를 조건화한 것이다.

그 후 우리는 다양한 난이도의 문제를 참여자들에게 제시했다. 실제로는 답이 없는 문제도 주었지만 답이 없다는 말을 하지는 않았다. 참가자들이 문제를 푸는 동안 우리는 간섭도 했다. 연구 결과에 따르면, 향상 목표를 설정하도록 조건화된 집단은 문제의 난이도에 영향을 받지 않았다. 또 우리가 그들에게 어떤 간섭을 하든 그들은 도전적인 자세로 비교적 동등하게 문제들을 풀어갔다. 하지만 성과 목표로 조건을 설정한 그룹은 다른 양상이 나타났다. 문제가 어렵거나 연구팀의 간섭이 일어났을 때 참가자들은 눈에 띄게 적은 문제를 풀었다.

앞에서 우리는 성공에 대한 기대가 동기 부여에 아주 중요하다는 사실을 살펴봤다. 사람들은 자신이 잘할 수 있다고 믿을 때 정말로 잘해내는 경향이 있다. 이건 완벽한 사실이다. 우리 연구에서 가장 흥미로운 점의 하나가 바로 이것이다. 향상 목표가 아니라 성과 목표를 설정했을 때 점수가 높았다. 그러나 참가자들에게 어려운 과제나 도전적인 문제가 주어지게 되면 성공에 대한 기대감은 떨어졌고 잘해낼 수 없다는 느낌을 받았다.

능력을 증명해야 하는 성과 목표 집단은 성공에 대한 기대감이 떨어지는 것에 강한 영향을 받았다. 중요한 것은 성공에 대한 기대감이 떨어졌을 때조차 향상 목표 그룹은 이에 영향을 받지 않았다는 점이다. 그들은 자신의 문제 해결 능력이 형편없다고 생각할 때도 배우고 시도하겠다는 동기 부여를 여전히 유지했다.

여기서 우리가 생각해보아야 할 것이 있다. '내 능력을 증명하겠다'고 하기보다 '성장하겠다'는 목표를 설정할 때 두 가지 점에서 중요한 이득을 얻을 수 있다. 첫째는 문제가 어려울 때, 즉 복잡하고 시간 압박과 난관, 예상치 못한 요소가 있을 때도 낙담하지 않는다는 것이다. 도전을 포기하지 않고 여전히 그 일을 잘해낼 수 있다고 믿는다. 둘째는 잘해낼 수 없을 것 같다는 의심이 일어날 때도 동기 부여를 잃지 않는다는 것이다. 성공할 수 없다고 생각할 때도 그들은 배우고자 했다. 향상은 여전히 가능했고 계속 더 나아갈 수 있었다. 과제가 어려

울 때 지속성은 높은 성취로 나아가는 열쇠가 된다. 향상 목표
가 가진 명백한 이점이 바로 이것이다.

끝까지 해내는 힘

미국의 경우 의과전문대학원에 입학하려는 사람들은 누구나
대학 첫 2년 동안 화학과 생물학을 포함해 필수 과학 과목을
수강해야 한다. 그들은 이 시기에 잘해야 한다는 두려움과 함
께 못했을 때 오는 절망감도 마주한다. 그들은 전 과정에서 좋
은 등급(아마도 올 A학점)을 받아야 하는데, 신입생 첫 학기 때
일반화학이라는 첫 장애물과 마주치고 만다.

특히 상위권에 속하는 대학을 다니는 학생들에게 이 과정
은 자신의 인생에서 겪어보지 못한 큰 어려움이다. 중학교와
고등학교 시절 최상위권에 속하는 영예를 누린 학생들이지만,
절반 이상이 C학점이나 그보다 낮은 학점을 경험한다. 이 시
련과 마주해 이긴 학생들만 성공을 거머쥔다. 실망스러운 첫
학기 중간고사에 직면해서도 동기를 잃지 않고 노력을 지속해
어려움을 극복해내는 학생들이 있다. 그렇다면 누가 끝까지
노력해서 원하던 대학원에 입학하고, 누가 일찌감치 포기하고
전공을 바꿀까.

캐롤 드웩 교수와 나는 일반화학 수업에서 학생들이 추구하는 목표가 '능력 증명'일 때 포기가 빠를 것이라고 믿었다. 그래서 나는 컬럼비아대학교에서 신입생들에게 수업을 듣는 목적과 주안점이 무엇인지 물었다. 모두가 이 수업에서 A학점을 받기를 원한다는 사실은 명백했다. 컬럼비아대학교는 경쟁이 심한 곳으로 유명하다. 학생 중 일부는 모든 학점에 신경을 쓰는 것처럼 보였다. 더 중요한 것은, 학생들은 학점이 자신의 똑똑함을 반영한다고 믿고 있다는 점이었다. 좋은 학점은 그만한 능력을 의미하고 나쁜 학점은 능력이 없음을 방증하는 것이었다. 그들은 '학교에서 내 지적 능력을 보여주는 데 주력하겠다'는 항목에 동의했다. 반면 일부 학생들은 배우고 개발하는 것에 더 많은 관심을 기울였다. 그들은 '지속적으로 배워서 내 경력을 향상시키고자 한다' '수업을 통해 내 능력을 향상시키고 새로운 것을 학습하는 데 주안점을 두고 싶다'는 말에 지지를 보냈다.

우리는 추구하는 목표가 달랐던 학생들이 학기 전반에 걸쳐 어떤 학점을 받는지 주의 깊게 관찰했다. 향상 목표를 추구한 학생들은 첫 시험에 높은 학점을 받지는 못했다. 하지만 그들의 장점은 다음 시험에서 발휘되었다. 그들은 노력을 이어갈 뿐만 아니라 배가시켰고, 동기 부여를 잃지도 않았다. 성과 목표를 추구하며 능력을 증명하는 데 주안점을 두었던 학생들의 성적을 살펴본 결과, 그들의 수행 능력은 시간이 지날수록 악화되었다. 특히 첫 시험 점수가 생각보다 낮을 때 그런 경향이 두드러졌다. 지속할 수 있는 힘은 성공에 필수적이다. 긴 레이스에서 향상 목표를 추구할 때 의사가 될 가능성이 더 커진다는 사실을 의심할 수 없다.

이런 목표 설정 태도는 교과학습 외에 우리 삶 곳곳에 깊이 관여하는 문제이다. 다양한 연구를 통해 밝혀졌듯, 향상 목표의 위력은 비즈니스 세계에서도 그대로 나타났다. 돈 반데발레Don VandeWalle와 그의 동료들이 의료 장비 도매업에 종사하는 153명의 영업사원을 관찰한 연구를 소개하겠다. 이들은 2천여 개에 이르는 의료 기구와 장비들을 담당했는데 상당한 인내와 노력이 요구되는 직업이었다(이들은 종종 구입 거부와 직면해야 했다). 관찰이 시작되기 전 영업사원들은 자신이 성과 목표(나는 동료보다 영업을 잘하고 싶다)를 추구하는 유형인지 향상 목표(더 나은 영업자가 되는 방법을 배우고 싶다)를 추구하는 유형인지 묻는 질문에 응답을 해야 했다. 반데발레는 성과 목표를 추구하는 유형의 영업사원들은 최종적으로 탁월한 영업 성과에 이르지 못한다는 사실을 발견했다. 반면 더 나은 영업자가 되고자 했던 사람들은 판매 목표치를 높게 세우는 경향이 있으며 시간과 노력을 더 많이 투자하고 계획적으로 움직여 더 많은 판매 성과를 올린 것을 확인했다. 강의실을 벗어난 현실에서조차 향상 목표를 추구하는 사람들이 더 나은 성과를 올리고 있는 것이다.

목표를 향해 가는 과정

많은 사람이 목표에 대해 이야기를 할 때 결과보다 과정을 즐기는 것이 가장 중요하다고 말한다. 결과뿐만 아니라 과정도 좋아야 하기 때문이다. 당연한 말이다. 그러나 이 말은 부분적으로만 옳다. 어떻게 시작해야 하는지에 대한 언급이 없기 때문이다. 목표를 달성할 때까지 겪게 되는 온갖 경험들을 말 그대로 즐기는 것은 결코 쉬운 일이 아니다. 우리들 대부분은 목표를 추구할 때 해야 하는 일에 흥미를 오래 유지하기도 힘들고 즐기기는 더더욱 어렵다.

내가 가르치는 학생들의 상당수는 시험을 위해 암기해야 할 것에 집중하느라 실제 무엇을 배웠는지에 대한 생각은 거의 하지 않는다. 다른 사람들과 마찬가지로 내 학생들 또한 좋은 점수를 얻어 능력을 과시하고픈 성과 목표를 추구하는 경향이 있다. 이 과시적인 '평가받기 지향'은 결과를 산출하는 데 있어 최고의 전략이기는 하다. 그것 때문에 주의 집중을 유지할 수 있기 때문이다.

반면에 향상 목표를 추구하는 일은 장거리 여행이나 다름 없다. 여러 연구를 통해 심리학자들은 향상 목표가 흥미를 유지하고 목표를 즐기는 데 유리하다는 것을 알았다. 이 태도는 과정에 집중하도록 하고 몰입을 경험하도록 하며 배운다는 것에 더 많은 가치를 두게끔 한다. 의학전문대학 입학시험을 준비하는 학생들을 보더라도 이 말이 맞다는 것을 알 수 있다. 향상 목표 추구 유형의 학생들은 다른 이들에게 어렵고 끔찍한 화학수업이 흥미롭고 즐거웠다고 했다. 복잡한 주기율표 암기조차 매력적인 경험이었다고 말했다.

목표를 추구할 때 즐거움을 누릴 수 있다는 것은 그 자체로 좋은 점이다. 그러나 이것이 전부는 아니다. 향상 목표를 추구하는 학생들은 목표를 달성하기 위해 배우는 과정에 적극적이고 참여적인 태도를 보인다. 수업에 흥미를 느끼는 학생들은 더 많이 질문하는 경향이 있으며 호기심을 충족시키고 싶어 한다. 그저 좋은 점수를 받기 위해 겉만 훑으며 관련 사실을 암기하려 하지 않는다. 자신이 배우고 있는 과목들의 원리 원칙과 주제, 관련성을 찾아보며 더 깊이 탐구하려고 한다. 이들은 과제를 미루는 경향도 덜 하다. 능동적인 학습 방법과 질문 태도, 미루지 않는 습관은 높은 성취를 이끌어낸다. 향상 목표를 설정할 수 있다면 우리는 보다 나은 성취를 달성할 수 있다. 과정 자체를 즐길 수 있기 때문이다. 게다가 그 과정을 어렵지 않게 해낼 수 있다.

도와달라고 말하기 어려울 때

어려운 목표를 달성하기 위해선 도움을 요청하고 받아들이는 시기를 아는 것도 중요하다. 도움을 구하는 것은 장애물과 도전적인 과제에 직면했을 때, 혹은 익숙하지 않은 영역을 헤쳐 나갈 때 효과적인 길이 될 수 있다. 하지만 사람들은 종종 도움을 요청하는 것을 꺼린다. 무능하게 보이고 싶지 않고 무능함을 느끼고 싶지도 않기 때문이다. 도움을 요청한다는 것은 도움이 필요하다는 것을 인정하는 것이다. 능력을 과시하고자 성과 목표를 추구하는 사람의 입장에서 도움을 요청하는 것은 자신의 실패를 자인하는 꼴이다. 이와 반면 향상 목표를 추구하는 사람에게는 도움을 요청하는 것이 목표에 이르는 최선의 방법이다.

이 차이를 확인하게 위해 루스 버틀러Ruth Butler는 교사들을 대상으로 한 가지 실험을 했다. 여기서 그는 교사들이 가지고 있는 목표의 유형이 다른 사람에게 도움을 요청하는 성향과 밀접한 관련이 있다는 것을 발견했다. 버틀러는 교사들이 도움을 요청하는 방법을 두 종류로 구분했다. 먼저 '자율적인 도움'으로 정보와 지식을 습득함으로써 스스로 문제 해결 능력을 키우도록 만드는 방법이다. 다른 하나는 '편의적 도움'으로 누군가가 직접 문제를 해결하거나 혹은 대신 일 처리를 하게 하는 방법이다. 달리 말하면 자율적 도움은 배고픈 사람에게 물고기 낚는 법을 가르쳐주는 것이고 편의적 도움은 물고기를 직접 주는 것이다.

320명의 초중고 교사들을 대상으로 한 조사에서 버틀러는 향상 목표를 추구하는 교사들의 특징을 발견했다. 이들은 교사로서 자신들이 새로운 교습 방법을 배울 때, 그리고 예전보다 효율적으로 가르치고 점점 전문화되고 있다고 느낄 때 더 많은 성취감을 가졌다. 일부 능력을 과시하는 성과 목표에 주안점을 두는 교사들도 있었다. 이들은 '시험에서 다른 반보다 자기 학급의 점수가 높을 때', '교장 선생님이 자신의 교습 능력에 대해 칭찬할 때' 최고의 성취감을 느꼈다. 향상 목표를 가진 교사들은 적극적으로 다른 사람에게 도움을 요청했으며, 그중에서도 '누군가 지식을 향상시킬 수 있는 책을 추천해주는 것이 좋다', '학급 관리에 도움이 되는 워크숍에 참석하고 싶다' 등 자율적 도움을 받기 원했다. 반면에 성과 목표에 집중한 교사들은 '나 대신 다른 교사가 문제아를 다루는 것이 좋다', '누군가 학생들이 풀 수 있는 연습 문제를 추천해주면 좋겠다'처럼 편의적 도움을 받기를 원했다.

지금까지 나는 자신의 능력을 개발하고 향상하는 데 주안점을 둔 사람들이 능력을 과시하려는 사람들보다 분명한 장점을 갖고 있다고 말했다. 향상 목표는 어려운 문제를 우아하게 다룰 수 있도록 하며 도전에 직면했을 때 더 많이 인내할 수 있도록 한다. 또한 흥미와 즐거움을 유지할 수 있으며 더 좋은 전략을 사용할 수 있도록 하고 필요하다면 적절한 도움을 찾도록 한다. 향상 목표로 충만한 삶이 반드시 성공한다는 보장은 없다. 모든 일은 잘못될 수 있다. 때때로 아주 그르칠 수도 있다. 하지만 밝혀진 것처럼 향상 목표는 문제 상황이 닥쳤을 때 아주 유용하다.

열정의 불씨를 지피는 연료

누구나 실패하고 좌절을 겪는 순간이 있다. 목표가 무엇이든 더 이상 하기 싫을 때가 있다. 환경이 바뀌거나 예상치 않은 문제가 대두되고 기대했던 것이 생각보다 어려울 때 그렇다. 어려움은 생기기 마련이고 연이어 찾아오기도 한다. 물론 자신을 증명하려는 사람에 비해 성장과 향상을 추구하는 사람들은 낙담해도 금방 털고 일어나며 그런 일을 덜 겪는 것도 맞다. 향상 목표를 추구하는 사람들은 환경을 탓하는 경향이 덜하고

의기소침에 깊이 사로잡히지도 않는다. 향상 목표에 주안점을 두면 예상 밖의 결과에 대한 심적 고통도 덜하다.

하지만 누구나 의기소침해질 때가 있다. 아무리 향상 목표에 주안점을 두고 살아간다고 할지라도 나쁜 일은 일어나기 마련이고 사기는 저하된다. 좋은 소식이 있다면, 열정이 꺾이는 순간이 누구에게나 동일한 방식으로 일어나지 않는다는 것이다. 추구하는 목표에 따라 다르게 작동한다.

캐롤 드웩과 앨리슨 베어Allison Baer, 그리고 나는 컬럼비아 대학교에서 연구 조교로 일하던 로빈을 통해서 처음 이 사실을 관찰하게 되었다. 오랫동안 수백 명의 대학생을 관찰해왔지만 로빈만큼 동기 부여가 강하고 열정적인 에너지를 가진 학생은 없었다. 월요일에 어떤 과제를 주고 금요일까지 해줄 것을 요청하면 그녀는 화요일에 과제를 제출했다. 시간 관념이 철저했으며 배우고자 하는 열정이 대단한 학생이었다. 그런 그녀가 우리에게 수련 과정 동안 조교로 일하면서 수없이 힘든 시간을 겪었다고 고백했을 때 상당히 놀랄 수밖에 없었다. 그녀와 오랜 시간을 함께 보냈으면서도 전혀 예상하지 못했기 때문이다. 어떻게 그렇게 숨길 수 있었을까? 엄청난 스트레스와 압박에 시달렸는데도 말이다.

로빈을 이해하는 것이 우리의 새로운 과제가 되었다. 그녀는 분명히 향상 목표를 추구하는 유형이었다. 우리는 평가받고 자기 가치를 증명하려는 욕구와 목표가 직접적으로 연결되지 않을 때는 다른 방식으로 사기 저하나 스트레스가 나타나는 것은 아닐까 궁금했다. 이 사실을 증명하기 위해 100명의 학생들에게 3주 동안 매일 일기를 작성하도록 요청했고 최악의 기분이었던 날이 언제였는지 말해달라고 했다. 우리는 그들이 하루 동안 공부한 것, 친구와 만난 것, 설거지나 청소와 같은 일을 포함해서 무엇이든 체크해야 했다.

연구를 시작하기 전에 학생들은 설문지를 통해 자신들이 최근 주안점을 둔 것이 성과 목표(나는 경쟁에서 이겼을 때 기분이 좋았다)였는지, 향상 목표(실패나 거절에 대한 두려움을 이겨내고 새로운 것을 배우는 게 좋았다)인지도 측정했다.

그 결과 우리는 성과 목표에 자신의 시간을 쏟은 학생들이 향상 목표에 주안점을 둔 학생들보다 사기 저하를 더 많이 겪었음을 알 수 있었다. 게다가 스트레스에 사로잡혀 있을 때에 성과 목표를 추구한 학생들은 문제 해결을 위한 행동을 취하려는 시도를 덜 했다. 설거지를 미루고 빨랫감을 쌓아놓거나 공부를 미루는 모습을 보였다.

반면 향상 목표를 추구하는 사람들은 의욕 저하를 겪고 있을 때에도 아주 다른 방식으로 반응했다. 그들은 스트레스에 사로잡혀 있을 때도 무언가를 하려는 경향이 많았다. 사기 저하의 원인이 자신이 제어할 수 없는 영역에 있어도 그들은 긍정적인 면을 보려고 했고 경험으로부터 무언가를 배우려고 했다. 바로 여기에 놀랄 만한 일이 있다. 향상 목표를 추구하는 사람들은 의욕 저하를 겪을지라도 더 많은 빈도로 자신의 목표를 유지하려 한다는 점이다. 의욕 저하에 사로잡혀 있어도 그들은 빨랫감을 빨리 처리했으며 계속 공부했다. 향상 목표는 처참한 수행 능력을 보일지라도 유리한 방향으로 작용했다. 부정적인 감정도 불을 지피는 연료가 되었고 성취를 향해 달려가는 동기가 되었다.

평가보다 성장에 주안점을 둘 때, 증명하는 것보다 진척에 관심을 둘 때 열패감에 사로잡히는 빈도가 낮다. 정체나 실패가 자신의 자존감을 반영하는 것이 아니기 때문이다. 열패감에 사로잡히는 경향이 덜해 스트레스와 우울감에 오래 사로잡히지 않는다. 침대에 늘어져 있지도 않았고 과자 부스러기 속에 파묻혀 지내지도 않으며 더 부지런히 움직였다.

능력 과시에 목표를 두느냐, 능력 향상에 목표를 두느냐에 따라 우리 인생이 드라마틱한 영향을 받는다는 사실이 어쩌면 의아할지 모른다. 이렇게 생각하자. 목표는 한 쌍의 안경 렌즈와 같다. 우리가 추구하는 목표는 보이는 것일 뿐만 아니라 어떻게 보느냐까지 결정한다. 이는 우리 앞에 일어나는 일을 어떻게 해석할 것인가와 같은 것이다. 실패도 일보 전진의 발판이다. 장애물은 극복하는 것이다. 부정적인 감정도 추진력이 될 수 있다. 목표에 대해 달리 생각하고 다른 관점으로 바라보라. 그러면 세상이 달라진다.

• 평가받을 것인가, 성장할 것인가?

이번 장에서 우리는 자신을 증명하는 목표와 향상을 추구하는 목표 사이의 차이점에 대해 살펴보았다. 직장이나 학교 혹은 인간관계에서 당신은 최고가 되고자 행동하는가, 아니면 있는 그대로의 모습을 보여주기를 원하는가?

• 평가받기 목표 설정에는 장점과 단점이 있다

능력을 과시하고자 하는 욕구는 동기 부여가 강하다. 탁월한 노력으로 이끌 수 있지만 추구하는 과정이 너무 어렵지 않아야 한다. 불행하게도 우리 앞에 놓인 노력의 여정엔 꽃길만 있지 않다. 능력을 증명하려는 사람들은 목표 달성이 어려울 때 너무 빨리 포기하는 경향이 있다.

• 향상 목표는 실천 능력을 향상시킨다

향상 목표에 주안점을 두는 사람들은 재빨리 나아가는 데 어려움을 느낀다. 자신의 경험이 향상의 연료로 쓰인다. 성장을 추구하는 사람들은 종종 최선의 실천 능력을 보여주는데 도전에 직면했을 때 빨리 회복하기 때문이다

* 향상 목표에서는 어려움도 즐거움이다

성과 목표보다 향상 목표를 추구할 때 목표에 이르는 과정을 즐기며 흥

미를 유지하기가 쉽다. 다른 말로 하면 목적지만큼 그에 이르는 여정도 높게 평가한다. 또한 과정에 더 깊이 참여하며 의미를 추출하고 더 좋은 미래 계획을 세운다. 필요할 때는 도움을 요청하며 그 도움의 혜택을 잘 활용한다.

• 향상 목표는 사기 저하에 굴하지 않는다

성장에 목표를 둔 사람들은 능력 과시와 평가받기에 관심을 둔 사람들보다 사기 저하와 스트레스를 보다 생산적인 방향으로 이끈다. 부정적인 감정을 느꼈을 때도 굴복하지 않고 문제 해결을 위해 행동을 취하며 일이 되는 대로 흘러가도록 내버려두지 않는다. 그들은 자신의 능력과 가치를 증명하려는 사람들보다 부정적인 감정에 사로잡히지도 않으며 사로잡힌다 할지라도 그 시간이 짧다.

• 향상 목표가 더 많은 것을 획득할 수 있다

핵심은 이렇다. 가능하다면 자신의 목표를 성과 목표보다 향상 목표로 바꾸라. 안타깝게도 우리 삶의 여정은 완벽하지 않다. 개선할 수 있는 것에 주안점을 두어야 한다. 직장에서 우리가 해야 할 일은 자신을 과시하는 것이 아니라 업무 숙련도를 넓히고 새로운 업무 능력을 익히는 것이어야 한다. 보여주는 것보다 배우는 것에 초점을 둘 때 더 많은 행복감을 누릴 수 있고 더 많은 것을 성취할 수 있다.

4.
낙관주의자의 목표와
비관주의자의 목표

이 장을 쓰고 있을 때 아들 맥스가 막 돌이 되었다. 생일 잔칫날 맥스는 첫 걸음을 뗐고 지금은 온 집을 다 돌아다닐 만큼 걸음마가 늘었다. 둘째 아이였기에 예전에도 육아 경험을 한 바 있지만 나는 맥스가 어디 부딪히지는 않을까, 넘어져 다치지는 않을까 싶어 아이에게서 눈을 뗄 수가 없었다. 팔을 마구잡이로 흔들면서 방안을 지그재그로 왔다 갔다 할 때마다 불안했다. 항상 다치지 않고 걸음마를 제대로 배우기를 바랐다.

아이의 걸음마가 완성되도록 돕는 것은 부모의 목표이다. 당연히 예방 조치에 들어갔다. 푹신한 카펫을 사서 딱딱한 바닥에 깔고 문지방에 걸려 넘어지지 않도록 밑받침 쿠션을 설치하고 출입구 쪽 가구 모서리에 보호대도 씌웠다. 방 안을 마음 놓고 돌아다닐 수 있도록 뾰족하다 싶은 것은 모두 제거했다. 또 미끄럼 방지 고무 밑창이 달린 귀여운 신발도 사서 신겼다. 머리 크기에 맞는 작은 헬멧이 있었다면 아마 그것도 샀을 것이다.

남편도 맥스의 걸음마 연습을 도왔지만 그의 방식은 나와 상당히 달랐다. 그는 맥스가 계단을 오르는 것을 지켜보았다. 어디를 기어올라도 마찬가지였다. 바닥에 장애물이 흩어져 있어도 본체만체하며 맥스가 그 주변을 요리조리 움직이는 것을 웃으며 지켜볼 뿐이었다. 내가 균형을 잘 잡고 걸을 수 있도록 아기에게 끊임없이 손을 내밀었다면 남편은 시늉만 한 채 맥스가 스스로 할 때까지 기다리는 식이었다. 넘어져도 특별히 신경을 쓰지도 않았다. 조금씩 새로운 것을 익혀가는 아들의 모습이 대견한 듯 지켜볼 뿐이었다. 남편에게는 내가 열정적으로 설치한 안전사고 예방책이 웃음거리였다.

우리 부부는 동일한 목표를 가졌지만 그 목표를 전혀 다른 방식으로 생각했다. 그리고 완전히 다른 방법으로 목표에 접근했다. 남편에게 걸음마 연습은 맥스가 그 과정을 하나하나 해낼 수 있도록 도와주는 것이었다. 걸음마는 일종의 성취였다. 발전을 위해 한 단계 도약하고 새롭고 즐거운 능력을 획득하는 기회였다. 그는 맥스가 걸음마에 대한 열정을 잃지 않도록 하는 것에 주안점을 두었다. 그는 맥스가 다음 단계로 진행하지 못하는 것을 참을성 있게 지켜보았다.

내 경우는 달랐다. 나는 맥스가 걸음마를 안전하게 익히는 데 집중했다. 걸음마 연습은 위험투성이라 아이를 다치게 할 수도 있었다. 걸음마를 떼려는 욕구 때문에 맥스가 위험에 처하는 것을 바라지 않았다. 내 임무는 맥스가 걸음마를 배우는 동안 안전하게 아이를 지키는 것이었다. 그렇기에 맥스가 걸음마를 완성하기 전에 넘어지는 것을 지켜볼 수 없었다. 심리학자 토리 히긴스Tory Higgins에 의하면, 나와 남편은 동일한 목표를 가졌지만 동시에 서로 다른 동인을 가진 것이다. 남편은 히긴스가 말하는 '승급 동인promotion focus'을 가진 사람이다. 승급 동인은 성취와 달성의 관점에서 목표를 바라본다. 목표는 이상적으로 수행되어야 하는 무엇이다. 경제학적 관점에서 말하면 손실을 회피하면서 최대한의 이윤을 획득해야 하는 것이다. 그래서 그는 아이가 계단을 기어오르는 것을 내버려두었고 새로운 기술을 습득할 수 있는 기회가 생기면 아이가 도전할 수 있도록 허락했다.

반면 나는 '예방 동인prevention focus'을 가졌다. 예방 동인은 안전성과 위험성의 관점에서 목표를 바라본다. 예방 동인은 목표를 책임감이나 의무의 일종으로 바라본다. 다시 경제학

용어를 빌리면 손실을 최소화하면서 달성해야 하는 것들을 손에 쥐는 것이다. 내가 계단을 오르려는 맥스를 막아서려 했던 것은 손실(이 경우는 부상)을 피하고 싶었던 것이다.

같은 목표, 다른 방법

'평가받기'와 '성장하기' 목표에서처럼 승급 동인 목표와 예방 동인 목표 또한 동일한 목표를 지향할 수 있다. 하지만 아주 다른 방식으로 목표를 바라본다. 의과전문대학원 입학을 준비하는 학생들을 통해 나는 이 차이점을 수도 없이 지켜보았다. 동일한 목표를 지녔지만 목표를 다르게 바라보는 것은 의과대에 입학하려는 학생들에게서 쉽게 발견된다. 어떤 학생들은 의사가 되기를 아주 강렬하게 희망한다. 이들은 승급에 주안점을 두는 학생들이다. 하지만 또 다른 학생들은 입학이 좌절되지 않을까 하는 걱정과 함께, 자신과 부모님들을 실망시키지 않을까 하는 두려움에 더 크게 영향을 받는다. 이들은 예방에 주안점을 둔다.

두 부류의 학생들 모두 입학을 위해 열심히 공부한다. 하지만 그들은 다른 방식으로 공부한다. 다른 전략을 사용하면서 다른 종류의 실수와 마주칠 수 있다. 한 부류는 갈채로 인해 동기 부여가 되고 다른 부류는 비난에 의해 동기 부여가 된다. 한 부류는 너무 빨리 포기하는 경향이 있으며 다른 부류는 도무지 그만둘 때를 모른다.

고등학교나 대학 시절로 돌아가서 좋은 점수를 받기 위해 열심히 노력했던 것을 떠올려보자. A학점을 받는 것이 성취이고 그것이 내가 획득해야 하는 이상적인 점수라고 생각했는가? 아니면 A학점을 받는 것은 의무이자 내가 당연히 받아야 하는 점수라고 생각했는가? 목표를 달성해 포상받기 위해 시간을 쏟았는가? 아니면 그것이 내가 해야 할 의무이고 당연한 일이었기에 힘을 기울였는가? 어떤 상황이 주어졌을 때 당신은 획득하기 위해 노력을 했는가? 아니면 잃어버리지 않기 위해 노력했는가?

이 장에서는 우리가 보는 세상이 획득과 손실의 관점에서 바라볼 때 어떻게 달라지는지 알아보게 될 것이다. 우리가 한 선택과 느꼈던 감정, 그리고 과거에 우리가 추구했던 목표가 어떻게 형성된 것인지를 보게 될 것이다. '평가받기', '성장하기'와 달리 여기서는 우월성에 대해선 얘기하지 않을 것이다. 모든 사람들이 어떤 영역에서는 두 가지 목표 추구 방식을 동시에 추구하며 각각의 방식은 장점과 단점을 갖고 있다. 사람에게는 목표를 추구할 때 저마다 조금 더 우세한 동인이 있다. 우리가 승급 동인 지향 목표, 혹은 예방 동인 지향 목표를 추구하든 그것과 상관없이 이 장에서는 목표를 달성할 수 있는 기회를 향상하기 위해 무엇을 알아야 하는지를 배울 것이다.

설명을 시작하기 전에 질문에 짧게 답을 하는 시간을 가져보려고 한다. 정직하게 기술해야 하며 질문에는 정답도 오답도 없다.

✛ 무엇이 동기 부여를 하는가?

빠르게 떠오르는 대로 아래 질문에 대답하라. 각각의 대답에 한 개나 두 개의 단어를 사용해야 한다.

1. 당신이 갖고 싶은 이상적인 자질이나 우수함은 어떤 것인가? 더 많이 갖고 싶은 특징이라도 상관없다.
2. 당신이 당연히 있어야 한다고 생각하는 자질이나 우수함은 어떤 것인가? 마찬가지로 더 많이 있었으면 하는 것이라도 상관없다.
3. 당신이 갖기를 희망하는 이상적인 자질 하나를 적어라.
4. 그다음으로 당연히 당신에게 있어야 하는 자질 하나를 적어라.
5. 그 밖에도 당연히 있어야 하는 자질 하나를 적어라.
6. 그 밖에 이상적인 자질 하나를 적어라.
7. 당연히 있어야 하는 자질 하나만 더 적어보자.

8. 이상적인 자질 한 가지만 더 적어보자.

대부분의 사람들은 처음 질문에는 빨리 대답한다. 하지만 세 번째와 네 번째로 가게 되면 답을 하는 데 어려움을 겪는다. 당신이 승급 지향적인 사람인지 예방 지향적인 사람인지 어떻게 말할 수 있을까? 이상적인 것과 당연한 것 중 어떤 것이 쉽게 나왔는가? 이상적인 것이 보다 빨리 답이 나왔다면 당신은 이상적인 관점에서 세상을 생각하는 사람이다. 그러므로 좀 더 승급 지향적인 사람이다. 당연이 있어야 하는 것이 무엇이냐는 질문에 답이 빨리 나왔다면 예방 지향적인 성향이 더 짙은 사람이다.

사랑받을 것인가, 안전한 상태로 있을 것인가

인간과 포유동물은 두 가지 기본적인 욕구를 충족하려는 본성을 갖고 태어난다. 애정과 안전이 그것이다. 간단히 말하면 우리는 사랑받기를 원하면서 동시에 안전하기도 바란다. 히긴스는 인간이 승급과 예방 목표를 추구하는 것은 이 보편적 욕구에 대한 반응이라고 했다. 다른 말로 하면 승급 목표를 추구하는 것은 사랑받기 위해서이다. 이상적인 모습을 보여준다면 사람들은 나를 칭찬할 것이고 애정으로 충만한 삶을 살 수 있을 것이다. 마찬가지로 예방 목표를 추구하는 것은 안전을 도모하기 위해서이다. 내가 마땅히 되어야 할 사람이 되어야만 다른 사람들이 나에게 실망하지 않고 화를 내지 않기 때문이다. 실수를 저지르지 않아야 문젯거리가 생기지 않을 것이고 평화와 안정적인 삶을 살아가게 된다.

속담에 의하면 행복의 열쇠는 '긍정적인 것을 강조하고 부정적인 것을 감소시키는 것'이라고 했다. 이는 히긴스가 말하는 승급 목표와 예방 목표의 아주 간단한 표현이다. 승급 목표를 추구할 때 우리는 사랑, 존경, 보상, 갈채와 같은 긍정적인 감정으로 삶을 채운다. 또 예방 목표를 추구할 때 우리는 위험, 죄책감, 처벌, 고통과 같은 부정적인 것으로부터 더 자유로워지려고 노력한다. 사랑과 안정을 모두 원하기 때문에 사람들은 긍정적인 것을 최대화하려 하고 부정적인 것은 최소화하려고 한다.

사람들은 생의 전반에 걸쳐 이 두 가지 목표를 모두 추구한다. 종종 어떤 특정한 순간에 우리가 주안점을 두는 것이 어떤 종류인지를 아는 때가 있다. 예를 들어 낭만적인 배우자와 은밀한 저녁을 보내는 것은 사랑을 갈구하는 전형적인 행동으로 이는 승급 목표에 해당한다. 반면 화재경보기를 테스트하며 보내는 저녁은 안전을 추구하는 전형적인 행동으로 이는 예방 목표가 된다. 라스베이거스로 떠나는 여행은 승급에 초점을 맞춘 것이다. 대개 도박으로 돈을 따기 위해 가기 때문이다. 만약 금전 손실을 회피하고 싶다면 집에 머물러 있어야 할 테니 말이다. 치과 의자에 앉는 것은 예방에 초점을 맞춘 행동이다. 치과에 들어갈 때보다 나올 때 더 많은 치아를 갖는 경우도 있지만 그런 경우는 드물지 않은가?

우리가 두 가지 유형의 목표를 모두 추구한다고 할지라도 보다 우세한 동인을 갖는 목표가 있다. 안정을 추구하는 것보다 사랑받는 것에 더 많은 고민을 하는 경향의 사람이 있는가 하면 그 반대의 성향을 가진 사람도 있다. 왜 이런 일이 일어날까? 최근 연구에 따르면 이런 경향은 어린 시절 우리가 부모로부터 보상을 받았느냐, 벌을 받았느냐에 따라 결정되는 듯하다. 승급 지향적인 사람은 보상을 더 많이 받고 예방 지향적인 사람은 벌을 더 많이 받았다고 생각할 수 있다. 하지만 꼭 그렇지 않다. 관점을 만드는 데 중요한 것은 관점을 받아들이는 태도이기 때문이다.

승급 지향적 부모들은 아이가 옳은 일을 할 때 칭찬과 애정으로 보상을 주지만 아이들이 옳지 않은 일을 할 경우 그 애정을 철회한다. 아이가 A학점을 받고 집에 왔을 때 부모는 칭찬을 하지만 C학점을 받아 올 경우 꾸지람을 한다. 아이는 빠르게 부모가 원하는 것이 무엇인지를 배우게 되고 그들을 실 망시켰을 때 무엇이 자기에게 돌아올지를 알게 된다. 아이는 목표를 달성하는 일이 부모의 사랑과 인정을 얻는 것으로 생 각하게 될 것이다. 이 생각은 시간이 지나면 아이의 세계관이 되고 승급에 초점을 맞추는 관점을 갖게 된다.

예방 지향적 부모들은 아이들이 무언가를 잘못했을 때 벌 을 주고 무언가를 잘했을 경우 벌을 주지 않는다. 벌을 주지 않 는 것이 보상이 되는 셈이다. 다르게 말을 하면 아이들이 적절 한 행동을 했을 경우에만 안정을 유지할 수 있다. 아이가 C학 점을 받으면 부모로부터 불같은 꾸지람을 듣고 저녁도 먹지 못한 채 방으로 쫓겨날 수 있다. 다음번에 분발한 아이가 A학 점을 받고 집에 왔을 때 꾸지람도 고함소리도 없고 맛있는 저 녁도 먹을 수 있게 되었다면 아이가 학습하는 것은 무엇일까? 당연히 해야 할 일을 할 때 세상은 평화롭고 안전하며, 실수나 실패를 하게 될 때 처벌이 기다리고 있다는 것이다. 그에게 있 어 목표 추구란 손실을 회피할 수 있는 기회이다. 이 생각 또한 시간이 지날수록 아이의 세계관이 되고 예방 지향적인 관점을 가진 어른이 된다.

부모만이 승급 추구와 안정 추구에 영향을 주는 요인은 아니다. 서구 문화는 개인의 독립성과 개인주의에 강조점을 두는 경향이 있기 때문에 승급 목표를 우선시하는 특성이 있다. 흔히 아메리칸 드림이라고 부르는 것은 승급에 대한 완벽한 환상을 개념화한 것이다. 반면 동양 문화는 상호의존에 가치를 두고 소속 집단의 중요성을 강조하는 특성이 있다. 동양인은 자신의 목표에 대해 생각할 때 집단 내에서 최선의 것이 무엇인지를 먼저 생각하기에 안정 추구를 우선으로 한다. 팀 스포츠는 동양 문화의 감각을 익힐 수 있다. 팀의 승리에는 나의 책임이 관여하기 때문이다. 그러므로 실수나 실패를 하지 않아야 한다. 모두가 신뢰할 수 있는 사람이 되어야 하기에 예방에 초점을 맞추어야 한다.

처음 언급했던 것처럼 우세 동인이 있음에도 불구하고 특별한 조건이나 상황에 따라 초점이 달라질 수 있다. 어떤 목표들은 승급이나 예방, 어느 한 곳에 초점을 맞추도록 설정되어 있다. 로또로 상금을 따는 것이나 카리브해로 휴가를 가는 것은 우리 대부분이 이상적으로 바라는 것들이다. 이 목표들을 안정성이나 위험의 문제로 생각하기는 어렵다. 로또에서 당첨되지 못하거나 휴가를 가지 못하는 것이 있을 뿐이다. 이와 같은 것은 걱정한다고 달라지는 것이 아니다. 반면에 아이에게 백신 접종을 하는 것은 순수한 예방 목표이다. 이는 안전의 문제이지 달성해야 하는 것으로 해석하기는 어렵다. 아이에게 독감 예방 주사를 접종하는 것은 누군가에게 자랑하기 위해서도 아니고 예방 접종을 했다고 사람들에게 더 많은 애정을 받는 것도 아니다.

이쯤에서 아주 흥미로운 생각을 했을 듯하다. 그리고 동시에 그 생각이 얼마나 유용한지 궁금할 듯도 하다. 우리가 하나 혹은 다른 것에 초점을 맞출 수 있다는 것이 왜 문제일까? 우리가 목표를 성취해야 하는 것이냐, 당연히 해야 하는 것이냐로 생각하는 것이 왜 중요할까? 이 문제에 대해 진지하게 논의하자면 따로 책을 써야 할 만큼 간단치 않다. 하지만 승급 지향적이냐, 안정 지향적이냐 하는 문제는 우리 삶의 거의 모든 국면에서 큰 영향력을 갖는다. 우리가 내리는 결정과 전략에서부터 차질이 일어났을 때의 반응, 행복에 대한 우리의 감각, 그 모두에 영향을 준다. 이 장에서는 여기까지만 말해두고 가장 중요한 것이 무엇인지 언급하고자 한다.

긍정의 함정

앞 장에서 여러분에게 동기 부여의 기댓값 이론에 대해 말했었다. 이 이론의 골자는 어떤 목표를 추구할 것인가를 결정해야 할 때 두 부분에 의해 동기 부여가 된다는 것이다. 하나는 성공할 확률이 얼마나 되는가(기대치 영역)이고 다른 하나는 얼마나 바람직한 결과를 산출할 수 있는가(값어치 영역)이다. 이

두 작용인자는 우리가 목표의 어디에 주안점을 두느냐에 따라 다른 가중치를 갖는다. 승급 목표를 추구하는 경우 우리는 어떤 것을 달성하고자 노력한다. 이때 우리는 성공할 가능성과 그로 인해 얻게 될 가치 모두에 의해 동기 부여가 될 것이다. 하지만 실제로는 값어치가 높은 목표일수록 성공의 가능성에 대해 더 많은 생각을 하게 된다. 이는 값어치가 높은 목표일수록 시간과 노력을 더 많이 투자해야 한다는 의미이다. 목표를 달성하기 위해 모든 에너지를 쏟을 수 있다면 그만큼 성공의 가능성이 높아지는 것이다.

하지만 예방 목표를 추구하는 경우에는 손실 회피에 더 많은 신경을 쓰게 될 것이다. 위험 요소를 피할 수 있는 안전한 방법을 찾아야 하기 때문이다. 가치가 높은 예방 목표일수록 안정성이 중요한 문제이고 실패는 특히나 위험한 것이다. 예방 목표는 가치가 높을수록 당연히 달성해야 하는 것처럼 보인다. 결과적으로 성공의 가능성에 대해서는 깊이 생각하지 않는다. 이렇게 생각해보자. 사느냐 죽느냐 하는 문제에 처했을 때(죽음은 궁극의 예방 목표이다) 희박한 확률을 어떻게 다룰 것인가? 희귀병을 치료할 수 있는 치료법의 확률이 100만분의 1이라고 해도 당신은 어쨌든 그 치료법을 손에 넣으려고 하지 않겠는가?

일상적인 환경에서부터 심지어는 사소한 것에 이르기까

지 승급 지향적인 사람들과 예방 지향적인 사람들이 성공의 기댓값을 다르게 생각한다. 예를 들어 한 연구에서 우리는 특정 과목을 수강할 수 있는지에 대해 대학생들에게 설문조사를 했다. 한 그룹의 학생들에게는 이 과목에서 높은 점수를 받으면 취업과 진학에 유리하다고 말했다. 이렇게 승급 목표를 지향하도록 촉발된 학생들은 자신이 '받을 수 있겠다고 생각한 점수(기대치)'에 기반해 등록을 결정했다. 성적에 자신이 없는 학생들은 등록하지 않았다.

하지만 예방 목표를 지향하도록 촉발된 학생들은 자신이 '받을 수 있겠다고 생각하는 점수'에 기반해 수강 신청을 결정하는 경향이 덜했다. 이들은 당연히 받아야 하는 관점에서 수업을 받아들였다. 성적을 잘 받을 수 있느냐 하는 문제는 이들에게 상대적으로 덜 중요했다. 그들은 수업을 시도해야 하는 어떤 것으로 여겼다.

동기를 유지하는 방법

목표에 전념하고 그것을 추구하겠다고 마음을 먹을 때 성공에 대한 높은 기대치는 최상의 동기 부여이다. 이때 주변의 격려는 늘 환영받을 만한 것이지만 실제로는 꼭 그렇지만도 않다.

목표를 추구할 때 승급동인과 예방동인을 가진 사람들은 긍정적 피드백과 부정적 피드백에 전혀 다른 방식으로 반응한다.

승급 목표를 추구할 때 이를 달성하고자 열망은 긍정적 피드백에 의해 고조된다. 다른 말로 하면 성공할 가능성이 높게 보이면 동기 부여 또한 강해진다는 말이다. 자신감이 증가할수록 에너지와 집중도 또한 높아진다. 하지만 부정적인 피드백이 오게 되면 열망은 감소한다. 실패할 것 같다는 느낌이 들면 동기 부여까지 약화된다. 자신의 능력을 의심하는 순간 바람 앞의 촛불이 되는 것이다.

안전을 추구하는 예방 목표의 경우 위험을 제거하고자 하는 욕망 즉, 조심성에 지배를 당한다. 조심성은 부정적인 피드백이나 자신에 능력에 대해 회의가 들수록 증가한다. 여기에 어렴풋한 실패의 가능성 같은 것은 없다. 명백한 위험만 있을 뿐이다.

젠 푀르스터Jens Förste, 로레인 첸 이드슨Lorraine Chen Idson, 그리고 토이 히긴스와 함께 한 첫 공동 연구에서 이 차이가 드러났다. 우리는 실험 참가자들에게 난이도가 높은 철자 수수께끼 문제를 주었다. 예를 들어 NELMO라는 알파벳 다섯 개를 받은 참가자들은 elm(느릅나무), one, mole(두더지), omen, lemon, melon과 같은 단어를 만들어야 했다. 참가자들은 과제 수행을 잘할수록 더 많은 보상을 받을 수 있었다. 우리는 여기에서 참가자들의 목표 동인을 조정했다. 승급 조건에 속한 참여자들에게는 과제당 4달러가 주어진다고 했으며 수행 능력이 70퍼센트 이상일 경우 과제당 1달러의 추가 보상이 주어진다고 했다. 이와 반면에 예방 조건에 처한 참여자들에게는 과제당 5달러가 주어진다고 했지만 수행 능력이 70% 미만일 경우 과제당 1달러를 잃게 될 것이라고 했다.

두 경우 모두 참가자들이 70퍼센트 미만의 수행 능력을 보이게 되면 4달러를 받게 되고 70퍼센트 이상의 수행 능력을 보이면 5달러를 벌게 된다. 말만 바꾸었지 두 조건의 참여자들은 공통된 목표를 갖는다. 즉 4달러가 아니라 5달러를 벌어야 하는 것이다. 차이가 있다면 한 그룹은 1달러를 벌어야 하는 것이고 다른 그룹은 1달러를 잃지 않아야 한다.

실험이 중간쯤 왔을 때 우리는 참가자들에게 피드백을 주었다. 실험 참가자 각자에게 70퍼센트 이상 혹은 이하의 수행 능력을 보이고 있다고 말해준 것이다. 누군가에겐 목표 달성에 성공할 수 있다고 믿도록 유도했고 다른 누군가에게는 목표 달성에 실패할 것 같다는 생각을 유도했다.

피드백 후 우리는 참여자들에게 목표 달성을 할 가능성이 얼마나 될 것인지를 물었고 동기 부여의 강도도 함께 측정하였다. 그러자 두 집단에서 서로 다른 반응이 일어났다. 긍정적 피드백 이후 승급 집단의 성공 기대치는 급등했으며 문제 해결 의지 또한 치솟았다. 하지만 예방 집단의 경우 성공 기대치는 변화가 없었지만 문제 해결 의지는 실질적으로 감소했다.

부정적인 피드백을 주었을 때, 승급 집단의 경우 예상대로 성공 기대치가 약간 떨어졌으며 문제 해결 의지 또한 떨어졌다. 그런데 예방 집단의 경우 성공 기대치가 급락했다. 이 집단의 참가자들은 자신이 실패하리라는 것을 확신했다. 기대치는 급락했지만 바로 이것 때문에 동기 부여(문제 해결 의지)는 오히려 상승했다. 예방 지향적인 친구가 곁에 있다면 (긍정적인) 격려의 말을 건네는 당신의 의도를 다시 생각해보라고 하고 싶은 것이 이 때문이다. 오히려 해가 될 가능성이 높기 때문이다.

계속하기 전에 다음의 질문에 간단히 답을 해보자. 정직하게 답을 해야 하며 마찬가지로 여기엔 정답도 오답도 없다.

+ 나는 어떤 유형인가?

다음 질문에 1~5점으로 점수를 매겨보자.

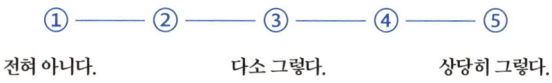

Q1. 어떤 목표를 달성하려고 할 때 어려울수록 흥분한 적이 있

는가?

Q2. 부모님이 정한 규율이나 규칙을 잘 따르는 편인가?

Q3. 다른 일들을 시도할 때 종종 잘하는 편인가?

Q4. 성공적인 삶을 살기 위해서 내가 앞으로 나아가고 있다고
느끼는가?

Q5. 성장하기 위해선 부모가 바라지 않는 위험한 일을 피해야
하는가?

Q6. 신중하지 않아 때때로 곤란한 문제에 빠진 적이 있는가?

Q1+Q3+Q4=?

Q2+Q5+(6-Q6)=

1번, 3번, 4번을 더해 승급 지향성 점수를 내보자. 또 2번
과 5번을 더하고 6에서 6번의 점수를 빼고 예방 지향성 점수
를 계산해보자.

낙관주의와 비관주의는
어떻게 만들어지나

왜 어떤 사람들은 낙관적일까? 한 가지 명백한 답은 그럴 만

한 이유가 있다는 것이다. 지난 과거에 성공적으로 목표를 달성한 기억이 있다면 이 과거의 성공은 그들에게 미래에 대한 자신감을 가져다준다. 그런데 어떤 사람은 승급 지향적인 목표에 능숙하고 다른 이는 예방 지향적인 목표에 탁월하다. 히긴스와 그의 동료들은 이들의 차이점을 파악하기 위해 질문을 고안했다. 승급 목표나 예방 목표에 있어 성공한 기억을 가진 사람들을 찾기 위해서였다. 히긴스는 이를 '승급 자긍심pro-motion pride' 혹은 '예방 자긍심prevention pride'이라고 불렀다. 이들은 모두 낙관적일 만한 이유가 있었다. 우리는 이들이 모두 높은 수준의 낙관적인 태도를 가졌을 것이라고 기대했다. 하지만 이 기대는 틀렸다.

예방 목표를 성공적으로 달성하는 사람들은 동기 유발의 측면에서 자신들의 낙관성을 억제하는 경향이 높았다. 과거에 얼마나 성공했느냐에 관계없이 미래에 대해 경계하는 태도를 보이며 자신감을 갖는 여유를 부리지 않았다. 예방 목표를 달성한 기억이 있는 사람들은 직관적으로 과거의 성공이 미래의 성공을 담보하지 않는다는 것을 아는 듯했다.

히긴스와 함께 한 연구에서 우리는 승급 자긍심과 예방 자긍심이 높은 사람들에게 낙관성과 건강의 척도를 작성하도록 했다. 여기서 우리는 오직 승급 목표를 달성한 사람만이 미래에 대해 낙관적이라는 사실을 알았다. 예방 목표에 능숙한 사람들은 과거의 성공에 대해 행복한 기억을 갖고는 있지만 미래의 또 다른 성공을 예견할 때는 과거의 경험과 관련짓지 않았다.

흥미로운 차이점은 건강과 관련해서도 드러났다. 우리는 건강에 대해서 두 가지 감정과 관련된 말에 척도를 매기게 했다. 자신에 대한 긍정적 관점(나는 대단한 사람이다)이 하나이고 다른 하나는 향상에 대한 감정(내가 그 일을 해냈어)이었다. 승급 지향적인 사람들은 두 가지 감정 모두에 높은 점수를 주었다. 예방 지향적인 사람은 후자에 더 많은 점수를 주었다. 그들은 자신이 과거에 해낸 일을 인정했지만 스스로를 과도하게 긍정 하는 것에는 불편한 감정을 가졌다. 지나친 자기 인정을 상당 히 위험한 것으로 생각했다. 이는 완벽하게 옳은 생각으로 예 방 목표를 추구할 때 이런 '방어적 비관주의defensive pessimism'는 상당히 유용할 수 있다. 심리학자 줄리 노럼Julie Norem은 자신의 책『소심한 사람들의 희망 만들기』에서 이 점을 잘 지적했다.

방어적 비관주의는 비관주의 그 이상이다. 일이 잘못될 수 있다 고 낮은 기대치를 설정하는 것은 가능한 결과물을 끝까지 산출 할 수 있는 정신적 과정이다.

모든 일이 잘못될 수 있다고 생각함으로써 방어적 비관주의자들은 자기 앞길에 놓이는 장애물들을 더 잘 다룰 수 있도록 준비한다. 예방 목표를 추구할 때 이런 마음가짐은 경계심을 늦추지 않는 전략이며 동기 부여를 강하게 유지할 수 있다.

그러므로 우리가 예방 지향적인 사람을 격려하고 동기 유발을 하고자 할 때 그들의 롤 모델이 될 수 있는 사람에 대해 주의 깊게 생각해야 한다. 누군가를 격려하고자 할 때 전형적으로 마이클 조던, 빌 게이츠, 버락 오바마와 같은 유명인을 예로 들고는 한다. 예방 지향적인 사람들에게 유명인의 성공 스토리는 기대했던 것과 달리 정반대의 효과를 가져올 수 있다.

한 연구에서 대학생들에게 두 가지 다른 롤 모델을 제시한 적이 있다. 긍정적 롤 모델은 장학금을 받고 대학원에 진학한 후 최근에 졸업한 선배의 이야기이다. 그는 매력적인 일자리를 제안받았으며 '어디를 가든 행복감을 만끽하고 있다'고 말했다. 부정적인 롤 모델도 최근에 졸업을 한 학생이지만 전혀 다른 이야기를 갖고 있었다. 직장을 잡을 수 없었으며 생활비를 벌기 위해 패스트푸드점에서 일을 해야 했다. '지금 슬럼프에 빠졌어요. 뭘 해야 할지 모르겠어요'라고 그는 말했다.

연구자들은 승급 지향 학생들은 전통적으로 긍정적인 롤 모델에 의해 동기 부여를 받는다는 사실을 알았다. 반면 예방 지향의 학생들은 부정적 롤 모델에 자극을 받았다. 부정적인 졸업생에 대한 글을 읽은 후 그들은 더 열심히 공부했으며 과제에 더 많은 시간을 할당하고 제출 기한도 어기지 않으려고 했다. 어떤 학생들은 영웅들의 성취에 동기 유발이 된다면 다른 학생들은 비극적인 사람들의 이야기에 더 많은 영향을 받는 것이다.

『긍정의 배신』의 저자 바바라 애런라이크Barbara Ehrenreich는 미국의 낙관주의적 문화를 신기루라고 혹평했다. 그녀는 긍정은 이데올로기의 한 부분으로 미국인들에게 낙관주의는 세계를 설명하는 방식이 되었다고 설명한다. 부정적 사고를 말살함으로써, 심지어는 현실적인 사고를 하지 않게 되면서 문젯거리만 양산하는 역할을 하게 되었다는 것이 그녀의 주장이다. 항우울제의 무분별한 처방에서부터 서브프라임 모기지 사태의 주범이 긍정적 사고에 편향된 미국의 독특한 문화 때문이라는 것이 그녀의 생각이다. "현실을 회의적으로 본다고 해서 삶에서 행복을 배제하지는 않는다"는 것이 그녀의 결론이다. 타당한 말이다. 우리가 처해진 진짜 조건을 고려하지 않고 어떻게 삶을 개선할 수 있겠는가?

애런라이크의 메시지는 과도하게 낙천적인 사고에 경도되어 있는 미국인들을 불편하게 한다. 그렇다면 낙관주의의 장점과 자신감의 중요성을 강조하는 모든 책들은 잘못된 것일까? 긍정적 사고는 아무런 이득이 없을까? 긍정적 사고는 분명 장점이 있다. 하지만 때때로 무모하고 역효과를 낳는 경우가 발생한다. 승급 목표 지향과 예방 목표 지향의 차이점을 이해했다면 우리는 혼란스러운 자기계발의 바다를 보다 더 잘 항해할 수 있을 것이다.

낙관주의에는 분명히 좋은 점이 있다. 목표를 달성하고 포상과 큰 수확을 얻는 데 도움이 된다. 반면 다소 비관적으로 현실을 바라보는 것은 안정을 획득하고 재앙적인 손실을 회피하는 데 매우 유용하다. 최고의 동기 유발과 최상의 수행 능력은 우리 앞에 놓인 과제의 유형과 우리의 전망이 일치되었을 때 일어난다.

앞서 생각해야 할 것들

달성할 것인가 혹은 안전을 지향할 것인가의 관점은 일상생활에까지 영향을 미친다. 매력적인 상품의 종류까지 달라진다. 글자 그대로 쇼핑도 다르게 한다는 말이다. 리바 워스 Lioba Werth 와 젠 퍼르스터는 승급 지향적인 사람들은 고급스러움과 편이성을 선전하는 광고를 선호한다는 것을 알았다. 선글라스와 손목시계를 고를 때 승급 지향의 소비자들은 유행이나 고기능과 같은 특징에 민감하게 반응한다. 이런 자질들은 멋짐과 세련된 감각을 드러내는 것이지 제품에 필수적인 것은 아니다.

반면 예방 지향적인 소비자들은 안전성과 신뢰로 홍보되는 상품에 끌렸다. 이들은 품질 보증 기간이 긴 선글라스나 견고한 잠금 장치가 있는 손목시계를 선호했다. 다른 연구에서도 이와 같은 차이가 드러났다. 예방 지향적인 사람들은 '긴 내구성', '소비자보호원의 검증 통과'와 같은 홍보 문구가 달린 식기세척기를 선호했고, 승급 지향적인 사람들은 '최신 기술 적용'이나 '다목적 기능'과 같은 문구에 반응했다.

　여기서 잊지 말아야 할 것이 있다. 우리의 관점은 순간마다 바뀔 수 있다는 점이다. 처해진 조건에 따라 사람들의 선호는 달라진다. 물건을 구매할 때 특별한 관점이 촉발될 수 있다는 얘기이다. 예컨대 우리는 어린아이에게 줄 상품을 고를 때는 무독성 테스트를 통과한 제품을 선호한다. 예방적 관점에서 물건을 선택한 것이다. 사물함을 고를 때도 마찬가지다. 튼튼하고 안전한 잠금 장치를 가진 것을 선호하지 최신 유행을 따르는 것을 구매하려고 하지 않는다. 승급 지향적인 사람들이 최첨단 기술이 장착된 스포츠카를 구매할 수는 있겠지만 자녀에게 이런 차를 선물하지는 않는다. 이들도 이때는 제동 장치와 에어백에 더 관심을 기울인다.

감정을 다루는 방법

목표를 설정하고 달성했다면 우리가 만족감을 느낄 것이라는 사실은 명백하다. 하지만 '만족감'이라는 것은 무엇을 말하는 것일까? 이에 대한 답은 많은 부분 목표가 무엇이냐에 의해 결정된다. 승급 지향적 목표가 달성되었을 경우 우리는 행복감을 갖는다. 생기, 쾌활함, 흥분과 같은 감정이 동반된다. 승급 목표를 달성했을 때 느끼는 감정은 고에너지 감정이다. 이는 예방 지향적 목표 달성에서 오는 감정과는 아주 다르다. 손실을 회피하고 안정을 추구하는 목표를 달성했을 때 우리가 느끼는 감정은 편안함이다. 여유, 느긋함, 안락함과 같은 감정들이 동반된다. 이런 감정은 저에너지로 보상감은 덜하다.

　일이 잘못되었을 때 따라오는 부정적 감정도 다르다. 히긴스가 처음 이 사실을 발견했다. 그는 목표 달성에 실패했을 때 어떤 사람들은 불안감을 표출하고 어떤 사람들은 우울감에 빠지는지를 밝혀냈다. 어떤 것을 획득해야 하고 그것의 달성 여부가 매우 중요하다고 가정하자. 승급 목표 달성에 실패했을 경우 사람들은 슬픔에 싸이고 낙담과 의기소침, 실의에 빠진다. 이는 부정적 감정의 저에너지 상태로 이 경우 사람들은 침대에서 하루 종일 일어나려 하지 않는다. 반면 예방 목표 달성에 실패한다는 것은 위험을 의미한다. 이 경우 사람들은 고

에너지의 부정적 감정을 표출한다. 불안감, 공황장애, 신경쇠약, 공포와 같은 감정이 동반된다. 완전히 질겁하는 것이다. 두 종류의 감정 모두가 불쾌하지만, 성격은 상반된다는 것이 중요하다. 따라서 목표 달성에 실패했을 때 따라 오는 이런 감정을 제거하는 방법도 달라야 한다.

목표에 맞는 전략 세우기

사냥꾼이 되었다고 상상해보자. 깊은 숲속에 숨어 사슴이 나타나기를 기다리고 있다. 조금 떨어진 곳에서 부스럭거리는 소리가 들리고 갈색 물체가 움직이는 것이 보인다. 하지만 거리가 멀어 그것이 사슴인지는 확실치가 않다. 먹을 수 없는 동물일 수도 있고 사냥할 가치가 떨어지는 동물일 수도 있으며 아니면 그저 바람이 나부끼는 것일 수도 있다. 여기에 두 가지 선택이 있다. 총을 쏘거나 쏘지 않거나. 선택에 따라 네 가지 다른 결과가 만들어진다. 먼저 방아쇠를 당겨 사슴을 잡는 경우이다. 다른 하나는 방아쇠를 당겼지만 빗나가 사슴을 놓치는 경우로 탄약만 낭비하고 사슴은 상처만 입었을 뿐이다. 또 다른 두 가지 경우가 있다. 사냥감이 의심스러워 쏘지 않았고 다행히 숲속에서 어른거리던 것은 사슴이 아니었다. 마지막 경우는 쏘지 않았는데 판단이 틀린 경우이다. 앞에 있었던 것은 진짜 사슴이었다. 쏘아 보지도 못하고 사냥감을 놓친 것이다.

심리학자들은 이 네 가지 시나리오를 '신호 탐지signal detection'라고 부른다. 배경 소음으로부터 의미 있는 '신호'를 성공적으로 구별하는 것이 관건이다. 눈에 보이는 것이 사슴이라면 '신호'이지만 관목 사이로 부는 바람이라면 '소음'이다. 신호를 탐지하고 판단도 옳았다면 '적중hit'이라고 부른다. 신호라고 생각하고 방아쇠를 당겼는데 판단이 틀렸다면 '거짓 경보false alarm'이다. 잡음이라고 생각하고 방아쇠를 당기지 않았는데 그 판단이 옳았다면 이는 '정확한 배제correct rejection'다. 잡음이라고 생각해 방아쇠를 당기지 않고 가만히 있었는데 그 판단이 틀렸다면 '불방miss'이 된다.

승급 목표를 추구할 때 사람들은 '적중' 가능성에 특별히 민감해진다. "도전이 없으면 얻는 것도 없다"는 말은 승급 목표의 철학이다. 승급 목표를 지향하는 사람들에게 '불방'만큼 무가치한 것은 없다. 사슴이 눈앞에 있는데도 방아쇠를 당기지도 못한 것이다. '적중'할 수 있는 기회를 낭비한 것이다. 승급 지향적인 사람들은 어떤 상황에서든 행동부터 하는 버릇이 있다. 그들은 방아쇠를 당기고 본다. 학자들은 이를 '위험 편향risky bias'이라고 부른다. 그 결과 이들은 더 많은 '적중'과 함께 '거짓 경보'에도 더 많이 노출된다. 사슴을 잡을 가능성도 많지만 엉뚱한 곳에다 방아쇠를 당겨 주변에 있는 사슴을 놓치게 될 가능성도 높다.

예방 지향적인 사람들은 조심성이 많다. 방아쇠를 당기기 전 눈앞에 보이는 것이 사슴인지를 확인하려고 한다. 이들은 실수를 감수하려고 하지 않는다. 이들은 '거짓 경보'를 싫어하며 잘못될 수 있는 가능성을 확인하려는 버릇이 있다. 예방 지향적인 사람들은 행동에 쉽게 돌입하지 않는데 심리학자들은 이를 '검증 편향conservative bias'이라고 부른다. 이들은 방아쇠를 당기지 않고 기다린다. 사슴이 흩어지는 것도 원하지 않고 탄약을 낭비하는 것도 바라지 않기 때문에 사냥이 끝나고 빈손으로 돌아올 가능성이 높다.

위험 편향과 검증 편향은 여러 가지 방식으로 모습을 드러낸다. 예방 목표를 가진 사람들은 한 행동에서 다른 행동으로 옮기기를 주저하는 경향이 있다. 행동하기 전에 위험 요소부터 파악하고자 한다. 검증부터 하려는 본능으로 인해 일을 미루게 되고 이것 때문에 종종 과제나 업무를 완성할 시간이 없을 수 있다.

승급 목표를 가진 사람들은 탐구적이며 생각을 추상화하는 데 능하다. 목표에 도달하는 선택지와 가능성에 대해 더 많은 생각을 하며 창조적이다. 이들은 주제를 연결하고 정보를 취합하는 데 특별히 능숙하다. 하지만 예방 목표를 추구할 때

이와 같은 추상적 사고와 창조성은 무모하며 시간 소모일 뿐이다. 위험을 회피하고 싶다면 다른 행동을 취해야 한다. 예방 지향적 사고는 구체적이다. 계획을 짜고 그 계획을 고수한다. 그 결과 예방 지향적 사람들은 세부적인 사항을 잘 다루며 자신들이 본 것과 해야 할 일을 더 잘 기억한다.

승급 지향 혹은 예방 지향적인 사람들은 인간관계에서도 서로 다른 전략을 사용한다. 승급 지향적인 사람들은 획득의 관점에서 우정을 바라본다. 이들은 우정의 긍정적 측면을 높이는 전략을 사용한다. 예컨대 친구를 후원하거나 서로 함께할 수 있는 재미난 계획을 세우는 것이다. 예방 지향적 사람들은 잠재적 손실의 관점에서 우정을 바라본다. 이들은 우정을 유지하기 위해 방심하지 않는 전략을 사용한다. 예컨대 관계를 확대하지 않고 단절되지 않도록 연락을 유지하고 만남의 기회를 갖는 것이다.

대부분의 사람들은 한 번씩은 인간관계에서 결별이나 거절을 경험한다. 흥미로운 것은 거절당하는 방식에 따라 승급 전략으로 반응할지 혹은 예방 전략으로 반응할지가 결정될 수 있다는 점이다. 댄 몰든Dan Molden의 연구진들은 인터넷으로 친구를 사귀도록 하는 연구를 진행했다. 실험 참가자들은 이웃한 방에 있는 다른 두 사람과 컴퓨터를 통해 의사소통을 하고 있다고 믿었다. 몰든은 온라인상으로 참가자들이 사회적 단절을 경험하도록 유도했다. 참여자들은 대화 상대로부터 명시적으로 거절을 당할 수도 있었고 무시를 당할 수도 있었다. 명시적 거절 조건에서 참가자들은 대화 상대에게 "지금 농담하는 겁니까?", "당신 같은 사람은 이해할 수 없네요"와 같은 반응을 들었다. 무시 조건에서는 컴퓨터상의 두 사람이 서로 인접한 곳에서 살고 있다는 것을 알게 된 후 실험 참가자를 대화에서 배제하는 것이다.

몰든은 명시적으로 거절당했을 때 사람들이 손실감을 느끼고 예방에 초점을 둔 반응을 한다는 것을 알았다. 이들은 불안감을 느끼고 그 상황에서 벗어나고자 했으며 자신이 했던 말이나 행동을 후회했다. 반면 무시당했을 때는 관계 맺기에 실패했다는 감정에 휩싸이면서 승급에 초점을 둔 반응을 보였다. 이들은 슬퍼하고 낙담했지만 동시에 관계 맺기를 다시 시도했으며 자신이 하지 않은 말이나 보여주지 못한 행동을 후회했다.

전략과 목표가 일치할 때

어떤 목표를 추구할 때 우리는 목표를 승급의 관점에서 바라보느냐 혹은 예방의 관점에서 바라보느냐에 따라 다른 종류의 전략을 사용한다. 승급의 관점에서 목표를 바라보면 획득할 수 있는 방법을 찾게 되고 위험한 전략을 사용하는 경향이 있다. 목표에 근접할 수 있는 여러 행동을 취하고 '적중'할 수 있는 방안을 찾는 것이다. 예방의 관점에서 목표를 보면 조심성이 높아지면서 검증 전략을 사용하게 된다. '거짓 경보'를 감별하려고 하며 위험한 실수를 회피할 수 있는 행동을 취하려 한다. 하지만 이것만이 전부가 아니다. 목표에 상응하는 전략을 사용하는 것이 아주 중요하다.

예방 목표를 달성하기 위해 예방 전략을 사용하고 승급 목표를 달성하기 위해 승급 전략을 사용하는 것이 동기 부여를 강화한다. 토리 히긴스는 적절하거나 맞춤 전략을 사용함으로써 목표에 추가적인 가치를 부여할 수 있다고 주장했다. 적절한 지적으로 보이는데, 그 말에 따르면 달성하느냐 못 하느냐의 문제가 아니라 어떻게 행동하느냐가 문제이다. 히긴스는 여러 연구를 통해 전략을 목표와 일치시키면 집중력과 인내력도 향상된다는 것을 밝혔다. 성공할 가능성도 높아질 뿐더러 그에 이르는 과정을 즐길 수도 있다는 것이다.

토리 히긴스와 앨리슨 바, 나일스 볼저Niles Bolger, 그리고 내가 참여한 연구에서 목표와 전략의 일치가 중요하다는 사실이 증명되었다. 우리는 승급 지향적인 사람들과 예방 지향적인 사람들이 일상생활의 도전에 어떻게 대처하는지 관찰했다.

참여자들에게 3주 동안 일기를 쓰도록 했으며 일상에서 부딪히는 어려운 문제를 어떻게 처리하는지 보고하게 했다. 일부 참여자들은 승급에 초점을 맞춘 항목들로 자극했는데, 예컨대 이런 것이다. '나는 목표를 달성하기 위한 추가적인 수단을 찾고 있다', '하고자 하는 일에 집중했다', '결과물을 만들기 위해 더 나은 하루를 보냈다'와 같은 것이다. 반면 예방에 초점을 맞춘 전략은 이런 문구를 포함하고 있었다. '더 이상의 실수를 하지 않기 위해 주의를 기울였다', '부정적인 결과를 만들지 않기 위해 조심했다' 등이다.

문제를 다루는 두 방식 모두 성공적일 수 있지만, 우리는 참가자들이 자신들이 추구하는 목표와 일치할 때 높은 만족감을 느끼고 스트레스도 덜 받았다는 것을 발견했다. 반면 전략이 목표와 일치하지 않으면 행복감이 떨어지고 스트레스도 가중되었다. 문제를 해결하고 목표를 설정할 때 단순히 행동하는 것만으로 충분하지 않다. 모든 사람에게 통용되는 대응 전략은 없다. 목표에 맞는 행동을 선택해야 하며 승급과 예방 목표가 어떻게 작동하는지 이해하는 것이 최선의 선택을 할 수 있도록 만든다.

장점이 약점이 되는 순간

승급 목표와 예방 목표는 다른 전략을 사용하도록 우리를 유도한다. 그 때문에 목표가 무엇이냐에 따라 보다 효과적인 전략이 있을 수 있다. 승급 혹은 예방에 초점을 맞춤에 따라 우리는 능숙하게 행동할 수도 있으며 때로는 일을 망칠 수도 있는 것이다.

독서나 페인트칠하기와 같이 다소 복잡한 과제를 심리학자들은 '속도와 정확성의 가치 교환speed-accuracy trade-off'이라고 부른다. 빨리 할수록 실수할 가능성이 높아진다. 그 대신 천천히 하게 되면 투입되는 비용이 높아진다. 서둘러 과제를 마쳐야 할 때 시간만큼 중요한 자산은 없다. 승급 지향적 사람들과 예방 지향적 사람들은 '속도와 정확성의 균형'에서 정반대 자리를 차지한다. 승급 지향 목표를 추구할 때 우리는 정확성보다 속도를 더 선호하는 경향이 있다. 바닥에 페인트를 흘리고 군데군데 칠하지 못한 곳이 있을지라도 집 전체를 페인트칠하는 편이 낫다. 방금 읽은 것을 이해하지 못하더라도 계속 읽어나간다. 끝에 가서 이해할 수도 있겠지만 바라는 것은 이 책을 완독하는 것이기 때문이다.

그러나 예방을 지향할 때 우리는 보다 천천히 하는 것(정확성)을 선호하며 결함이 생기는 것을 바라지 않는다. 물론 오랫동안 과제를 수행할 수 있지만 예방 지향적인 사람들은 이를 자발적으로 지불하는 비용이라고 여긴다. 방금 읽은 페이지를 이해할 수 없을 때 예방 지향적 사람들은 다시 읽기를 시도하며 이해가 될 때까지 반복한다. 그들은 천천히 읽는 독자들이며 문구 하나 놓치는 법이 없다. (예방 지향적인 사람들이 승급 지향적인 사람들보다 빠르게 행동하는 사례가 하나 있다. 예방 지향적인 운전자들이 교통 혼잡도가 높은 상황에서 브레이크를 더 빨리 밟았다).

초점을 어디에 두느냐에 따라 시간 대비 성공 확률도 달라진다. 승급에 초점을 맞춘 목표는 단기적인 목표일 때 강하고 열정적인 동기를 유발하지만, 긴 시간이 소요되는 목표일 경우 동기 유지의 강도가 떨어졌다. 반면 예방 지향적 목표는 느림과 지속성이라는 무기로 목표를 달성하도록 한다. 예컨대 금연과 체중 조절, 두 목표의 성공 확률을 조사한 연구에서 승급 지향의 사람들은 첫 6개월 동안 높은 금연율과 함께 체중 감량률도 높았다. 하지만 예방 지향적인 사람들의 금연과 체중 유지는 1년 이상이었다. 승급에 주안점을 두고 어려운 목표에 도전하는 것은 최선의 전략일 수 있다. 금연에 집중하거나 체중 감량 혹은 새로운 직장을 구하는 것과 같은 목표에 도전할 경우이다. 그리고 이를 달성했을 때부터는 예방에 주안점을 두고 목표와 싸우는 것이 좋다. 그렇게 해야 어렵게 획득한 것을 잃지 않는다.

예방에 초점을 둘 경우 사람들은 닥쳐올 어려움에 훨씬 조심스러운 태도를 취한다. 예방에 초점을 두면 목표에서 벗어나게 할 수 있는 장애물들에 민감하기 때문이다. 손실의 관점에서 목표를 바라보기 때문에 유혹에 저항하기가 쉽다. 놀랍게도 예방 목표를 추구할 때 장애물에 저항하는 것을 즐긴다는 연구가 있다. 최신 영화 광고와 유머러스한 상업 광고를 통해 수학 풀이를 방해한 연구였다. 예방에 초점을 둔 참여자들은 승급에 초점을 둔 참여자들보다 훨씬 더 좋은 수행 능력을 보여주었을 뿐만 아니라 방해 요소로 자극받지 않은 다른 예방 목표 참여자들에 비해서도 과제 수행 능력이 뛰어났다. 예방 목표를 추구할 때 유혹이나 장애물의 출현은 경계심을 자극해 동기 부여를 강화시키고 그 결과 더 나은 성취로 우리를 이끌게 한다.

마지막 예로, 협상할 때 승급과 예방에 초점을 둘 경우 어떤 효과가 있는지 살펴보도록 하자. 두 집단이 가격 협상을 할 경우 구매자는 가능한 한 낮은 가격으로 상품을 구매하고자 한다. 하지만 너무 낮은 가격을 고수할 경우 협상은 결렬될 수 있다. 심리학자 아담 갈린스키Adam Galinsky와 그의 연구진들은 MBA 과정을 이수하고 있는 54명의 학생들을 판매자와 구매자 두 집단으로 나누어 약용식물 구매 협상을 모의로 진행하도록 했다. 두 집단에게 판매 조건에 대한 상세한 정보가 제공되었으며 1,700만 달러에서 2,500만 달러에 이르는 가격대도 제시되었다. 갈린스키는 구매자들에게 각기 다른 목표 의식을 조건화했다. 협상을 시작하기 전, 판매자 그룹 절반에게 수십 분 동안 다음과 같은 문장을 적게 했다. '최대한의 이윤을 달성해야 한다. 협상 결과는 인사고과에 반영된다'라는 문장으로, 승급 목표에 초점을 맞추도록 촉발한 것이다. 다른 그룹에게는 예방 목표에 초점을 맞추도록 다음과 같은 문장이 제시되었다. '손실을 피하라'

협상이 시작되면서 구매자들은 구매 가격을 제시하기 시작했다. 승급 목표를 지닌 구매자들은 예방 목표를 지닌 구매자들에 비해 평균 4만 달러가 적은 가격을 제시했다. 그들은 협상 결렬이라는 위험을 감수하면서까지 공세적으로 낮은 가격을 불렀다. 협상이 종료되었을 때 승급 목표를 지닌 구매자들은 평균 2,124만 달러에 약용식물을 구매했고 예방 목표를 지닌 사람들은 평균 2,407만 달러에 구매 협상을 마쳤다. 왜 이런 결과가 나왔을까? 갈린스키는 승급 목표가 협상가로 하여금 낮은 가격에 주안점을 두게끔 유도했기 때문이라고 보았다. 반면 예방 목표는 협상 결렬이나 교착 상태에 더 많은 관심을 갖게끔 한다는 것이다. 이렇게 협상 여부에 민감해지면 동일한 판매자와 마주해도 협상을 유리한 국면으로 이끌어가지 못한다. 두 그룹의 유일한 차이는 한 그룹은 획득에 대해 생각하도록 유도했고 다른 그룹은 손실에 대해 생각하도록 유도한 것뿐이다.

승급과 예방에 대해 이해함으로써 우리는 삶에서 마주치는 모든 문제에 더 잘 대처할 수 있다. 왜 위험을 감수하려고 했는지, 아니면 왜 위험을 회피하려고 했는지를 알아야 한다. 과도하게 낙천적인 것을 불편해하고 어떤 때 흔들림 없는 자신감에 가득 차 있었는지를 이해할 수 있어야 한다. 나에게 어려웠던 것이 왜 누군가에게는 쉬웠을까도 마찬가지이다.

우리들의 지난 과거를 이해하게 되면 앞으로의 일을 어떻게 대처해야 될지를 알 수 있다. 승급 지향성과 예방 지향성을 수용하는 방법을 알게 되면 동기 유발을 강화시킬 수 있을 뿐만 아니라 목표 획득에도 도움이 될 것이다.

- **승급은 획득하려고 하고 예방은 손실을 회피하려고 한다**

승급에 초점을 두었을 때 우리는 달성과 성취에 대해 생각한다. 반면 예방에 초점을 두게 되면 안전과 위험의 관점에서 목표를 바라본다. 승급을 지향할 때 목표는 쟁취해야 할 이상향이라면, 예방을 지향할 때 목표는 당연해 해야 하는 것이다.

- **승급 지향은 낙관적이다**

승급 지향적인 사람들은 자신감을 갖고 목표 달성 여부를 긍정적으로 생각한다. 승급 목표를 추구할 때 낙관론은 동기 유발이 강하다.

- **예방 지향적일 때 낙천주의적 태도는 실패할 수 있다**

예방 지향적인 사람들은 손실을 회피하려고 한다. 이들에게 과도한 낙관론은 좋은 생각이 아니다. 자신감은 동기 유발을 약화시키고 경계심을 낮춘다. 이들에겐 다소 비관주의적 태도가 최선의 전략일 수 있다.

- **승급 목표는 격렬하고 예방 목표는 느슨하다**

승급 목표를 달성했을 때 우리는 행복감과 즐거움을 느낀다. 이때의 감정은 아주 강렬하기에 실패했을 때 따라오는 부정적 감정도 강렬하다. 예방 목표를 달성했을 때 따라오는 감정은 다소 느긋하며 조용하다. 실패했을 때는 약간의 걱정과 가벼운 스트레스가 동반될 뿐이다.

• 승급 목표는 위험을 좋아한다

승급 목표는 위험 편향적이다. 승급 목표는 모든 이들을 도전하도록 유도하며 기회의 상실을 혐오한다. 창조성과 탐구적인 사고를 하도록 만든다. 승급 지향적인 사람들은 새로운 아이디어를 사랑하고 새로운 선택을 찾아내는 것을 좋아한다. 이들은 정확성보다 속도를 중시한다. 또 협상 능력이 탁월해서 과감한 제안을 내놓는 것을 두려워하지 않는다. 큰 그림을 보고 순간을 포착하는 능력도 탁월하다.

• 예방 목표는 경계심이 많다

예방 목표는 검증 편향적이다. 실수를 두려워해 도전하기를 주저한다. 새로운 목표를 시도하는 것이나 목표 달성을 위해 새로운 방법을 쓰는 것을 선호하지 않는다. 하지만 보다 더 세련된 계획으로 목표 달성이 지연되는 것을 막는 데 도움이 된다. 예방 지향적 사람들은 세부적인 것을 좋아하며 속도보다 정확성을 선호한다. 유혹이나 방해물이 있어도 수행 능력이 뒤떨어지지 않는다.

• 적절한 전략을 사용하자

승급 지향과 예방 지향 모두 성공을 향해 나아가는 훌륭한 전략이다. 중요한 것은 목표와 전략을 일치시키는 것이다. 목표와 전략이 일치하면 큰 성취를 이룩할 수 있을 뿐만 아니라 만족감도 느낄 수 있다.

• 내가 어떤 유형인지 알라

기억하라. 사람들은 대부분 승급 혹은 예방의 관점에서 목표를 바라보는

편향된 경향이 있다. 때때로 자신이 어떤 유형인지를 아는 것이 목표 달
성 여부를 결정할 수 있다. 목표에 맞는 전략이 무엇인지 알아야 하며 그
에 맞게 전략을 수정할 수 있어야 한다.

5.
진정한 행복을
선사하는 목표

오늘 아침에는 5시경에 일어났다. 막내가 일찍 일어나는 편인데 일어나서는 배가 고팠는지 나를 침대 밖으로 끄집어낸 것이다. 커피를 만들고 맥스가 앉을 의자를 정돈하고 젖병을 물려준 후 뉴욕 지방뉴스를 시청했다. '하트 오브 골드Hearts of Gold'의 설립자이면서 오늘의 주인공 데브라 쾨니스베거Deborah Koenigsberger가 '이번 주의 뉴요커'라는 영광스러운 타이틀을 차지했다는 뉴스가 나왔다. 그녀가 세운 재단은 집 없는 엄마와 아이들을 보살피고 쉼터와 음식, 옷가지를 제공하기 위해 매년 수백만 달러를 기부한다. 재단은 직업 훈련과 함께 엄마와 아이들에게 교육의 기회도 제공하고 있다. 매달 파티를 개최하고 예술계 인사들과 스폰서 계약을 맺고 별도의 야유회도 연다. 취업이 된 엄마들을 위해서는 의상 지원도 한다. 엄마들은 새로운 가정을 꾸린 이후에도 재단의 지속적인 후원을 받는 것은 물론이며 '하트 오브 골드'의 일원이 되어 활동한다.

데브라 쾨니스베거는 행복한 여성이었다. 인터뷰하는 그녀의 표정은 상기되어 있었다. NY1의 리포터가 그녀에게 '하트 오브 골드'에 대해 질문을 하자 어려움을 이겨내고 모든 것에 헌신하면서 여기까지 왔다고 말했다. 그녀의 눈은 빛나고 있었고 다물어지지 않는 미소를 짓고 있었다. 그녀의 이야기를 듣는 순간 아침 잠기운이 확 달아나는 듯했다. '하트 오브 골드'의 역할도 결정적이었지만 여성들과 아이들이 겪는 역경 또한 감동적이었다. 나는 데보라의 얼굴을 바라보면서 이런 생각을 했다. '나도 저렇게 행복해지고 싶다.'

어떤 목표를 달성하게 되면 일반적으로 행복감을 만끽하는 순간이 온다. 이런 행복감은 어떤 종류의 목표를 지속적으로 추구했을 때 비롯되는 것이다. 나 또한 때때로 이런 종류의 행복감을 느낀 적이 있다. 여러분도 마찬가지일 것이다. 사랑에 빠졌을 때, 친한 친구나 가족과 함께 시간을 보냈을 때, 개인적인 성장을 가져오는 일을 성취했을 때, 도움이 필요한 사람을 위해 내 시간과 자원을 투자했을 때 우리는 진실로 행복하다는 감정을 느낀다. 나이를 먹어가면서 학자로서, 혹은 한 사람의 개인으로서 더 많은 것을 배워가게 되면서 나는 많은 선택을 했으며 인생을 풍요롭게 할 수 있는 기회를 누렸다. 분명한 것은 앞으로도 이런 기회가 많을 것이라는 사실이고 이는 여러분에게도 마찬가지다.

의미 있는 관계를 형성하는 것, 인간으로서 성장하고 발전하는 것, 지역사회에 공헌하는 것, 이 모든 것이 존경받아 마땅한 목표이다. 이런 목표에는 고결함과 함께 더 많은 가치가 존재한다. 이와 반대편에 명성과 부를 쫓고 유명해지고자 하는 목표가 있다. 확실히 고결함이 덜한 측면이 있다. 하지만 이런 추세는 요즘 들어 흔해졌다. 이 추세를 이해하지 못할 바는 아니다. 특히나 '리얼리티' 프로그램 세대들은 이런 성향이 강하다. 누군가 이런 목표를 달성한 사람을 존경할 수 있겠지만 진정한 존경은 아니다. 우리에게 진정으로 유익한 것이 아니기 때문이다. 부와 명예를 쫓는 사람들은 그 목표를 달성했을지라도 행복감을 느끼지 못하는 경향이 있다. 왜 그런 것일까? 목표가 무엇이 되었든 그 목표를 달성하는 것이 우리를 행복하게 만드는 것 아닌가?

실제로는 아니다. 어떤 목표는 다른 것보다 우리에게 유익하다. 인간으로서의 기초적인 필요를 충족시켜주는 것이기 때문이다. 이런 목표는 내적인 삶을 풍요롭게 만들고 자존감을 향상시킨다. 타인의 시선, 세간의 평판과도 무관하다. 우리에게 진실한 행복을 가져다주는 것은 '목표의 내용'이다. 의대에 입학하기 위해 압박과 스트레스를 견뎌내는 것은 우리가 그것을 원하기 때문인가? 아니면 부모님이 그것을 원하기 때문인가? 프로젝트를 성사시키기 위해 야근과 특근을 불사하는 것은 내가 성공을 원하기 때문인가? 직장의 요구 때문인가? 외부 압력 때문에 목표를 추구하는 사람들은 설사 그것이 고결하고 가치 있는 목표라 할지라도 열심히 하지 않을 뿐더러 잘 해내지도 못한다. 목표에 도달하기 위해 피상적인 전략만을 사용할 뿐이다. 그저 그렇게 해야 한다고 '설득당했기' 때문이다. 얼마나 많은 학생들이 학기 내내 책장 한번 넘기지 않다가 시험 전날이면 밤을 새는가? 그들은 단지 통과만 하면 그뿐이기에 몇 달이 지나면 배운 것을 기억하지 못한다.

목표 획득만이 능사가 아니다. 결국에는 왜 원하는지를 아는 것이 중요하다. 이 장에서는 우리가 살면서 추구하는 목표가 진실로 우리에게 좋은 것인지 그렇지 않은지를 알아볼 것이다. 그리고 외부 압력(보상도 포함된다)이 어떻게 우리의 행복감을 약화시키는지도 보게 될 것이다.

진실로 원하는 것은 무엇인가

심리학의 역사를 돌이켜 보면 학자들은 인간의 본성과 근본적인 욕구에 대해 논쟁하기를 좋아했다. 모든 인간은 성취 동기가 있으며 심리적 만족감을 추구하려고 한다. 이런 성향은 심지어 회식 자리나 파티에 참여할 때도 나타난다.

어떤 사람은 단지 몇 가지 정도의 욕구를 갖지만 어떤 이들은 마흔 가지가 넘는 것을 욕망하기도 한다. 다소 논쟁의 여지가 있지만 에드워드 데시Edward Deci와 리처드 라이언Richard Ryan이 '자기 결정 이론Self-determination theory'에서 제시한 세 가지 기본적 욕구의 중요성은 대부분의 학자들이 동의하고 있다. 데시와 라이언에 의하면 모든 인간은 관계 욕구, 향상 욕구 그리고 자립 욕구를 갖는다고 한다.

관계 욕구relatedness desire는 타인과 관계를 맺고 서로 소통하며 사랑하고 사랑받고자 하는 욕망이다. 살아가는 내내 친구를 만들고 친숙한 인간관계를 유지하는 것은 이런 이유 때문이다. 인간관계가 단절되었을 때 고통과 슬픔에 휩싸이고 상실감에 사로잡히는 이유이기도 하다. 친목 활동에 참여하고 온라인에 프로필을 올리고 SNS에 시간을 투자하는 것도 모두 관계 욕구 때문이다. 친목을 유지하려는 욕구는 새로운 사람을 사귀는 것은 물론, 이미 알고 지내는 사람들과 유대감을 강화하고 지역사회에 공헌하려는 모든 행동을 설명하는 바탕이다. 갈증을 느낄 때 물을 마시는 것과 허기가 질 때 음식을 섭취하는 것과 동일한 방식으로 관계 욕구는 작동한다. 하지만 과음이나 과식과 같은 부정적인 행위와 달리 관계 욕구에서 '인간관계 과잉'과 같은 부정적 요소는 없는 것 같다. 사람들은 늘 새롭거나 깊은 인간관계를 통해 소속감이라는 심리적 안정을 얻는다.

향상 욕구competence desire는 우리 삶에 영향을 주고 우리가 바라는 것을 획득할 수 있도록 한다. 독서와 학업 성취는 향상 욕구의 일종이다. 어떤 일을 잘한다는 평가만으로도 향상 욕구는 충족될 수 있다. 사회적, 육체적 기술이나 감정적 능란함, 예술적 감각, 그리고 창조적인 생각의 탁월함, 똑똑하다는 타인의 인정 역시 향상 욕구를 충족시킨다. 향상에 대한 욕구는 호기심, 학습에 대한 내적 동기, 어려운 목표를 달성했을 때의 자부심 등에 강한 동력을 공급한다. 내가 잘할 수 있는 것이 무엇인가에 대해 생각하는 경향은 모두 여기에서 비롯된다. 능력을 향상시키고자 하는 욕구는 우리 삶 전반에서 나타난다. 기술을 개발하는 것과 새로운 것을 학습하고 한 인간으로서 성숙하는 것 모두가 이 욕구와 관련 있다. 관계 욕구와 마찬가지로 어떤 일에 능숙하고자 하는 욕망에 부정적인 측면은 없다. 너무 잘하는 것이 나쁠 수는 없는 것이다.

마지막 기본 욕구에 해당하는 자립 욕구autonomy desire는 자유와 관련된다. 특히 자신의 경험을 선택하고 조직화하는 것과 관련 있다. 무언가를 하려 한다는 것은 우리가 그것에 흥미와 매력을 느끼기 때문이며 그것이 우리의 본성에 대해 무언가를 말해주기 때문이다. 자립 욕구는 자신을 전직 대통령으로 여기는 것이고 명령권자로 생각하는 그런 감정이다. 다시 말해 나는 장기를 두는 사람이지 장기판의 졸이 아니다. 자신의 내적 욕망에 의해 동기 부여가 되면 누군가의 강압에 의해 움직이는 것보다 훨씬 생산적일 수 있다. 심리학자들은 이를 '내적 동기 부여intrinsic motivation'라고 부른다. 앞으로 후술하게 되겠지만 사실상 가장 가치가 높은 동기 부여다. 사람들이 다른 사람을 필요로 한다는 사실이 놀랄 만한 일도 아니고 어떤 것에 능숙하고자 하는 욕망 또한 특기할 만한 사실이 아니다. 하지만 사람들이 얼마나 자립을 갈망하느냐 하는 문제만큼은 온전히 인식할 수 없다. 또 자립의 결핍이 어떻게 행복감의 상실을 유도하는지도 제대로 알 수가 없다.

행복과 관련 없는 욕구

처음 언급했던 것처럼 모든 목표가 온전한 만족감을 이끌어내지는 않는다. 모든 목표가 관계 욕구, 향상 욕구 그리고 자립 욕구를 충족시키지는 않기 때문이다. 그러면 어떤 것을 추구해야 할까? 일반적으로 목표는 인간관계를 만들고, 지지하고, 강화해야 한다. 그런 목표들은 인간적 성장, 육체적 건강 혹은 자기 긍정에 초점을 둔다(자기 긍정에는 자신의 결점이 무엇인지 고민하지만 그것이 개선될 여지가 없다면 받아들이는 법을 배우는 것도 포함된다는 것을 명심하라). 지역사회에 공헌하고자 하는 목표 또는 타인을 돕고자 하는 목표들은 모두 이 세 가지 기본적 욕구를 충족시킬 수 있다.

이와 달리 지속적인 충족감을 유지하는 데 도움이 되지 않는 목표도 있다. 유명인이 되고자 하는 욕망, 권력 추구 그리고 대중적인 이미지 구축하기와 같은 것들이다. 이런 목표는 다른 사람들의 평판과 관련된다. 자아존중감이 외부적 승인에 의해 유지되는 것은 우리 자신을 위한 것이 될 수 없다. 부를 축적하는 것 또한 진정한 행복을 유도하지 않는다. 이는 돈에 무관심하라는 의미가 아니다. 부자가 된다는 것이 행복한 삶을 보장하는 티켓은 아니라는 의미이다. 그런데도 우리는 왜 이런 목표들을 추구하는 것일까?

한 가지 답변은 그런 것들이 우리를 행복하게 만들 수 있다고 믿기 때문이다. 많은 사람이 부자와 유명인은 아무런 고민거리 없이 살아갈 것이라는 환상을 갖고 있다. 진지하게 생각하면 아니라는 것을 알지만, 쉽게 상상이 가는 문제는 아니다. 부자들과 유명인들도 많은 문젯거리를 안고 산다. 그들 모두가 행복하고 심리적 안정감을 누리면서 명성을 유지하는 것은 아니다. 아마도 여러분은 지금 당장이라도 여러 가지 문제로 고통받는 유명인들의 이름을 다섯 명 이상 댈 수 있을 것이다. 연이은 인간관계 단절에 우울증을 호소하고 불안과 자기혐오에 시달리는 부자와 유명 인사들은 셀 수조차 없다.

데시와 라이언의 말에 따르면 자립 욕구, 관계 욕구, 향상 욕구가 반복적으로 좌절될 때 상처받은 자존감을 외부적 요인으로 충족하기 위해 이런 피상적인 목표를 지향하게 된다고 한다. 이는 우리가 너무 억압적인 상황, 즉 자립감이 박탈되는 상황에 빠졌을 때 일어날 수 있다. 그리고 인간관계에 실패했을 때와 특정한 과제를 능숙하게 성취하지 못했을 때도 일어난다. 그러니까 과도한 압력을 받거나, 누군가로부터 거부를 당했을 때, 적절한 행동을 취할 수 없다고 느낄 때, 소외감을 느끼고 의미 있는 인간관계를 맺지 못하고 있다고 생각할 때 우리는 자기방어적 전략의 한 형태로써 이런 (속물적인) 목표를 추구하게 된다. '사랑받지 못하는 것은 내가 부자도 아니고 유명 인사도 아니기 때문이야. 그러니까……'

삶의 아이러니와 비극은 명성과 부 그리고 대중적 인기를 추구하는 이런 전략이 우리의 기본적인 욕망을 보장하지 않는다는 데 있다. 이런 목표들은 우리가 진실로 추구해야 하는 목표들의 형편없는 대체물일 뿐이다. 이런 목표를 위해 전력투구할 수는 있지만 진실한 행복을 얻을 수는 없다.

누구를 위한 목표인가

내 조카 해리슨은 독서를 좋아했다. 시누이인 파울라는 책장에서 책 한 권을 꺼내 들고는 바짝 엎드려 해적과 마법사에 푹 빠져든 아들 이야기를 자주 했다. 크리스마스가 다가오면 조카는 선물로 늘 도서상품권을 받고 싶어 했고 크리스마스 저녁이면 벌써 새로운 시리즈를 읽고 있었다. 하지만 작년부터 해리슨이 책을 집어 드는 횟수가 부쩍 줄어들었다. 아이러니하게도 5학년 선생님들이 모든 학생에게 방과 후 최소 30분간 독서를 하도록 숙제를 냈기 때문이다. 학생들은 부모로부터 책을 읽었다는 확인을 받아야 했고 독서 과제를 완수했음을 증명하는 시험을 치렀다.

파울라는 의무적인 읽기 숙제가 시작되면서 아들 해리슨의 독서 태도가 바뀌었다는 사실을 알았다. 해리슨은 책을 펼쳐 읽으면서 부쩍 시계를 쳐다보는 횟수가 늘어났다. 마치 30분이라는 시간이 어서 빨리 지나가기를 바라는 것 같았다. 어떤 보상이나 칭찬이 없어도 여러 시간 동안 책을 읽던 소년에게 책 읽기가 지루한 고역이 된 것이다. 해리슨에게 독서는 반드시 해야 하는 무엇이 되어 있었다.

파울라가 이 의무적인 읽기 숙제의 문제점을 나에게 토로했을 때 화가 났다. 선생님의 의도는 이해할 수 있었다. 아이들에게 독서 습관을 길러주는 것은 대단히 중요하지만 동시에 어려운 일이다. 그렇다고 이런 식의 방법이 해결책이 될 수 있을까? 이런 방식에는 비용이 따르기 마련이다. 조카에게 독서 욕구는 자연적인 것이었다. 이와 같은 자연적인 내적 욕구는 보호와 존중을 받는다면 평생에 걸쳐 사라지지 않는다.

어떤 목표를 선택함으로써 지속적인 만족감을 이어가는 것을 심리학자인 마틴 셀리그먼Martin Seligman은 '진정한 행복감authentic happiness'이라고 불렀다. 강한 동기 부여와 개인적 만족감은 스스로 선택한 목표로부터 나온다. 처음에 내가 언급했던 것처럼 스스로 선택한 목표에는 '내재적 동기 부여'라는 특별한 동기가 만들어진다. 이는 스스로를 위해서 무언가를 하려는 욕망이다. 내재적인 동기 부여가 일어나면 사람들은 자신이 하는 일을 즐기게 된다. 흥미와 함께 창조적인 방법을 알아가게 되며 정보를 능동적으로 획득한다. 어려움에 직면해도 더 잘 인내할 수 있을 뿐더러 과제 수행 능력도 좋아진다. 내재적 동기 부여가 되면 지속하려는 동력이 탁월해진다.

내재적 동기는 우리가 자신을 위해 선택을 할 때마다, 그리고 행동을 결정할 때마다 강화된다. 실제 자신이 직접 선택한 것인가와는 상관없이 '내가 선택했다'고 느끼는 것만으로도 이 내재적 동기는 강화된다. 일종의 기만인데 데시와 라이언은 사람들의 이런 착각을 '자율적 지지autonomy-supportive'라고 불렀다. 부모와 선생님, 코치와 직장인 등 누군가에게 동기 부여를 하려는 사람들이라면 상당히 유용한 정보이다. '자율적 지지'는 나이와 환경의 영향을 받지도 않는다.

학생들 300명을 대상으로 한 연구에서 '자율적 지지'를 받은 학생들에게서 체육 수업에 대한 만족도가 높다는 결과가 나왔다. '체육 선생님이 내가 선택한 운동을 가르쳐주는 것 같다' 혹은 '체육 선생님이 나를 인정하는 것 같다'와 같은 진술에 동의를 한 학생들은 모두 그렇게 느꼈다. 이들은 수업 외 자유 시간에도 체육 활동에 더 적극적이었다. 내가 원해서 하는 것이고 내가 선택했기에 하는 것이라는 믿음이 통제력을 향상시킬 뿐만 아니라 수업에 대한 긍정적 감정까지 강화한 것이다.

다시 한번 말하지만 사람들은 자신에게 선택의 기회가 있다고 생각할 때, 그리고 결정권이 자신에게 있다고 생각할 때, 동기 유발의 강도가 높고 목표 달성에 보다 성공적일 수 있다. 비만인들의 체중 감량을 조사한 연구에서도 '자율적 지지'를 받은 참여자들이 체중을 더 많이 감량하고 규칙적인 운동을 했으며 감량된 체중을 23개월 이상 유지했다. 이는 트레이너의 지시에 따라 운동한 그룹들보다 훨씬 높은 성공률이었다. 당뇨병 관리와 금연 프로그램, 알코올 중독과 마약 중독 치료에 참여한 사람에게서도 비슷한 결과가 나왔다. 새해 결심을 유지하는 것도 마찬가지이다. 자신의 욕구와 가치가 반영된 새해 결심일 때 사람들은 지속적이고 끈질긴 시도를 보인다.

자율 권한은 학생들의 동기를 유발하고 유지하는 데 있어 결정적인 역할을 한다. 학생들은 선생님을 '자율적 지지자'로 인식할 때 수업에 흥미를 느끼며 융통성과 이해력까지 향상되었다. '자율적 지지'를 보내는 선생님들은 학생들에게 선택권과 결정할 수 있는 권한을 준다. 이런 선생님들은 학생들이 교육의 가치와 의제를 스스로 수용할 수 있도록 돕는다. 대조적으로 '통제적인' 선생님들은 학생들에게 동기 부여를 하기 위해 배우는 것과는 아무 상관이 없는 자극(칭찬과 벌)을 사용한다. 이들은 모든 결정을 자신이 내리며 그에 대해 설명하는 경우도 드물다. 이들은 학생들이 수업 내용을 그저 받아들이기만을 바라는 경향이 짙다. 많은 연구에서 심리학자들은 학생들이 '자율적 지지' 성향의 선생님과 함께 학교에 머무르는 것을 좋아하고 그 선생님의 과목에서 높은 등급의 성적을 받는다는 사실을 알았다. 자율권에 대한 기본적 욕구가 충족되는 것만으로도 학생들은 그 과목을 선호하고 공부에도 더 많은 시간을 투자하는 것이다.

하지만 자율 권한 욕구가 충족되지 않으면 정반대의 결과가 일어난다. 조카 해리슨과 마찬가지로 내재적 동기 부여가 있는 학생들조차 과도하게 통제적 상황으로 내몰리게 되면 자신이 선호하는 과제를 포기해버린다. 불행하게도 내재적 동기는 다소 심약하다는 특성이 있기 때문이다. 이 특성은 자발적 동기 부여에서 보상이 하는 역할을 다룬 초기 심리학 연구에서 잘 드러났다.

마크 레퍼**Mark Lepper**, 데이비드 그린**David Green**, 리처드 니스벳은 세 살에서 다섯 살 사이의 미취학 아동을 대상으로 자유시간 동안 특별한 크레용을 갖고 놀게 했다. 이때 다른 장난감들도 이용할 수 있었다. 연구자들은 아이들을 두 그룹으로 나누어, 한 그룹에게는 특이한 크레용 세트로 그림을 그리면 특별한 상을 받을 수 있다고 했고 다른 그룹에게는 아무런 얘기도 하지 않았다. 예상대로 보상이 주어진다는 이야기를 들은 그룹의 아이들이 크레용을 갖고 노는 시간이 길었다. 여러분은 아마도 이렇게 생각할 수 있을 것이다. '보상이 동기 부여를 높이는 것 아닐까?' 어떤 의미에서는 옳은 생각이다. 흥미로운 결과는 몇 주 뒤에 일어났다. 심리학자들이 보상 조건의 아이들에게 그 크레용 세트를 보상으로 주었다. 하지만 아이들은 더 이상 크레용에 관심을 보이지 않았다. 특이한 크레용을 갖고 놀고 싶은 아이들의 내재적 동기를 보상이 파괴한 것이다. 아이들에게 크레용은 어떤 것이 답례로 주어질 때에만 갖고 노는 물건이었을 뿐이다. 어떤 의미에서 아이들의 행동은 보상에 의해 통제받은 것이다. 반면 보상 조건이 주어지지 않은 그룹의 아이들은 예전처럼 그 크레용을 갖고 그림 놀이를 하고 싶어 했다. 내재적 동기가 전혀 손상이 되지 않은 것이다. 이들에게 크레용은 자신이 선택했기 때문에 갖고 놀고 싶은 것이었다.

보상이 항상 나쁘다는 것을 의미하는 것도 아니며 동기 유발을 파괴한다는 것을 의미하는 것도 아니다. 다시 강조하는 바이지만 어떤 보상은 유익하다. 기대하지 않은 순간 주어지는 보상이 그렇다. 그리고 수행 능력 여부에 따라 주어지는 것이 아니어야 한다. 그래서 미취학 아동들에게 놀이가 끝난후 보상이 주어지는 것은 깜짝 선물이었다. 무엇을 갖고 놀았느냐와 상관없이 놀이가 끝이 난 후 주어진 보상은 아이들과 놀이 사이, 그리고 보상물 사이에 애착 관계를 형성한다. '참 잘했어요'와 같은 언어적 보상도 마찬가지이다. 또 보상은 내재적 동기 부여가 정상적일 때 주어져야 동기를 강화하는 탁월한 수단이 된다. 예컨대 지루하다든가 싫증을 유발한다든가 흥미를 유발할 수 없는 과제들은 내재적 동기 부여가 일어나지 않는다.

또 보상만이 내재적 동기 유발을 약화시키는 유일한 요소는 아니다. 위협, 감시, 재촉 그리고 무언의 압력 또한 내재적 동기 유발을 약화시키는 동인이다. 통제받으면서 무언가를 경험한다는 생각은 자신의 책임하에 완수하지 못한다는 느낌이 들게 한다. 불행한 것은 대부분의 환경이 이러한 부정적인 요소로 둘러싸여 있다는 점이다. 어떤 일에 헌신하고자 하는 사람들의 욕구도 이 때문에 조금씩 잠식당한다. 선택할 수 있다는 느낌과 경험을 통제할 수 있다는 인식을 제공하게 되면 사람들은 스스로를 자기 행동의 기원이라고 느끼며 자율감을 갖는다. 하지만 보상, 위협, 재촉과 같은 것은 우리 삶에 실재하는 요소이기에 마냥 무시할 수도 없다. 때문에 자율적 지지 환경을 만들고 내재적 동기 부여를 보호하는 방법을 배우는 것이 중요하다.

스스로 선택한 일의 힘

자율적 동기는 우리가 스스로 선택할 수 있도록 허락받았을 때, 목표와 행동을 스스로 결정할 수 있을 때 강화된다. 그러나 항상 이런 조건하에서 세상을 살 수는 없다. 우리는 누군가가 시키는 일을 해야 할 때가 있다. 학생들에게는 과제가 주어지고 직장인들에게는 업무가 주어진다. 아이들은 경험이 부족하고 두뇌 발달이 완전하지 않기 때문에 부모의 지도를 받아야 최선의 결정을 내릴 수 있다. 어떻게 해야 주어진 과제를 한탄하지 않고 받아들이게 할 수 있을까? 어떻게 해야 내재적 동기를 상실하지 않고 특정 과제를 수행할 수 있도록 격려할 수 있을까? 연구에 의하면 실질적인 선택의 기회를 주는 것이 아니라 선택했다는 느낌을 갖게 하는 것으로도 이것이 가능하다는 사실이 드러났다. 선택 권한은 자기 결정권의 한 영역이다. 사소한 선택 혹은 선택했다고 착각해도 사람들은 자기 결정권을 행사했다는 느낌을 갖는다. 게다가 다행스럽게도 이런 느낌은 쉽게 만들 수 있다.

다이아나 코르도바Diana Cordova와 마크 레퍼가 이를 증명하는 실험을 했다. 그들은 어린아이들을 대상으로 한 학습게임에서 의사 선택 권한을 주었다. 이 실험이 어린아이들에게만 실시된 이유는 내재적 동기 부여가 3학년부터 지속적으로 줄어들기 때문이다. 어린아이들은 학습을 좋아하지만 학습에 대한 타고난 애착은 청소년기로 접어들면서 천천히 사라진다. 하지만 이렇게 내재적 동기가 소멸하는 경향은 멈출 수 있으며 역전시킬 수도 있다는 것이 중요하다. 이를 위해 코르도바와 레퍼는 과학소설의 한 테마를 주제로 수학을 배울 수 있는 컴퓨터 프로그램을 학생들에게 주었다. 이 프로그램은 학생들에게 연산 순서를 가르치도록 디자인되어 있었다.

예를 들어 '6+4×5-3'과 같은 것이다. 더하기와 빼기를 하기 전에 곱하기를 먼저 해야 한다. 대부분의 수업 환경에서 학생들은 무엇을 배워야 할지 결정할 권한이 없다. 하지만 이 실험에서 학생들은 학습 내용과는 무관한 선택을 할 수 있는 권한이 주어졌다. 학생들에게 캐릭터 하나를 골라 컴퓨터 게임 속에서 자신을 대신할 수 있도록 했다. 먼저 자신의 우주선에 이름을 붙일 수 있었다. 그들은 외계인을 선택할 수도 있었으며 외계인의 우주선에도 이름을 붙일 수 있었다. 학생들은 캐릭터를 선택하고 이름을 붙일 수 있다는 것 외에는 어떤 선택도 할 수 없었으며 모두 동일한 게임(학습 내용)을 수행해야 했다.

코르도바와 레퍼는 의사 선택 조건에서 학생들이 게임을 더욱 좋아했으며 방과 후에도 게임을 하기 위해 남아 있으려고 한다는 사실을 알았다. 이는 방과 후 놀이 시간을 포기했다는 것을 의미했다. 학습 내용과 완벽하게 무관한 선택이었지만 의사 선택 권한을 행사한 아이들은 추후에 치러진 학습 테스트에서도 높은 점수를 달성했다. 아이들은 자신의 수학 능력에 대해 자신감을 갖게 되었다고 연구자들에게 얘기했으며 앞으로도 다른 버전의 게임에 도전하고 싶다는 의사를 비쳤다. 선택이 의미 있는 것이 아닐지라도 이렇게 의사 선택 권한을 주게 되면 자율 욕구를 충족시킬 수 있으며 내재적 동기까지 강화할 수 있다. 나아가서는 만족스러운 경험과 탁월한 수행 능력을 이끌어낼 수 있다.

의사 선택 권한을 행사하는 것은 단지 동기 부여를 강화하는 것으로 끝나지 않는다. 자립 욕구를 충족시킴으로써 심리적 만족감을 가져온다. 1970년대 초 앨렌 랑거Ellen Langer와 주디 로딘Judy Rodin이 실시한 기념비적인 연구를 통해 이 사실이 증명이 되었다. 랑거와 로딘은 요양원에 거주하는 노인들이 선택권이 없는 환경 속에 놓여 정신적, 육체적 건강이 빠른 속도로 파괴된다고 믿었다. 당시 요양원에 거주했던 노인들에게는 권한이 거의 없었다. 음식에서부터 레저 활동, 개인적인 몸치장과 방 청소까지 모두 요양원과 관리사의 계획에 따라 움직여야 했고 거주자로서의 조언이나 요구는 전혀 받아들여지지 않았다. 집에서 가족의 돌봄을 받을 때조차 갖고 있던 선택 권한을 여기서는 누릴 수 없었다. 자립감의 결핍에 직면한 것이다.

랑거와 로딘의 실험은 아주 단순했다. 감독관 입회 아래 거주 노인 일부에게 앞으로는 자기 방을 꾸밀 수 있다는 사실과 여가 시간에 폭넓은 레저 활동이 보장되고 불만 사항을 직원에게 알리면 즉시 수정이 가능하다는 것을 알렸다. 이들에게는 직원들의 도움 없이 온전히 자기 소유의 화초를 키울 수 있는 권한도 주어졌다. 감독관 또한 거주자 각각이 스스로 결정할 수 있으며 선택에 따른 책임도 개인에게 있다고 강조했다.

랑거와 로딘은 비교 집단에게도 동일한 옵션을 주었다. 하지만 이들에게는 '승인'이 필요했다. 예컨대 이들은 아무 때고 원하기만 하면 다른 방의 친구들을 찾아갈 수 없었다. 무엇을 하기 위해선 직원들의 승인이 필요했다. 이 그룹의 거주 노인들도 직원들이 자신들을 위해 열심히 근무하고 매사에 친절하다는 것을 잘 알고 있었다. 그리고 직원들이 책임감이 강하다는 사실도 인정했다. 하지만 이들에게 직원은 수정할 사항을 알려주는 대상이 아니라 도움을 주는 대상이었다. 거주자들이 키울 수 있는 화초도 제공되었지만 자신이 관리하는 것이 아니라 간호사들이 관리하도록 했다.

실험 결과는 극적이었다. 선택 권한이 주어진 집단의 행복감과 활동성이 비교 집단에 비해 월등히 높았다. 간호사들은 이들의 정신적, 육체적 건강이 향상되었다고 보고했다. 이에 반해 선택 권한이 주어지지 않은 집단의 건강은 나빠졌다. 선택 권한이 주어진 집단은 다른 사람을 방문하는 데 훨씬 더 많은 시간을 보냈으며 직원에게 말을 거는 횟수도 늘었다. 18개월 후에도 간호사들은 이 집단의 만족도와 활동성, 사교성, 주도성이 월등히 높다고 보고했으며 매사에 정력적이라고 알려왔다.

가장 주목할 만한 결과는, 18개월 동안 선택 권한이 주어진 집단의 노인 사망률은 15퍼센트였지만 선택 권한이 없던 집단은 30퍼센트의 사망률을 보였다는 점이다. 사망률에서 배 이상의 차이가 났다. 단지 자기가 직접 화초를 가꾸고, 방 장식을 직접 하고, 원할 때 빙고 게임을 할 수 있으며, 텔레비전 채널 선택 권한을 갖는 것만으로 이런 차이가 난 것이다. 그동안 우리들은 선택의 자유를 누리는 것이 사람들의 건강과 행복에 어떤 역할을 하는지 잘 모르고 있었다. 랑거와 로딘의 연구 결과를 무시할 수 없는 이유가 여기에 있다.

주어진 목표를 나만의 것으로 만들기

누군가에게 목표를 부여했을 때 의사 선택 권한과 함께 자립 욕구를 주게 되면 사람들은 궁극적으로 그 목표를 자신의 것으로 인식한다. 심리학자들은 이 효과를 '내면화internalization'라고 부른다. 이 내면화는 외부에 기반을 둔 규칙과 요구를 받아들일 만한 가치가 있는 것으로 인정할 때 일어난다. 아이들이 부모의 희망이나 조언을 받아들이는 것도 내면화이다. 내가 어렸을 때 집 안을 어지럽히면 항상 어머니에게 야단을 맞고는 했다. 그 과정에서 자연스럽게 나도 청결에 대한 어머니의 신념을 내면화했다. 어머니는 독일인으로 내 경험으로 비춰볼 때 독일인들은 청결에 있어 완전히 다른 수준이다. 어머니의 기준에 비해 완벽하지는 않지만 나 또한 청결에 신경을 많이 쓰는 편이다. 우리 집에 방문하는 사람들은 거실 바닥에서 음식물 흔적을 찾아볼 수 없다. 무엇이든 식탁이 아닌 곳에선 먹지 못하게 하기 때문이다. 청결에 이렇게 신경을 쓴다는 사실을 나는 대학에 갈 때까지 몰랐다.

내면화는 기본적 욕구(관계, 향상, 자립)를 지지받을 때 용이하게 일어난다. 다른 사람들과 관계를 맺고 있다는 느낌을 경험할 때 이 과정이 발생한다. 또한 어떤 일에 능숙해지고 있다고 느낄 때도 내면화는 일어난다. 관계를 맺고자 하는 감정과 능숙해지고 싶은 욕구는 우리가 그것의 가치를 이성적으로 이해할 수 있을 때 증가한다. 달리 말하면 왜 그 목표가 중요한 것인지 설명할 수 있어야 하는 것이다. 이해는 내면화에 이르기 위해 반드시 필요한 과정이다. 과도한 통제나 압력은 이 과정을 방해할 수 있으며 자립감을 박탈하고 목표를 그저 해야만 하는 의무로 전락시킨다. 나는 어머니로부터 청결의 중요성과 가치에 대해 귀에 못이 박히도록 듣고 자랐을 뿐만 아니라 내 방을 청소해야 하는 의무와 책임까지 주어졌었다. 방을 깨끗하고 정돈되게 유지하는 것은 내게는 누군가에게 자랑할 만한 능력이었다. 엄마의 도움 없이 항상 스스로 했기 때문이다.

내면화가 그렇게도 중요할까? 당연하다. 어떤 목표를 내면화하게 되면 내재적 동기 부여와 같은 장점들이 따라서 일어난다. 창의성, 처리 능력, 즐거움, 하고자 하는 욕구 등이 증가하는 것이다. 보상이나 징계, 관리 감독 같은 외부적인 자극 요소들도 귀찮고 번거로운 것이 된다. 하지만 내면화의 중요한 이득은 목표를 자신의 것으로 만들게 되면서 만족감과 함께 행복감도 느끼게 된다는 것이다. 리처드 라이언과 그의 동료 연구진이 한 실험에서 이를 입증할 흥미로운 사례가 나왔다. 라이언은 다양한 크리스마스 자선 행사에 나온 사람들에게 교회 출석이나 기도하기와 같은 종교적 행위를 얼마나 자주 하는지를 물었다. 그리고 참여자들에게 왜 종교 활동을 하는지 조사했다. 라이언은 내재적 이유로 종교 활동에 참여하는 사람들이 종교에 대한 심리적 만족도가 높다는 사실을 알았다. 반면 외적인 이유로 종교 활동을 하는 사람들의 만족도는 높지 않았다. 종교적 행위 자체가 행복감을 증대시키지는 않는 것이다.

자율 욕구에 대해 한 번 더 언급하고 넘어가겠다. 자율 욕구는 독립심과 혼동되기가 쉽고 더 나쁜 경우엔 이기심과 연결되기도 한다. 때문에 이를 분명히 해두어야 한다. 자율감이라는 인간의 기본적 욕구는 모든 것을 단독으로 하려는 것을 의미하지 않는다. 또 타인의 감정을 무시하는 것도 아니다. 자율적이라는 것이 다른 사람으로부터의 독립을 의미하는 것이라면 이는 우리들에게 가장 중요한 기본 욕구 중의 하나인 관계 맺기를 약화시키는 결과가 된다.

자율 욕구는 자유의지를 경험하는 것이다. 우리 행동의 기원이 우리 자신이라는 것을 믿는 것이고 그 행동에 자신의 신념과 가치가 반영되어 있다는 것을 아는 것이다. 자율 욕구는 누군가와 관계 맺고자 하는 욕망, 서로를 돌보고자 하는 의지, 협동하고자 하는 욕구와 같은 상호의존성과도 충돌을 일으키지 않는다. 가족 혹은 팀원과 함께 목표를 공유하고 목표 달성 후 이득을 나눠 갖는 것은 인간의 본성이다. 실제 이런 공유 목표를 추구할 때 다른 목표를 추구할 때보다 사람들의 행복감이 더 많이 증대된다.

• 세 가지 기본 욕구를 중시하자

모든 목표가 지속적인 행복감과 만족감을 가져오는 것은 아니다. 성공적으로 목표를 달성했다고 하더라도 결과는 마찬가지이다. 관계 욕구, 향상 욕구, 자립 욕구를 충족시킬 수 있는 목표들만이 지속적인 행복감과 만족감을 불러온다.

• 관계 욕구는 인간관계를 개선시킨다

관계 욕구를 충족시키는 목표는 인간관계에서 친밀감을 높이고 지역사회와의 유대감을 강화한다.

• 향상 욕구는 새로운 기술을 개발하게 한다

목표 추구를 통해 능숙함을 익히게 되면 인간적 성장을 이룩하고 경험으로부터 학습하게 되며 새로운 기술을 익힐 수 있다.

• 자립 욕구에는 열정이 반영된다

스스로 선택한 목표를 추구함으로써 자립 욕구를 충족시킬 수 있다. 이런 목표에는 흥미와 즐거움은 물론 자신의 가치관과 본성이 포함되어 있다.

• 반짝인다고 모두가 금은 아니다

모든 목표에는 외부의 평가가 포함되어 있다. 예컨대 인기나 명성, 존경

혹은 부와 같은 것이다. 하지만 이런 것들이 우리를 진실로 행복하게 만드는 것은 아니다. 실제로는 만족감을 약화시키고 진실한 이득을 가져오는 목표를 추구하지 못하게 방해할 뿐이다. 이런 목표를 갖고 있다면 스스로를 위해 수정할 필요가 있다.

• 강력한 동기 부여의 원동력

자유의지에 의해 선택된 목표는 내재적 동기 부여를 불러일으킨다. 이 특별한 동기는 사람들로 하여금 흥미를 유지하게 하고 긴 인내력과 창의성을 유발시키며 더 나은 수행 능력으로 이끈다. 내재적 동기는 보상이나 처벌, 재촉, 과도한 관리와 같은 외부적 통제를 경험하게 되면 파괴되는 특징이 있다. 그러므로 누군가에게 동기를 유발하고자 할 때 이런 식의 자극을 사용하는 것에 매우 조심해야 한다.

• 자율 욕구는 동기 부여의 연료이다

내재적 동기는 자신이 내재적 지지를 받고 있다는 인식만으로도 보호받을 수 있고 재충전이 가능하다. 인정받는다는 느낌, 선택의 기회가 주어졌다는 생각만으로도 자율 욕구는 충족될 수 있으며 동기와 만족감은 상승한다. 아이들과 학생들, 그리고 직장인에게 어떤 목표를 부여하고자 하면 이와 같은 요소를 유념해야 한다. 이는 타인에 의해 강제되는 목표를 내면화하는 최선의 방법이기도 하다. 목표 달성에 따른 최상의 성취감은 궁극적으로 우리 자신에게서 오는 것이기 때문이다.

6.
적절한 목표
찾기

지금까지 우리는 사람들이 추구하는 목표의 종류에 대해 알아
보았다. 이제 우리는 자신을 위해 채택해야 하는 목표와 타인
에게 부여하는 목표가 어떻게 다른지 알아야 한다. 꽤 많은 종
류의 목표들이 몇 가지 옵션에서 비롯된다. 승급 목표를 추구
해야 하는 것일까? 예방 목표를 추구해야 하는 것일까? 평가
받기 목표가 좋을까? 성장하기 목표가 좋을까? 왜 하는지를
생각해야 할까? 아니면 무엇을 할지에 대해 생각해야 할까?

어떤 목표를 결정하기 전에 달성해야 하는 것이 무엇인
지를 생각하는 것은 상당한 도움이 된다. 특별히 어려운 도전

에 직면해 있는가? 인내력이 요구되는가? 성공하기 위해 유혹에 저항하고 희생을 감수해야 하는가? 목표 달성을 하는 것뿐만 아니라 그 과정을 즐기는 것도 중요한가? 창조적일 필요가 있는가? 속도를 중시할 것인가? 아니면 정확성을 중시할 것인가? 이 모든 상황에 딱 들어맞는 목표는 없다. 각각의 목표가 장점과 단점을 갖고 있다. 적절한 목표를 선택했다는 것은 우리가 처한 특별한 상황에 맞는 방법을 찾았다는 것을 의미한다. 이를 찾는 것이 바로 성공으로 가는 열쇠 중 하나이다.

이 장에서는 목표를 달성하고자 할 때 우리에게 닥치는 평범한 상황에 대해 설명할 것이다. 이를 통해 문젯거리와 난제를 헤쳐나가는 데 가장 적합한 전략을 찾는 방법을 알게 될 것이다.

쉬운 일을 해야 할 때

설정한 목표 달성을 위해 수행해야 할 과제가 비교적 간단하고 쉬운 경우가 있다. 다른 이에게는 몰라도 내게는 간단하고 쉬운 과제일 때도 있다. 예전에 한 번 지나간 적이 있는 도로처럼 익숙한 것이라면 사람들은 목표 달성을 위해 정확히 무엇을 해야 할지 알고 있다. 이미 한 번 성공한 경험이 있는 목표도 우리에겐 간단한 과제이다. 달성해야 할 목표가 쉽고 익숙한 것이라면 사람들은 대개 '평가받기'에 주안을 둔다. 앞서 언급한 것처럼 똑똑함, 재능, 능력을 보여줄 수 있는 기회는 높은 수준의 동기 부여가 가능하다. 특히나 보상이 뒷받침되면 동기 부여는 강해진다. 목표가 중요하다고 생각하게 되면 수행 능력이 좋아지고 에너지와 집중력도 강해진다. 자기 영역 안에서 할 수 있는 한 최선을 다하는 것이다.

비교적 쉽게 목표를 달성할 수 있는 또 다른 방법은 '승급'에 초점을 맞추는 것이다. 단지 과제가 쉽다는 것을 아는 것만으로도 우리는 자신감이 상승하고 낙천적인 태도를 유지할 수 있다. 승급 목표는 성공할 수 있다는 자신감을 가질 때 동기 부여가 강해진다. 반면 예방 목표는 손실을 회피해야 하기에 과도한 자신감은 목표에 대해 무감각하게 만들 수 있다. 승급에 초점을 맞춘다는 것은 이 목표를 달성했을 때 내가 무엇을 획득할 수 있는지를 묻는 것이다. '내가 획득한 것이 내 꿈과 포부와 어떤 관련이 있는가?'

계속 일을 미룰 때

정말 달성하고 싶은 목표였지만 동기 부여가 되지 않고 시작조차 못한 경우는 없는가? 시간이 가면서 하루가 몇 주가 되고 몇 주가 다시 몇 달이 되었지만 목표에 가까이 다가가지조차 못한 상황을 겪은 적은 없는가? 사실 이런 일은 아주 흔하다. 예를 들면 내 경우는 매일 규칙적으로 운동하는 것이다. 하지만 제대로 한 적이 없었다(최근까지도 그랬다. 결국 마음을 접었지만 언젠가는 다시 시도할 것이다). 이렇게 '제대로 되지 않는 것'에는 여러 가지 이유가 있다. 목표가 생각하는 것만큼 동기 부여를 일으키지 않게 되면 시작을 미루게 되고 성공할 가능성도 적어진다.

이럴 때 열정을 불러일으키는 한 가지 방법이 있다. 그것을 '왜' 해야 하는지를 생각하는 것이다. '왜' 해야 하는지의 관점에서 바라볼 목표와 '무엇'을 해야 하는지의 관점에서 바라보아야 되는 목표가 있다고 앞서 이야기했다. 내가 번번이 실패했던 규칙적으로 운동하려는 목표를 적용하면 다음과 같다. '더 건강해지고 보다 매력적인 몸매를 갖기 위해'라고 이유를 떠올리는 방법과 '헬스클럽으로 가서 일주일에 세 번 러닝머신에서 뛰자'라고 무엇을 할 것인가를 떠올리는 방법이 있다. 이때 '왜'의 관점에서 목표를 바라보는 것이 동기 부여를 높인다. 이유를 떠올리는 것은 그렇게 어렵지 않다. 목표를 큰 틀에서 바라보게 되면 그것을 달성하는 것이 왜 중요한지를 환기할 수 있다.

지연 행동을 회피하는 또 다른 방법은 예방의 관점에서 목표를 바라보는 것이다. 그렇게 솔깃한 얘기는 아니다. 하지만 잠재적 실패가 가져올 참혹한 결과에 대해 생각하는 것보다 꾸물거리는 버릇을 멈추게 하는 더 나은 방법은 없다. 예방 지향적인 사람들은 대부분 일을 미루지 않는다. 그들의 사고 체계에서 위험을 제거하는 유일한 방법은 즉각적인 행동을 취하는 것이다. 만약 꾸물거리는 것이 당신의 문제라면 실패했을 때 닥쳐올 모든 손실에 대해 생각하라. 그 상황이 유쾌한 일이 아니라는 것을 깨닫는 순간 큰 성취가 보상으로 다가온다.

훼방 놓는 장애물이 너무 많을 때

여러 가지 이유로 목표 달성이 어려운 경우가 있다. 때때로 우리는 완전히 새롭고 익숙하지 않은 상황에서 일을 해야 한다. 첫 아이를 갖는 것이라든가 새로운 경력을 쌓는 것과 같이 예전에 겪어보지 못한 상황에서 무언가를 해야 한다. 때로는 우리 앞에 놓인 과제가 너무 도전적이고 복잡한 경우도 있다. 새로 사업을 시작한다거나 난항을 겪고 있는 협상에 뛰어들 때가 그렇다. 이런 경우 우리 앞에는 너무 많은 장애물이 놓여 있어 앞날을 예측하는 것도 실수를 회피하는 것도 어려울 수 있다. 예를 들면 다이어트를 하는 사람들은 식이요법을 지켜야 하지만 동시에 칼로리가 많은 음식의 유혹에도 저항해야 한다. 서구 사회에서 고칼로리 음식은 도처에 깔려 있다. 직장 내 회의실에 브라우니와 도넛 한 상자 정도는 으레 놓여 있는 것이 현대 미국 사회이다.

목표를 달성하는 궁극적인 열쇠는 실패의 국면에 처했을 때 다시 회복할 수 있는 정신적 탄력성이다. 실패는 예외적인 상황이 아니라 규칙이라고 보는 편이 진실에 가깝다. 배우가 경력을 쌓는 과정을 생각해보자. 잘 알려진 배우조차 오디션에서 거절을 당하고 흥행과 비평에서 실패를 경험한다. 어떤 측면에서 성공은 넘어졌을 때 다시 일어나 가던 길을 걷는 사람에게 찾아오는 것이다. 정치인들은 낙선을 경험하고, 엔지니어들은 작동하지 않는 기계를 만들기도 하며, 변호사들은 소송에서 지고, 의사들은 치료에 실패한다. 최선을 다하지 않았기 때문에 이런 일이 일어나는 것은 아니다. 모든 성공 신화에는 어두운 암흑기가 있지만 아무도 주목하지 않을 뿐이다. 좋은 소식이 있다면 어려운 목표를 달성하고 실패에 굴하지 않도록 우리를 도와줄 수 있는 몇 가지 팁이 있다는 것이다.

첫째, 달성하고자 하는 것을 '구체화'해야 한다. 1장에서 가장 동기 부여가 높은 목표는 도전적이면서 동시에 가능한 목표라고 했었다. 그리고 목표는 구체적일수록 달성 가능성이 높다고 했다. '10파운드를 감량하자'라고 하는 것이 '몸무게를 줄이자'라고 하는 것보다 동기 부여가 높은 표현이다. 달성 가능성 여부를 떠나 일단 선명하기 때문에 지속 가능성이 높다. 목표를 모호하게 설정하면 어려운 상황에 직면했을 때 너무 빨리 포기할 수 있다. 도달하기 어렵거나 노력이 많이 필요한 목표일수록 구체적이어야 한다.

둘째, '왜 하려는가?'에서 '무엇을 해야 하는가'로 생각을 전환하는 것도 어려운 목표를 추구할 때 상당한 이점이 된다. 글자 그대로 '내가 이 목표를 달성하기 위해서 반드시 무엇을 해야 하는가'라고 생각하는 것은 도전적인 목표를 추구할 때 상당한 도움이 된다. 당장 해야 할 행동에 초점을 맞추는 것은 효율성을 높일 뿐더러 돌발 상황을 관리하기도 쉽다.

셋째, 쉬운 목표가 우리에게 자신감을 주고 낙천적인 태도를 견지하게 한다면 어려운 목표는 자신의 능력을 의심하게 만들고 성공의 가능성을 줄인다. 이렇게 회의적인 태도에 사로잡힐 때 최선의 전략은 목표를 예방의 관점으로 바라보는 것이다. 사람들은 예방 목표를 추구할 때 비관적인 태도를 견지한다. 일이 제대로 될 것 같지 않다는 느낌은 사람들의 경계심을 자극해 동기 부여를 증가시킬 수 있다. 정말 어려운 목표라고 할지라도 목표를 포기하는 확률이 줄어든다. 얻을 수 있는 것보다 잃어버리는 것이 무엇인지 생각하기 때문이다.

넷째, 어려움에 직면했을 때 '평가받기'가 아니라 '성장하기'의 관점에서 목표를 바라보는 것은 내가 여러분에게 줄 수 있는 최고의 충고이다. 3장에서 자기 성장과 자기계발 그리고 능력 향상의 관점에서 목표를 바라보는 것은 능력을 증명해야 하는 것보다 시련에 효과적으로 대처한다고 말했었다. 나아지려는 태도에서 시련은 자신의 무능을 드러내는 표지가 아니라 유용한 정보이다. 이 관점에서 사람들은 성공 가능성에만 매달리지 않는다. 완벽하게 해낼 수 없고 도달할 수 없어도 자신의 능력은 향상되기 때문이다. 결국은 '성장하기'도 목표의 한 부분이 된다.

내가 첫째 애니카를 가졌을 때, 부모로서의 내 목표는 '평가받기'의 영역 안에 있었다. 육아 관련 책을 모두 읽었으며 육아 프로그램도 모두 보았다. 심리학자로서 나는 아이와 엄마 사이의 '애착 형성'과 '육아 응답'이 중요하다는 사실을 잘 알고 있었다. 세상에서 가장 위대한 엄마가 되고 싶었고 흠결 없이 아이를 키우고 싶었다. 하지만 현실은 그렇지 못했다. 애니카는 사람들이 응석받이라고 부르는 그런 아이였다. 다르게 표현한다면 많은 보살핌이 필요한 아이라고 할까? 18개월이 될 때까지 하루 종일 울어댔고 오직 먹을 때와 잘 때만 울음을 그쳤다. 세상에서 가장 위대한 엄마가 되고자 했던 것이 목표였지만 나는 아이의 끝없는 요구와 까탈스러움에 무능력하고 실패한 엄마가 된 기분이었다. 결국 자책할 수밖에 없었다. 매일 걱정과 우울 사이에서 기분이 요동쳤다. 하루 종일 울음소리에 시달리느라 엄마로서의 능력을 의심하다 못해 차를 타고 도망가고 싶을 정도였다.

그러다 갑자기 깨달았다. 절망적인 기분에 욕실 바닥에 웅크리고 있다 문득 스스로를 정직하게 돌아보기 시작했다. 처음부터 잘못 생각하고 있었다(심리학자들도 자기 문제 앞에서는 이런 오류를 자주 저지른다. 그럴 때마다 곤혹스럽기는 이루 말할 데가 없다). 완벽한 부모는 있을 수가 없다. 부모 되기라는 어렵고 복잡한 과제를 첫 시작부터 능수능란하게 할 수 있을 것이라는 믿음만큼 어리석은 것은 없다. 아이들은 모두 개성이 다르다. 교과서대로 크는 아이는 어디에도 없다.

그래서 받아들이기로 했다. 내가 아무것도 모른다는 사실과 모든 일을 올바르게 할 수도 없다는 사실을 말이다. 그래서 목표를 수정했다. '평가받기'에서 '성장하기'로 부모로서의 목표를 바꾼 것이다. 세상에서 가장 위대한 엄마가 아니라 보다 좋은 엄마가 되기 위해 육아 기법과 인내를 배우려고 노력했다. 아이의 요구에 응답하는 기술도 알아갔다. 조금씩 배워가면서 우울증과 걱정도 줄어들었다.

이제는 예전보다 훨씬 나은 엄마가 되었다고 스스로를 평가한다. 참을성도 많아졌고 육아의 고통을 필요 이상으로 과장하지도 않는다. 남편에 따르면 웃음도 많아졌고 욕실에 숨어 시간을 보내지도 않는다고 한다. 그 사이 우리 딸도 이해할 수 없는 응석받이에서 사교적인 아이가 되었다. 심리학자이지만 어떻게 여기까지 올 수 있었는지는 나도 잘 모른다. 그냥 육아 목표만 바꾸었을 뿐인데 아이는 평범한 어린이가 되었다. 수정된 육아 목표가 아이에게 도움이 되었는지는 알 수 없지만 적어도 내게는 다른 세상을 가져다주었다.

유혹에 저항할 수 없을 때

가치 있는 목표에 도달하기 위해서는 상당한 양의 유혹을 인내해야 한다. 시험을 잘 보기 위해서는 교과서에서 눈을 떼지 않아야 하지만 스마트폰의 유혹과 친구와의 약속도 이겨내야 한다. 직장에서 승진을 하기 위해선 좋은 인상을 유지하는 것도 중요하지만 상사와 충돌하고 싶은 욕구도 인내해야 한다. 체중 감량, 금연 같은 목표들은 도넛과 말보로 라이트에 저항하는 것이 목표 달성의 전부이다.

유혹을 인내하는 것은 고역스러운 일이다. 상당한 양의 자기통제력이 요구되며 도움을 받을 수 있다면 받아야 한다. 목표 달성을 위해 유혹에 저항할 수 있는 수단을 마련하는 것은 필수적이다.

앞에서 '무엇'의 관점이 아니라 '왜'의 관점에서 목표를 생각하는 것이 중요하다고 했다. 1장에서 언급했던 것처럼 특정 목표를 왜 추구해야 하는지를 생각하는 것은 유혹에 저항할 때 많은 도움이 된다. 잠깐의 달콤함을 만끽하기 위해 딸기 케이크를 집어 드는 순간 건강하고 매력적인 몸매를 떠올린다면 유혹을 인내하기 쉽다. 마음속에 다이어트를 해야 할 이유가 많을수록 저항력도 강해진다.

목표를 예방의 관점에서 바라보는 것 또한 저항력을 기르는 탁월한 방법이다. 4장에서 언급한 것처럼, 얻게 될 것이 아니라 잃어버릴 것에 초점을 맞추기 때문에 유혹과 방해물에 직면했을 때 더 나은 수행 능력을 보여준다. 실제 예방 지향적인 사람들은 유혹이 없을 때보다 있을 때 더 나은 수행 능력을 보인다. 이상하게 들리겠지만 사실이다. 예방에 초점을 두고 다이어트를 하는 사람들에게 디저트 접시에 가득 쌓아 올린 음식을 가져오면 이들은 그 음식을 설탕 가루와 초콜릿으로 도배된 수류탄으로 생각한다. 디저트 접시에서 실패의 위험성이 강하게 환기되면서 오히려 다이어트 동기가 강화되는 것이다.

처음 심장병을 겪은 후 건강에 대해 예전보다 심각하게 신경을 쓰는 사람들을 많이 보았을 것이다. 전 미국 대통령 클린턴은 심장동맥우회술을 한 이후 맥도날드 근처에는 가지 않았다. 심장병의 고통을 겪지는 않았지만 최근 우리 아버지도 담배를 끊고 건강에 더 신경 쓰기로 했다. 달리기를 시작하고 몇 분 뛰지 않아 숨을 헐떡거리는 자신의 모습을 확인했기 때문이다. 감자튀김의 유혹에 약했던 클린턴과 니코틴 중독이었던 우리 아버지 모두 눈에 띄게 절제력이 강해졌다. 패스트푸드와 담배는 대부분의 남자들이 직면하는 유혹이다. 건강에 대한 자각 혹은 타인이 겪는 위험한 사례들은 목표를 예방에 초점을 맞추도록 한다. 이 관점을 유지하는 한 유혹에 쉽게 지지는 않는다.

일을 빠르게 끝내야 할 때

때때로 어떤 일을 빨리 끝내야 할 경우가 있다. 질보다는 양이 우선인 때도 있다. 집 안은 엉망인데 10분 안에 친구들이 방문한다면? 오늘이 크리스마스이브인데 아직 사람들에게 줄 선물을 사지 못했다면? 보고서 마감 기한이 모레인데 400페이지 책을 펼치지도 못했다면? 스피드가 필요한 순간이다. 어떤 목표를 선택해야 할까?

　여기 아주 간단한 답변이 있다. 업무와 관련이 없을지라도 승급에 초점을 두는 것이다. 손실을 회피하기보다 최대한

의 이득을 추구할 때 사람들의 반응이 빨라진다. 빠를수록 실수를 저지르기 쉽고 중요한 사실을 빼먹거나 대충 얼버무리고 넘어가는 경우가 많으며 여기저기 실수하겠지만 어쨌든 결과는 만들어낸다.

완벽함이 요구될 때

앞의 상황과는 달리 일을 정확하게 해야 할 경우가 있다. 제대로 매듭을 지을 수만 있다면 시간이 얼마나 소요되든 상관이 없다. 이런 경우엔 예방에 초점을 맞추어 목표를 바라보아야 한다. 제대로 하지 못해 어떤 피해를 입을 수 있는가에 대해 생각할 경우, 사람들은 최대한 실수를 하지 않기 위해 천천히 반응한다. 세심하게 작업을 하며 위험 요소를 피하려 하고 사안에 대해 보수적으로 접근한다. 하루에 한 단어씩 읽어나가고 반복해서 같은 문장을 또 읽고 또 읽을지언정 하나라도 놓치지 않으려고 한다. 시간을 들일 수 있다면 들여서 결점 없이 작업을 마무리하는 것이다(사족이지만 지구상에서 가장 예방 지향적인 우리 어머니에게 이 장을 보여주었다. 어머니는 거의 마지막 순간에 집 청소를 하거나 크리스마스 선물을 사는 사람의 예를 보고는 고개를 절레절레 흔들며 나에게 사례를 바꾸라고 제안했다. 어머니의 말에 따르면 '그렇게 꾸물거리는 사람은 없다'였다).

창의성이 필요할 때

어떤 목표를 추구하면서 영감을 얻고 싶을 때가 있다. 새롭고 대담한 아이디어를 만들고 고정관념에서 벗어난 사고를 하고 싶은 것이다. 이럴 때는 승급에 초점을 두는 사고를 함으로써 창의력을 상승시킬 수 있다. 손실에 대해 생각하기보다 잠재적인 이득에 대해 사고하는 것이 우리의 낙천적인 태도를 자극해 추상적인 사고를 가능하게 한다. 주어진 정보를 깊게 다루며 위험도 기꺼이 감수하게 한다. 이 각각의 과정이 모두 창의성의 연료가 되며 혁신적인 사고를 이끌어낸다.

그리고 이러한 목표는 우리의 자립 욕구를 충족시킬 수 있어야 한다. 내재적 동기는 스스로 선택한 목표와 관련 있다. 스스로를 위해 무언가를 하려는 욕망만이 위대한 창의성과 자발성을 이끌어낸다. 통제받는다고 느끼는 순간 추상적 사고와 혁신적 사고는 감소하는 경향이 있다. 시간 압박, 징계, 감시, 심지어 잠재적 보상이 주어진다는 것만으로도 창의적인 사고가 심각하게 간섭받는다.

사람들은 자신의 동기를 보호하기 위해 본능적인 노력을

기울이고는 한다. 대학원에서 같이 공부했던 친구는 대학 시절 심리학과 문학을 동시에 전공했다. 여유 시간이 있으면 시와 글쓰기에 몰두했는데 내가 보기엔 심리학보다 문학에 관심이 더 많은 듯했다. 언젠가 그에게 왜 시인 대신 심리학자의 길을 선택했는지 물을 기회가 있었다. 그는 이렇게 답했다. 늘 시를 사랑하고 싶지만 직업적인 시인의 길을 걷게 되면 자기 삶이 파괴될 것 같았다는 것이다. 마감의 압박, 공식적인 비평으로부터 자신의 글쓰기를 보호하기 위해 그는 시인이 아니라 심리학자를 선택했다고 한다. 하지만 자발적으로 선택한 시는 여전히 그의 마음속에 남아 있을 것이다.

즐거움을 느낄 수 없을 때

이 정도면 성공적이라고 여기는 순간 지겨워진 적은 없는가? 목표에 도달한다는 것은 슬슬 그 목표에 짜증이 나고 불쾌해지며 지루해진다는 것을 뜻하기도 한다. 배우는 과정에 있는 학생들은 필수적으로 교과서와 참고서를 보아야 한다. 우등생일지라도 교과서와 참고서 읽는 것을 좋아하는 학생은 없다. 직장에서 가장 성공한 사람들도 매일 아침 출근하는 것을 지겨워한다. 모든 부모가 자신의 아이들을 사랑하지만 실제 부모 되기라는 것은 상상 이상으로 힘든 인내를 요구한다. 하지만 모두가 해야 하는 일이다. 이렇게 우리가 선택한 목표가 아니라 할지라도 해야 하는 일이 있다. 그런 목표가 흥미 있고 즐길 수 있는 것이라면 또 매력적이라면 더할 나위가 없을 것이다.

의무적인 일에 즐거움의 요소를 발견하고 싶다면 '평가받기'보다 '성장하기'에 초점을 맞추어야 한다. 배움, 성장, 계발에 주안점을 두고 목표를 추구하는 사람들은 학교와 직장 생활에 더 많은 흥미를 가질 뿐만 아니라 일상생활도 더 즐겁게 영위한다. 3장에서 언급한 화학 전공 신입생을 대상으로 한 연구를 떠올려보라. 학생들의 우선적인 목표는 지식을 습득하는 것이고 그런 다음 자신의 능력을 보여주는 것이다. 화학에 흥미를 가져야 하고 강의를 통해 자극을 받아야 한다. 무엇보다 학습도 즐거워야 한다. 우리는 '성장하기' 목표의 효과가 학점 취득과 무관하다는 것을 발견했을 때 상당히 놀랐다. 전공 점수를 얼마나 잘 받느냐와 상관없이 학생들은 화학을 좋아했다. '성장하기' 목표는 얼마나 잘하느냐와 무관하게 최선을 다할 수 있도록 우리를 이끌어줄 수 있다.

일반적으로 자립적으로 선택한 목표는 강제된 목표보다 흥미 유발성이 강하다. 반면 보상이나 징계와 같은 통제도 목표에 대한 흥미를 반감시키고 매력도를 떨어뜨릴 수 있다. 좋은 의도를 가진 부모가 음악을 여러분에게 강제하는 순간 음악의 매력은 떨어진다. 경쟁은 모든 스포츠 놀이의 한 부분이다. 그러나 경쟁에 대한 압력이 가해지는 순간 스포츠도 부담스러운 것이 된다. 감독이 우승만을 강조하게 되면 훈련은 즐거움과 자부심의 원천이 아니라 스트레스를 유발하는 것일 뿐이다. 가능할 때마다 즐거움을 최대화하는 것이 주어진 과제를 자발적인 목표로 승화시키는 계기가 될 수 있다.

진정으로 행복해지는 방법

동기 부여를 한다고 해서 모든 길이 로마로 통하는 것은 아니다. 목표를 달성했다고 해서 삶의 만족도와 행복감이 항상 상승하지 않는다는 말이다. 행복이 성공의 유무에 달렸다고 생각하는 것은 사람들이 흔히 하는 착각이다. 우리 주변에는 세속적인 성공을 달성했음에도 불행을 호소하는 사람들이 많다. 이는 그들이 성공적으로 달성한 목표가 인간의 기본적인 요구를 충족시키는 것이 아니었기 때문이다.

관계 욕구를 충족시키는 목표를 선택할 때 창의성과 함께 타인과의 관계도 개선된다고 했던 것을 기억하자. 향상 욕구를 충족하는 목표는 인간적 성장을 가져온다. 자율 욕구는 자신이 선택한 목표를 추구할 때 상승한다. 내가 가진 재능, 흥미 그리고 헌신할 수 있는 가치가 모두 거기에 투영되기 때문이다.

명망, 인기, 부와 같이 타인의 평가가 중시되는 목표들은 피해야 한다. 스스로의 자존감을 타인이 결정하도록 만드는 것은 좋은 생각이 아니다. 그런 목표는 달성되었다 하더라도 진정한 행복에 도달할 수 없다. 세간의 평가는 우리를 불행으로 인도한다. 평가에 매달리는 순간 우리가 진정으로 추구해야 할 목표를 인식하기가 힘들다.

미취학 아동들을 관찰하면 그들이 유명하게 된다거나 인기를 얻겠다는 것에 아무런 관심을 보이지 않는다는 것을 알 수 있다. 아이들이 돈에 관심을 보이는 유일한 때는 그것을 삼키려고 할 때뿐이다. 아이들이 관심을 갖는 것은 무엇일까? 아이들이 관심을 갖는 대상은 자신을 양육하고 돌보는 사람들이다. 즉 관계 욕구가 아이들의 흥밋거리이다. 향상 욕구 또한 아이들이 관심을 갖는 대상이다. 아이들은 걸음마, 계단 오르내리기, 구슬치기와 같이 무언가를 배우는 데 흥미를 갖는다. 하고 싶은 것을 하기 위해 지대한 관심을 쏟는다. 걸음마를 시작하는 아이들에게 통제력을 행사하기는 어렵다. 아이들은 자신의 자존감을 방어하는 데 있어서 맹수 같은 면이 있다. 나는 종종 사람들이 '어린아이들의 지혜'에 대해 얘기할 때 껄끄럽다. 실은 성인이 더 똑똑하기 때문이다. 하지만 동기 부여 측면에 선 아이들이 옳다. 아이들은 자신의 진짜 욕구를 충족시킬 수 있는 목표를 추구한다. 그리고 그렇지 않은 것에는 신경 쓰지 않는다. 이것이 부분적으로 성인보다 아이들이 더 행복한 이유를 설명한다.

가능하다면 우리가 씨름하고 있는 과제에 더 적합한 목표를 선택하도록 하자.

....

• 쉬운 일을 처리할 때

당신의 능력을 설명할 수 있는 일에 집중하라. 그리고 목표 달성을 통해 얻을 수 있는 것에 초점을 맞추라.

• 어려운 일을 만났을 때

정확히 무엇을 해야 하는지 핵심을 생각하라. 성장하기 목표뿐 아니라 예방 목표를 선택하라. 완벽한 수행 능력 대신에 능력의 향상에 초점을 맞춰라.

• 빠른 일 처리 유혹에 흔들릴 때

유혹을 이기기 힘들 때는 손실에 초점을 맞추면 유혹에 저항할 수 있게 된다.

• 속도가 필요할 때

속도가 생명인 목표를 세웠다면 성취에 초점을 맞춘 승급 전략을 사용하는 것이 좋다.

• 정확성이 요구될 때

완벽한 결과를 내야 할 때는 손실에 초점을 둔 예방 전략을 선택하라. 안정 지향적으로 목표를 바라보면 좋은 결과를 만들 수 있을 것이다.

• 창의성을 발휘해야 할 때

자발적으로 선택한 목표여야 한다는 것을 분명히 기억하자. 자율 욕구는 창의성의 좋은 연료이다.

• 목표를 추구하는 일이 고통스러울 때

이 또한 마찬가지로 스스로 선택한 일이라는 것을 기억하자. 목표 추구 과정에 초점을 맞추고 내적 동기 부여가 활성화될 때 우리는 그 과정을 즐길 수 있다.

• 오래도록 느낄 수 있는 행복을 추구하자

지속적인 행복감을 얻고 싶다면 관계 욕구, 자립 욕구, 향상 욕구를 충족시킬 수 있는 목표를 선택하라. 명성, 인기, 부와 관련된 목표를 과도하게 추구하지 말라. 설사 원하는 것을 얻는다 해도 행복은 오래 가지 못한다.

7.
다른 사람에게
동기 부여를
하는 법

지금까지 우리 자신을 위해 최선의 선택을 하는 방법, 그리고 성공의 가능성과 행복감을 극대화하는 방법에 대해 논의해왔다. 이제 우리 자신을 위한 목표가 아니라 다른 사람을 위한 목표에 대해 이야기할 차례이다. 우리는 관리자, 코치, 선생님 혹은 부모일 수 있다. 그리고 그 역할의 한 부분으로서 다른 이들에게 동기를 불어넣어야 할 때가 있다. 아이들의 행복, 제자들의 미래, 혹은 담당 부서의 생산성을 총괄할 책임을 맡게 된다면 그들을 위해 목표를 설정하고 커다란 성취로 나아갈 수 있게끔 해야 한다. 그 성취가 팀이나 회사 그리고 가족 모두에게 혜택으로 돌아올 수 있다면 더할 나위 없을 것이다. 하지만 말처럼 쉽지 않은 일이다.

노골적으로 목표가 부여되면 대부분의 사람들은 반감을 갖는다. 학생에게 능력을 증명하기 위해 공부하기보다 배움 자체에 초점을 맞추어야 한다고 하면, 미래를 위해선 좋은 성적을 받아야 한다며 지적해올 것이다. 직장인에게 돈벌이로써 직업을 바라보지 않고 개인적 성장의 기회로 자신의 일을 바라보라고 하면, 그는 아마도 십중팔구 그러는 당신은 개인적 성장을 위해 일하고 있냐고 반문하기 마련이다.

타인의 목표를 변화시키는 것은 어렵다. 다행스럽게도 사회심리학자들은 이 일을 아주 잘해낸다. 우리는 목표 설정을 달리하는 연구를 진행해왔고 실험 조건에서 목표를 조작함으로써 어떤 일이 일어나는지 관찰해왔다. 그리고 연구실에서 사용한 기법들이 교실, 직장, 운동장 그리고 가정의 식탁에서도 즉시 적용될 수 있음을 보았다. 이 장에서는 회사와 교실 그리고 집안에서 어떻게 대화를 나누어야 하는지 보게 될 것이고 특정한 목표를 설정할 수 있도록 어떻게 격려해야 하는지 알게 될 것이다. 적절한 신호와 단서를 사용할 수 있다면 대부분 무의식적으로 동기 부여가 이루어진다. 앞으로 여러분은 우리가 학교에서 진행한 연구 결과의 일부를 보게 될 것이다. 매우 단순하고 응용하기 쉬우며 또 기법이 아주 효과적이라는 것을 알 수 있을 것이다.

스스로 선택했다는 느낌

일반적인 관점에서 매니저와 회사의 임원들은 다른 사람에게 목표를 할당하기에 남부럽지 않은 위치에 있다. 어떤 의제를 설정하게 되면 회사와 팀이 성공하고 또 자신이 성공하기 위해 소속된 사람들 모두가 그 의제를 지지하기 때문이다. 학교 안의 선생님들도 학생들에게 배움에 대한 동기를 부여하기 위해 노력하기는 마찬가지이다. 학교 이사진, 교육위원회, 그리고 연방정부 또한 할 수만 있다면 학생들의 학습 동기를 높이고 싶어 한다. '그렇게 하는 것이 좋으니까' 시키는 대로 하라고 말하는 직접적 접근법은 상당히 문제가 많은 방법이지만 안 할 수도 없는 노릇이다. 직장인들과 학생들에게 목표를 설정하려고 할 때 어떻게 해야 그것을 받아들이게 할 수 있을까? 어떻게 해야 자신을 위한 선택임을 깨닫게 하고 실질적으로 달성할 수 있도록 동기 부여를 할 수 있을까? 타인을 위한 목표 설정과 동기 부여가 어려운 이유는 대부분의 경우 우리에게 좋아 보이는 목표가 그들에게는 좋아 보이지 않기 때문이다.

목표 수용력을 높이기 위해 사용할 수 있는 몇 가지 전략이 있다. 그중 한 가지는 학생들(혹은 직장인)에게 '개별적 통제 감personal control'을 주는 방법이다. 이렇게 하면 자율 욕구가 회복되어 자기에게 강제된 목표라는 느낌이 약화된다. 이 기법은 여러 가지 방식으로 응용할 수 있다. 사람들로 하여금 몇 가지 옵션을 스스로 선택할 수 있도록 하는 것이다. 예컨대 두 가지 목표 가운데 하나를 선택하도록 하는 것도 방법의 하나이다. 목표를 선택할 수 있다는 것은 목표에 도달하기 위해 무엇을 할 것인가를 스스로 결정할 수 있다는 것을 의미한다.

한 번은 사회심리학 수업을 통해 이와 관련된 실험을 한 적이 있다. 학생들은 선택의 여지 없이 좋은 성적을 받아야 한다. 좋은 성적을 받아야 한다는 목표는 내가 학생들에게 부여한 목표였다. 하지만 나는 학생들에게 시험의 종류를 선택할 수 있도록 허용했다. 에세이 제출 아니면 여러 번의 시험 같은 것이었다. 이는 학생들이 성적 취득이라는 목표에 도달하는 방법을 스스로 통제할 수 있다는 것을 의미했다. 사람들은 직장이나 교실에서 자신을 위해 선택할 수 있을 때 동기 부여가 강해질 뿐만 아니라 스트레스와 걱정도 덜하다. 상황을 직접 통제할 수 있다는 느낌 때문이다.

목표를 선택하고 어떻게 도달할 것인가를 결정할 수 있도록 하는 것은 사람들에게 개별적 통제감만 주는 것은 아니다. 목표를 합리적으로 이해할 수 있도록 도와줄 수도 있다. 왜 이 목표를 추구해야 하는가? 왜 이 목표가 중요한가? 이것으로부터 무슨 이득이 오는가? 목표에서 가치를 발견할 수 있을 때 달성하고자 하는 동기 부여도 강화된다는 사실을 기억하자. 가치가 명백해야 목표 추구 과정에서 만나는 문제점들을 더 잘 다룰 수 있으며 성공을 위해 더욱 전념하게 된다.

하지만 둘 이상의 집단이 이루어질 경우 공동의 결정이 불가능할 때가 있다. 이때 할당된 목표에 헌신하도록 하는 또 다른 방법이 있다. '계약서 만들기'라는 방법은 이 경우 사용할 수 있는 유용한 전략이다. 계약은 명시적이어야 한다. 문서화된 공동의 약속은 목표 지향적 행동을 야기한다. 처음엔 동기 부여가 낮을지라도 공식적인 조항을 만들게 되면 목표에 대한 가치가 상승한다. 사람들은 약속이 깨지는 것을 싫어하는 경향이 있다. 목표 달성이 불가능하게 되면 신뢰할 수 없는 사람이 되기에 이 불신의 낙인을 기꺼이 짊어지려는 사람은 없다. 약물 중독, 체중 감량, 금연 맹세뿐만 아니라 부부간 불화 연구에서도 계약은 동기를 강화한다는 결과가 나왔다.

텔레비전 프로그램 「도전! FTA 제로 The Biggest Loser」에서 나는 공식적 약속이 갖는 동기 부여의 효력에 대한 훌륭한 사례를 볼 기회가 있었다. 고도비만인 참가자들이 헬스트레이너와 함께 엄격한 다이어트 경쟁에 돌입하는 이야기를 다룬 프로그램이었다. 매주마다 참가자들은 감량 목표를 달성하기 위해 가벼운 운동을 녹초가 될 만큼 해야 했다. 쇼가 시작되었을 때 참가자들에게는 먹을 수 있는 음식의 양과 운동의 종류, 그리고 운동으로 소비해야 할 칼로리의 양이 알려졌다. 동기 부여가 잘된 사람은 가능하겠지만 여러 해 동안 앉았다 일어나는 것조차 하지 않던 사람들이 하루에 여섯 시간 운동을 하는 것은 거의 불가능에 가까운 일이 아닐까? 이에 대한 결론은 결코 지엽적이지가 않다. 당신이 만약 「도전! FTA 제로」의 참가자로 선택이 되었다면 얼마를 감량해야 할 것인지 상관없이 프로그램 안에서 자기 자리를 지키기 위해 헌신할 것이다. 모든 곳에서 카메라가 돌아가고 수백만 명의 사람들이 목표 달성 여부를 놓고 우리를 판단하려고 든다. 프로그램에 참여하는 순간 우리는 공개적인 약속을 하는 것이나 다름없다. 공개적인 약속은 효과적으로 동기를 부여한다. 스스로를 증명해야 하기 때문이다.

하지만 이와 같은 약속의 본질엔 부정적인 면이 있다. 많은 참가자들이 쇼가 끝나고 원래 체중으로 되돌아왔기 때문이다. 약속은 카메라와 트레이너가 사라지는 순간 깨진다. 건강을 되찾으려는 목표를 진실로 내면화하지 않았기 때문이다. 즉 자기 선택적 목표가 되지 않으면 목표 의식은 순식간에 사라질 수 있다.

무의식을 자극하는 단서 심기

2장에서 했던 얘기를 다시 한번 떠올려보자. 우리가 추구하는 목표는 무의식적으로도 추구할 수 있다고 말했었다. '지금 당장 이 목표를 달성해야 해'라는 생각을 하지 않고서도 목표를 달성할 수 있다는 말이다. 무의식 속에서 목표가 격발될 수 있다면 목표 달성은 훨씬 수월해진다. 격발하고자 했다는 사실조차 깨닫지 못하고 실행하기 때문이다.

주변 환경 속에 단서를 숨겨놓는 것은 목표 추구를 격발하는 하나의 방법이다. 이때 사용할 수 있는 단서는 목표를 환기시킬 수 있는 것이면 무엇이든 상관없다. 단서는 우리 무의식에 훌륭한 지원군이 된다. 쉬지 않고 움직이도록 하며 도처에서 볼 수 있으며 의식적으로 하려는 것보다 더 많은 것을 하게 한다. 시험을 잘 치르겠다는 목표는 '승리, 달성, 1등, 올백점' 같은 성취와 관련된 단어를 보는 것만으로도 격발될 수 있다. 고득점자를 만나는 것으로도, 혹은 자식이 최선을 다하기를 바라는 부모를 생각하는 것으로도 격발된다. 때로는 연필을 쥐고 있는 단순한 동작도 목표 추구를 향해 달려가는 격발 장치가 된다.

격발 장치로써 사물이 가진 영향력을 입증하는 연구가 있다. 실험 참가자들은 상대를 볼 수 없는 방 안에 나뉘어져 모니

터로 대화를 주고받았다. 이때 맞은편에 위치한 대화 상대자는 단순한 무시에서부터 경멸적인 언어를 사용해 실험 참가자의 모욕감을 자극하는 역할을 했다. 참여자는 자신이 받은 모욕감에 비추어 전기 충격의 강도와 시간을 조절할 수 있었는데, 책상에 배드민턴채 대신 총이 놓여 있을 때 참여자들은 상대방을 향해 전압을 세게 올렸고 훨씬 긴 시간 동안 전기 충격을 가했다. 이 실험에서 참여자들은 자신의 과격한 행동이 총에 영향을 받는다는 것을 의식하지 못했다. 실험의 조건이 뒤바뀌어 자신이 전기 충격을 받을 수 있다는 생각도 하지 않았다(실제로 전기 충격이 가해진 것은 아니다. 단지 참여자들이 그렇게 믿게끔 만들었다). 방 안에 무기가 놓여 있는 것만으로 보다 더 공격적인 성향을 촉발할 수 있었던 것이다. 사물을 보는 것만으로 사람에게 영향을 끼칠 수 있다는 얘기가 다소 이상하게 들릴 수 있지만 실제로 이런 일은 자주 일어난다.

2장에서 목표 달성에 도움을 줄 수 있는 단서를 가능한 한 많이 주변에 배치하라는 조언을 했었다. 이 조언은 우리가 타인이 목표 달성을 추구할 수 있게끔 할 때도 그대로 적용할 수 있다. 단서를 배치하면 우리 아이들, 학생들 그리고 직장인들에게 동기를 불어넣을 수 있으며 대부분의 경우 의도대로 흘러가게 할 수 있다.

그렇다면 어떤 단서가 좋을까? 적절한 단어를 사용하는

것이 훌륭한 출발점이다. 타냐 챠트랜드 **Tanya Chartrand**의 연구진들은 절약과 검소에 관련된 목표와 사치와 체면에 관련된 목표를 격발하기 위해, 검약 혹은 사치 관련 단어를 실험 참가자들에게 먼저 노출시키는 실험을 실시했다. 그런 다음 참가자들에게 한 족에 6달러인 고급 브랜드 양말과 세 족에 6달러인 저가 브랜드 양말을 두고 선택하도록 했다. 체면과 관련된 단어를 본 사람들은 60퍼센트 이상 고급 브랜드 패션 양말을 선택했지만, 검약과 관련된 단어에 노출된 사람은 오직 20퍼센트만 고급 브랜드 양말을 택했다. 이와 같은 소비 패턴은 고급 브랜드와 저가 브랜드에 사람들이 무의식적으로 노출될 때에도 동일한 것으로 드러났다. 만약 배우자가 검약 습관이 절절이 배인 사람이고 그의 소비 패턴을 변화시키고 싶다면 배우자와 함께 고급 쇼핑가를 배회하는 것만으로도 소비성향을 바꿀 수 있다는 얘기이다. 단 이런 전략은 함부로 사용해서는 안 된다. 아무런 이유 없이 고급 번화가를 네다섯 번 오르락내리락하게 되면 상대방은 곧바로 방어적인 자세로 돌입한다.

단어와 브랜드명은 우리가 사용할 수 있는 적절한 단서이다. 목표에 도달하고자 하는 수단으로 사용하고 행동에 영향을 주고자 할 때 단서는 촉발 기제로 작용한다. 체육관은 운동하기 목표를 촉발할 수 있다. 생활협동조합의 간판은 건강한 먹거리와 로컬 푸드에 대한 관심을 촉발할 수 있다. 컴퓨터 또한 어떤 작업을 시작하도록 하는 촉발 기제이다. 게임하기가 되었든 페이스북에 포스팅하기가 되었든 평소 어떤 습관으로 사용했는지에 달려 있을 뿐이다. 주변 모든 사물이 촉발 기제로 작용할 수 있다. 단서가 원하던 효과를 촉발하기를 바란다면 두 가지를 명심해야 한다.

첫째, 단서가 당신에게도 다른 사람에게도 동일한 의미를 지니는지를 분명히 해두어야 한다. 종종 자녀를 둔 부모가 고성능 컴퓨터를 구입하면서 이런 얘기를 한다. '우리 아이가 숙제할 때 도움이 될 거라고 생각해요.' 그렇게 되면 더할 나위가 없겠지만 다르게 쓰일 공산이 크다.

둘째, 환기시키려는 목표가 상대에게도 긍정적 의미가 있어야 비로소 촉발 단서의 효력이 발생한다. 아무 소득이 없거나 심지어 해로운 결과를 도출하거나 비도덕적인 목표를 활성화시키기 위해 단서를 사용해보았자 소용이 없다. 목표 추구를 활성화시키는 단서들은 목표를 성취했을 때 얻게 되는 이점을 상대가 이미 인식하고 있어야 비로소 의도한 행동을 촉발할 수 있다. 저렴하게 판매하는 가게를 아무리 많이 지나쳐도 검약에 가치를 두고 있지 않은 배우자의 소비 습관을 의도하는 대로 변화시킬 수는 없다.

프레임 기법

실험 심리학자들이 목표를 조정하는 가장 일반적인 방법은 프레임(역자 주: 사건과 사실과의 관계를 파악하는 사고의 틀. 한번 형성되면 그 틀 안에서 사고한다)을 설정하는 것이다. 사람들은 매번 무언가를 할 수 있는 기회가 주어지면 스스로 질문을 던진다. '이건 무엇을 할 수 있는 기회일까?' '뭘 하려는 것이지?' 이 일은 종종 무의식적으로 이루어지는 것으로, 사람들은 일의 동기가 무엇인지 알고 싶어 한다. 실생활에서 사람들은 어떤 목표가 주어지면 그것이 자신을 위한 것인지부터 알고자 한다. 실험실 조건에서 우리는 프레임을 설정함으로써 그에 대한 답을 참가자 스스로 내리도록 유도했다. 기본적으로 우리가 하는 일은 참가자들에게 과제를 제출하게 한 것뿐이다. 그런 다음 특정 목표를 끌어낼 수 있도록 토론하게 만들었다.

예를 들어 토리 히긴스와 그의 동료들은 참가자들에게 어떤 주제를 던져줌으로써 승급 혹은 예방 목표를 활성화되도록 했다. 그런 다음 과제 수행을 잘했을 경우 획득할 수 있는 것(승급 목표)과 과제 수행을 못했을 경우 잃어버릴 수 있는 것(예방 목표)에 대해 얘기하도록 했다. 과제가 주어지면 동일한 프레임을 만들 수 있다. 모든 일들이 잘되도록 할 것인가(승급)에 대한 전략과 잘못되지 않도록 할 것인가(예방)하는 전략을 설정하는 것이다.

직접 주도한 연구에서 나는 참가자들에게 철자 수수께끼, 퀴즈, 수학 문제들을 제시하고 "문제 풀이 기술을 획득할 수 있는 기회(프레임 설정)"라고 얘기함으로써 '성장하기' 목표가 촉발되도록 했다. 그들에게 주어진 과제들은 모두 시간에 따라 숙련도가 높아지는 것들이었다. 참가자들에게 '평가받기' 목표를 촉발하기는 무척 쉬운 일이다. 단지 다른 사람들과 비교할 것이라고 말하는 것만으로 충분하고, 당신이 보이는 능력은 창의성, 지능, 운동 능력을 가리키는 지표가 될 것이라고 얘기하는 것(프레임 설정)만으로도 촉발된다. 누군가 자기를 판단할 것이라는 얘기를 듣는 것만으로도 '평가받기' 목표는 재빨리 활성화되기 때문이다.

심리학자 루스 버틀러는 다른 사람과 비교하겠다고 말하면 사람들이 '평가받기' 목표를 설정하고, 업무 요건이나 진척 상황을 보겠다고 말하면 '성장하기' 목표를 추구한다고 했다. 그녀는 중학생을 대상으로 10개씩 10세트로 이뤄진 추론 문제를 제시했다. 한 그룹에게는 점수를 통해 또래 집단의 문제 풀이 능력과 비교할 것이라고 말했다. 예를 들어 90점 이상의 점수는 또래 학생 90퍼센트보다 뛰어난 능력을 가리켰다. 또 다른 집단에게는 자신이 받은 점수는 시간에 따라 능력이 향상되는 것인지 아니면 정체와 퇴보를 겪는 것인지를 알 수 있다고 말했다. 문제 풀이가 시작되기 전, 버틀러는 학생들에게 이 과제를 어떻게 생각하는지 물었다. 점수가 또래 집단과의 비교가 될 것이라 믿은 학생들은 '내가 가진 능력을 보여주고 싶다'거나 '실수하고 싶지 않다'와 같은 말을 했다. 반면 대조 집단의 학생들은 '두뇌 훈련을 하고 싶어요' 혹은 '문제 풀이 능력이 향상되겠지요'와 같은 말을 했다.

실험이 끝나고 '성장하기' 목표를 설정한 학생들은 문제 풀이 능력이 향상되었다. 또 '평가받기' 목표를 설정한 학생들보다 문제 풀이 자체가 즐거웠다고 했다. 이들에게 과제는 유익한 경험이었던 것이다. 이제 프레임을 어떻게 설정하는가에 따라 과제를 바라보는 관점이 달라졌다는 사실을 알았을 것이다. 과제를 경쟁의 관점에서 바라보느냐 아니면 향상의 관점에서 바라보느냐에 따라 그에 상응하는 목표도 자연스럽게 달라진다.

심리학자들이 사용하는 기법에 주목했으면 한다. 우리는 결코 다음과 같은 말을 하지 않는다. "당신의 목표는 _____을 하는 것입니다." 프레임은 이런 식이 아니라 아주 교묘한 방법으로 설정된다. 강제된다거나 통제받는다는 느낌 없이 대상자 스스로 목표를 선택할 수 있게끔 환경과 조건을 만들어주기만 하면 된다. 그렇게만 되면 사람들은 자신에게 배당된 목표와 관련된 문제점을 스스로 헤쳐나가게 된다.

목표는 전염된다

감기와 마찬가지로 목표는 전염성이 강하다. 특정 목표를 추구하는 사람을 보는 것만으로도 심리학자들이 말하는 무의식적 목표 추구를 촉발할 수 있다. 그 사람이 누구인지 모르고 있었다 할지라도 촉발이 일어난다. 여기서 가장 중요한 점은 그가 추구하는 목표가 긍정적인 것처럼 보여야 한다는 것이다. 매력 없는 사람과 마찬가지로 매력 없는 목표는 형편없는 동기 유발 요인이다.

나는 목표의 전염성을 이용해 능력 증명보다 대학생들의 개인적 성장과 발전에 초점을 맞춘 연구를 진행한 적이 있다. 연구의 시발은 재학 기간 동안 대학생들의 50퍼센트 이상이 전공과 진로 문제로 우울증을 한 번쯤 겪는다는 통계 때문이다. 미국 교육사에 있어 성적과 경쟁에 초점을 둔 교육은 있었지만 개인적인 성장과 발전에 주안점을 둔 교육은 이루어진적이 없었다. 미안한 이야기이지만 교육과정이 심화될수록 우울증 비율 또한 높아진다. 대학 중퇴자 비율이 이미 경고음을 내고 있었다. 학생들은 '평가받기'보다 '성장하기'에 더 많이 집중할 필요가 있었다.

불행한 것은 학생들에게 대학 생활을 배움의 기회로 삼으라고 설득한다는 것은 초점을 잘못 짚은 얘기가 되기 십상이라는 점이다. 이런 이야기를 하면 상당한 저항에 직면한다. 결국은 학생들에게 좋은 성적을 받아야 하고 그 점수가 중요한 결과를 초래할 수 있다는 것을 깨닫게 할 뿐이었다. 성적에만 너무 매달리지 말라고 훈계를 해보았자 학생들에게 위선적인 인상만 줄 뿐이다. 그래서 우리가 할 수 있는 것은 무엇이었을까? 그중 한 가지는 학생들을 '성장하기' 목표에 노출시킬 수 있도록 하는 것이었고 그런 다음 그것이 전염되도록 기다리는 것이었다.

다행스럽게도 우리의 의도는 상당히 빨리 확산되었다. 심리학개론 수업에서 나는 리하이 대학의 동료가 시도한 것을 했다. 30명의 학생들에게 설문 조사 항목을 채워 넣게 했는데 설문 중간에 유명한 심리학자의 짧은 자전적 이야기 세 개가 있었다. 각 이야기는 노력, 인내, 그리고 지적 갈망이 심리학자로서의 성공에 어떤 역할을 하였는가를 강조한 것으로 '성장하기' 성향에 주안점을 둔 이야기였다. 하나를 소개하면 다음과 같다.

알프레드 아들러Alfred Adler는 1870년 2월 7일 오스트리아 비엔나에서 태어났다. 그는 오늘날 정신병의 이해와 정신과 치료에 철학적 기반을 닦은 사람이다. 그는 인간을 충동과 본능의 집합체로 보지 않고 하나의 전체상으로 보고자 했으며 당시 심리학의 흐름을 완전히 바꾸어놓았다. 흥미로운 것은 아들러의 학술적 경력이 처음부터 전도양양하지 않았다는 점이다. 그는 학습 지진아였다. 담임 선생님이 부모에게 학교를 중퇴시키고 구두 수선공 수련을 시킬 것을 권유한 적도 있었다. 졸업을 할 수 없을 것 같았던 것이다. 학교에 대한 흥미를 잃어갈 때 그는 수학 낙제를 하기도 했다. 그러던 어느 날 알프레드는 선생님에게 자신이 공부를 할 수 있다는 것을 보여주겠다고 결심했고 얼마 지나지 않아 학급에서 수학 점수 1등을 차지했다. 그 후 그는 한 번도 공부에 대한 열정이 흔들리지 않았다.

자전적 전기에서 아들러는 시간이 지남에 따라 자기 향상을 이룩하고 자기계발을 달성하는 사람으로 묘사되었다. 초기 학술적 경력도 인상적이지 못했는데 사실상 실패였다. 하지만 그는 투지와 노력으로 심리학사에 가장 중요한 업적을 쌓은 인물 중 하나가 되었으며 이와 같은 전기적 이야기는 '성장하기'의 훌륭한 전형이었다. 아들러가 '평가받기' 지향의 학생이었다면 담임의 평가에 동의했을 것이 분명하다. 자신을 자질이 부족한 사람으로 생각했을 것이고 남은 인생을 구두나 수선하면서 보냈을 것이다.

이제 다시 내 연구로 돌아가자. 대조 집단으로 30명의 다른 학생 집단에게도 동일한 설문지가 제공이 되지만 이 유명한 심리학자의 이야기는 빠져 있었다. 학기가 끝날 때 나는 처음 30명의 학생들이 심리학적 관점으로 '성장하기' 목표를 더 많이 추구했으며 실질적으로도 높은 점수를 받았다는 사실을 알았다.

다음으로 나는 화학공학과 학생에게도 동일한 기법을 사용했다. 심리학자 대신 유명한 화학자로 대체한 것이다. 다음은 그 내용의 일부이다.

뉴질랜드 태생의 어니스트 루더포드Ernest Rutherford는 열두 명의 형제자매를 둔 지독하게 가난한 농사꾼의 아들이었다. 빈한한 태생이었지만 루더포드는 자신을 세상에서 가장 똑똑한 사람으로 간주했다. 화학에 끼친 그의 영향력은 원자 구조의 발견과 더불어 방사선의 이해까지 포함한다. 핵과 전자에 관한 그의 모형은 당시 지배적 이론이었던 J.J 톰슨의 원자 모델과 상반되는 것이었다. 게다가 그가 길러낸 제자 닐스 보아, 한스 가이거, 로버트 오펜하이머는 모두 훗날 노벨 화학상을 받았다. 하지만 그런 그도 교원 임용 시험에 세 번이나 낙방했다. 화학 분야에서 성공하겠다는 그의 야심은 빨리 이뤄지지도 않았고 쉽지도 않았다. 학창시절 몇 번의 장학금을 받았지만 모두 1등을 차지한 학생이 장학금 수상 조건이 아니었을 때 받은 것이다. 이를 악물고 공부해도 매번 2등 아니면 더 낮은 등수의 학생이었다. 루더포드에게 위대한 자산이 있다면 지능이 아니라 노력과 투지이다. 그것이 그로 하여금 수많은 장애물과 난관을 이겨나가도록 이끌었다. 그가 이룩한 업적 또한 화학자로서 오랜 경력 끝에 달성한 것이 대부분이다.

다시 한번 '성장하기' 목표에 노출된 학생들에게서 괄목할 만한 변화가 있음을 알 수 있었다. 그들은 전공 교과에 더 많은 열정을 보였으며 화학 지식 획득에 더 많은 자신감을 보였다. 동료들에게 협조를 요청하는 경향도 많았으며 화학적 재능은 타고난다고 생각하는 경향도 덜했다. 아이러니한 것은 '평가받기'보다 '성장하기'에 주안점을 두었는데도 더 높은 점수를 획득했다는 것이다. '성장하기' 그룹은 화학 실험을 할 때마다 향상된 수행 능력을 보여주었다. 반면 능력 증명에 초점을 둔 학생들은 수행 능력이 하락했다. '성장하기' 그룹의 학생들이 마지막 기말시험에서 비교 집단에 비해 점수가 10퍼센트 이상 높았다.

최근까지 나는 목표의 전염성에 대해 연구를 계속해왔으며 이를 더욱 폭넓게 적용하려고 시도했다. 한 강좌가 아니라 대학 생활 전반에 적용시키고자 한 것이다. 교육심리학의 최근 연구는 대학 생활의 적응 능력이 학문적, 사교적 성취의 열쇠라고 보고하고 있다. 적응 방법을 잘 알고 있다고 생각하는 학생들일수록 자퇴를 하지 않는다는 것이다. 나는 약간 전염성이 있는 '성장하기' 목표를 통해 학생들이 대학 생활에서 마주하는 어려움에 대처하는 능력이 향상될 수 있는지를 보고 싶었다. 다시 한번 나는 전기물을 사용했는데 이번에는 '성장하기'에 초점을 둔 동료 학생에 관한 내용이었다.

엘렌은 인디아나의 아주 작은 마을에서 태어난 3학년 학생이다. 미국 땅 절반을 가로질러 대학에 입학할 당시만 해도 짜릿한 흥분에 휩싸여 있었으나 입학과 함께 엘렌은 문화적 충격을 받고 말았다. 입학생들은 자기처럼 직접 요리를 해 먹지도 않았으며 자기 명의의 수표를 사용했고 세탁기도 소유하고 있었다. 고향에 있을 때는 주변의 모든 사람들이 익숙한 사람이었지만 대학에서 만난 사람들은 전부 낯선 이들이었다. 그리고 학문적으로도 더 뛰어난 모습을 보였다. 교수들은 매주 읽어야 되는 과제를 내주었고 그녀는 수많은 시험과 과제물에 싸여 첫 한 달을 보내야 했다. 그렇게 몇 주가 지나자 그녀는 짐을 싸서 고향으로 돌아가고 싶은 충동이 들었다. 하지만 그녀는 중도 포기를 하지 않았다. 그녀는 학습 계획을 세웠고 전공 강의를 준비하기 위해 시간을 안배했으며 자기관리에도 주의를 기울였다. 조금씩 적응하기가 쉬워진다고 느낀 것은 1년 후였다. 더 이상 뒷줄에 앉아 낙담하지도 않았고 대학 생활도 차츰 질서가 잡히는 느낌이었다. 물론 아직도 문화적 충격을 받을 때가 있었지만 엘렌은 그런 일은 누구에게나 일어난다는 것을 알았다. 하고자 마음을 먹는다면 적응할 수 없는 것은 없었다.

이 이야기를 나는 대학에서 첫 학기를 시작할 학생들에게 해주었다. 그리고 그들이 이 '성장하기' 목표에 노출됨으로써 어떤 영향을 받는지, 첫 학기를 어떻게 보내는지를 통제 집단과 비교해 관찰했다. 데이터를 살펴보았을 때 10분 만에 그 결과를 알 수 있었다. 이 이야기에 노출된 학생들은 통제 집단의 학생들에 비해 '성장하기' 목표를 설정하는 경향이 많았으며 학문적으로도, 사교적으로도 경쟁력 있는 대학 생활을 하고 있었다. 학생들은 자신들의 학업 능력이 타고난 자질에 영향을 받는다고 생각하지 않았다. 노력의 가치를 믿는 것은 물론 자신감도 상당했으며 평점 또한 높았다.

어떻게 해야 의도하는 목표를 아이들과 학생들 그리고 직장인들에게 전염시킬 수 있을까? 롤 모델을 찾는 것이 시작일 수 있다. 목표에 도전하고 또 달성한 위인들의 이야기는 인물과 목표에 대한 호감도를 상승시킨다. 가능하다면 대상자들이 실제로 알고 있고 존경하는 사람일수록 좋다. 나는 화학과 학생들 모두가 어니스트 루더포드의 사진을 기숙사 방에 걸어놓았을 것이라고 생각하지는 않는다. 이런 행동이 필수적인 것은 아니지만 그렇게 함으로써 전염의 가능성이 높아지는 것은 사실이다. 물론 여러분이 직접 적합한 롤 모델을 찾을 수도 있다. 부모님, 선생님, 코치나 매니저 등등 우리 주위에는 사람들을 격려하고 목표 설정에 도움을 줄 수 있는 이상적인 위치에 있는 사람들이 많다. 그들이 우리를 위해 정확히 무엇을 할지 알지 못해도 상관없다.

• 스스로 결정한 선택이라고 느끼자

타인에게 목표를 할당하고 싶을 때는 가능하다면 그 목표를 달성하기 위해서 어떻게 해야 되는가를 그들이 직접 선택할 수 있게끔 하는 것이 좋은 방법이다. '사적인 선택'이라는 느낌은 동기 부여를 높인다. 직접 결정했을 때 그 목표의 가치가 상승한다.

• 공식적인 약속으로 만들자

사적인 선택이 약속이 되면 목표는 개인적 다짐의 차원을 넘어서게 된다. 목표 달성을 공식적으로 약속하면 이 또한 동기 부여를 높인다. 사람들은 약속이 깨지는 것을 본능적으로 혐오한다. 기억해야 할 것은 이 방법은 오직 계약을 유지하는 동안에만 동기를 유지할 수 있다는 점이다.

• 적절한 수단으로 자극하자

목표 추구를 무의식적으로 촉발할 수 있다. 의식적으로 노력하지 않으면서도 목표 달성을 위해 달려가는 것이 가능하다. 목표와 관련된 수단을 사용할 수 있다면 그것이 단어이든 사물이든 상관없이 무의식적 촉발이 가능하다.

• 프레임을 형성하자

프레임 설정을 적절하게 하면 사람들의 생각과 목표 설정에 영향력을 미칠 수 있다. 사람들은 향상의 기회와 마주했을 때 '성장하기' 목표를 선택한다. 타인과의 비교에 마주치면 '평가받기' 목표를 설정한다. 획득 동인을 자극하면 승급에 주안점을 두고 손실의 위험을 강조하면 예방 목표에 집중하게 된다. 주어진 과제가 어떤 것인지를 설정함으로써 그에 부합하는 목표를 선택할 수 있는 환경을 만들 수 있다.

• 목표의 전염성을 높이자

목표는 전염성이 있다. 누군가가 어떤 목표를 추구하는 것을 보는 것만으로도 강력한 동기 부여를 촉발할 수 있으며 무의식적으로 동일한 목표를 활성화시킬 수 있다. 적절한 롤 모델을 사용하게 되면 전염성 또한 높아진다. 롤 모델과 목표가 당사자에게 긍정적이어야 한다는 것은 말할 것도 없다.

PART 3.
실행하라

8.
목표 달성을
방해하는 장애물
극복하기

주의 깊게 선택된 목표는 최선의 결과를 낳을 수 있다. 책의 초반부에서 소개된 것들을 활용할 수 있다면 동기 부여와 함께 노력을 극대화할 수 있는 목표를 설정할 수 있다. 그러고는 확고한 자신감 속에서 성공을 기다리면 된다. 하지만 꼭 그렇게 되지는 않는다. 목표를 달성하지 못할 가능성은 여전히 존재한다. 성공의 기회를 파괴하는 여러 가지 실수를 저지를 가능성이 아직 많기 때문이다.

많은 사람이 실패의 원인을 목표에 도달하기 위한 적절한 행동이 무엇이었는지 몰랐기 때문이라고 생각한다. 하지만 이 생각은 틀렸다. 기업의 전략적 행동이 목표 달성을 위해 무엇이 필요한지 몰랐기 때문에 실패하는 것은 아니다. 학생들 또한 열심히 공부해야 한다는 사실을 모르고 있지 않다. 사춘기 자녀의 방이 엉망진창인 것이 청소하는 법을 모르기 때문이 아닌 것처럼 말이다.

문제는 과제 달성에 필요한 행동을 실행하려고 할 때 더 많이 발생한다. 순간에 사로잡혀 기회를 놓치는 것이다. 너무 번잡하게 사고하기에 정작 중요한 것을 보지 못한다. 추구하는 목표의 종류에 맞지 않는 전략을 사용한다. 타인과 경쟁하려 하고 목표 추구에 간섭하려는 유혹에도 사로잡힌다. 또 일을 미루기도 하며 자신감을 상실하기도 한다. 그리고 너무 빨리 포기한다.

이 장에서는 우리가 목표를 추구할 때 종종 마주치게 되는 위험 요소에 대해 자세히 언급할 것이다. 그리고 그런 일이 왜 일어나는지도 얘기할 것이다. 과거 자신의 경험으로부터 몇 가지 사실을 인식할 수 있을 것이며 미래에 직면하게 될 도전 과제를 보다 명확하게 이해할 수 있을 것이다. 어떤 난관이 있다는 것을 안다고 문제가 풀리는 것은 아니다. 그 난관을 어떻게 다루어야 하는가를 알아야 한다. 앞으로 우리가 가장 흔하게 마주치게 될 난관을 다루는 방법을 차근차근 제시하도록 하겠다.

순간에 사로잡히다

목표를 달성하기 위해 동기 부여뿐 아니라 성실함이 필요하다는 것은 말할 필요도 없다. 놀랄 만한 사실은 성실하다는 것이 여러분이 생각하는 것만큼 목표 달성을 보장하지 않는다는 점이다. 연구에 따르면 목표 달성 가능 유무에서 성실이 차지하는 비중은 20~30퍼센트 정도라고 한다. 이는 성실해도 70~80퍼센트는 실패한다는 말이다. 지옥으로 가는 길이 좋은 의도로 포장되어 있는지는 알 수 없지만 성실했음에도 우리는 실패할 수 있다.

우리를 실패에 직면하게 하는 가장 큰 실수는 시기 적절하게 행동해야 할 때를 놓칠 경우 발생한다. 아침 일찍 일어났을 때를 떠올려보라. 아침 식사를 하고 아이들이 학교에 가는 것을 바래다줄 수 있다. 시계를 보았는데 아직도 출근 시간에 20분의 여유가 있다. 그 시간 동안 무엇을 할 수 있을까? 시간을 활용하는 방법은 많다. 이 20분을 여러 가지 다양한 목표를 위해 사용할 수 있다. 운동으로 시간을 보낼 수 있으며 영수증을 계산할 수도 있고 옷장을 정리하거나 받지 못한 전화에 응답할 수도 있다. 이메일을 확인하거나 집 청소를 할 수도 있으며 빨래를 갤 수도 있다. 이 시간 동안 어떤 목표를 위해 움직여야 할까? 쉽지 않은 선택이라 할지라도 이것들 중 당신에게 보다 중요한 것이 있다. 잠깐 동안 생각할 시간을 가진 후 무엇을 하기로 결정했다면 곧 그 일을 어떻게 할지도 생각해야 한다. 짧은 산책으로 운동을 대신할 수도 있으며 앉았다 일어나기를 반복할 수 있고 요가 영상을 틀어놓고 동작을 따라 할 수도 있다. 설거지도 집 청소에 해당하지만 욕조 변기를 닦는 것도, 어질러진 장난감을 정리하는 것도 집 청소이다. 무엇을 할 것인지 어떻게 할 것인지를 생각하는 동안 시간은 흘러간다. 그리고 이 모든 것을 고려하는 순간 이런 생각이 들 수 있다. '됐다. 시간이 그렇게 많은 것도 아닌데.' 이제 할 수 있는 것은 소파에 앉아 스마트폰을 보는 일뿐이다.

하루 내내 우리가 의식하건 하지 못하건 목표에 영향을 줄 수 있는 기회가 주어진다. 그 순간마다 무엇을 해야 할지 끊임없이 선택을 해야 한다. 다시 한번 말하지만 의식할 수도 있고 의식하지 못할 수도 있다. 많은 목표가 우리 앞에 나타나고 또 그만큼 많은 방해물이 우리 앞에 나타난다. 그러니 하루 동안 수많은 기회를 놓치고 하루를 보낸다고 해서 놀랄 일이 아니다. 이런 상황 속에서 우리는 어떤 목표에 공을 들여야 할까? 지금은 어떤 목표에 적절한 상황인가? 어떤 행동을 할 수 있을까? 언제, 어디서, 또 어떻게? 우리 목표에 영향을 끼칠 수 있는 결정들을 신속하게 내리기는 어렵다. 우리가 이 모든 것을 고려하는 동안 기회는 사라질 수 있다(이 딜레마를 해결할 수 있는 해법은 다음 장에 나올 것이다).

그리고 또 다른 난관이 있다. 모든 목표가 즐겁지만은 않다는 것이다. 달갑지 않은 일을 해야 할 때는 적절한 시기를 그냥 흘려보내고 싶은 유혹도 함께 찾아온다. 헬스장에 가야 할 때를 떠올려보라. 삶의 패턴이 이런 식이다. 규칙적으로 운동하고 싶은 소망도 우리 몸에 있지만 운동하기 싫은 게으름도 우리 몸에 남아 있다. 우리 오빠 데인은 고등학교 때 운동선수였다는 사실을 25년이 지난 지금도 자랑삼아 얘기한다. 아쉽게도 이 운동선수 유전자는 나를 비켜갔지만 나도 노력을 했다면 반쪽짜리 운동선수는 되지 않았을까 생각할 때가 있다. 하지만 나는 제대로 시도한 적이 없다. 달리는 것도 즐겁지 않고 무거운 것을 드는 것도 싫으며 땀 내는 것 자체에 흥미가 없다.

그럼에도 불구하고 운동을 해야 한다는 것은 잘 알고 있다. 건강을 위해서도, 더 솔직해지자면 몸매 관리를 위해서도 이보다 좋은 방법은 없기 때문이다. 운동하기는 내게 가장 중요한 목표이지만 실제로는 한 번도 제대로 해본 적이 없다. 사용하지 않은 헬스클럽 회원증이 잔뜩 쌓였고 먼지만 앉은 운동기구, 가격표를 떼지 않은 운동복만 남았다. 이런 경우 내가 늘어놓는 변명은 많은 부분 여러분의 그것과 닮았을 것이다. '바빠서 오늘은 그만.'

정직한 변명 같지만 돌이켜보면 그렇지도 않다. 운동할

시간이 없다는 것은 사실이 아니다. 시간은 항상 있다. 잠을 자거나, 긴 점심시간을 갖거나, 늦게까지 일을 하거나, 친구들과 저녁 술자리를 갖는 것처럼 무언가를 할 수 있는 시간은 늘 있기 마련이다. 시간이 주어질 때마다 목표를 위해 움직일 수 있었지만 다른 목표를 하기로 결정한 것뿐이다. 이런 식의 결정들은 항상 의식적으로 이루어지지 않는다. 나는 그냥 운동하기를 잊어버리고선 뒤늦게 알았을 뿐이다. 그것이 아니라면, 덜 중요하지만 훨씬 즐거운 목표에 에너지를 쏟아붓고 싶었을지도 모른다(맞다. 운동하는 것보다 늦게까지 일하는 편이 더 낫다. 나는 그렇게나 운동을 싫어한다).

또 목표가 마음속에 진정으로 설정되어 있지 않으면 기회를 상실하기가 더욱 쉽다. 일에 매달려 너무 많은 시간을 보내면 불현듯 그날 하루 하고자 했던 것을 시도하기엔 시간이 부족하다는 것을 알게 된다. 우리를 둘러싼 조건이 무엇이 되었든 기회가 손가락 사이로 사라지기 전에 움켜쥐어야 하는 것이 중요한 과제이다. 실현할 수 있는 목표를 두고 망설이지 않아야 하고 방해물에 한눈을 팔지도 않아야 한다.

장애물을 효과적으로 방어하기

동기 부여가 강한 목표일지라도 방어책이 필요하다. 방해물과 유혹은 어떤 식으로든 끼어들려고 한다. 이때 자기통제력이 발휘되어 귀찮은 훼방꾼들을 물리쳐야 하지만 종종 자기통제력이 시원치 않을 경우가 있다. 결정적인 순간에 자기통제력을 발휘할 수 없게 된다. 이런 순간을 위해 우리는 머릿속에 방어막 기제를 내장하고 있어야 한다. 심리학자들은 이를 '심리적 차폐막goal shielding'이라고 부른다. 하지만 차폐막 또한 소용이 없을 수 있다. 영화 〈스타트렉〉의 팬이라면 알 것이다. 너무 혹사당해 약해져 있으면 신의 방패라도 뚫리기 마련이다.

다행이라면 자기통제력을 높이고 차폐막을 강화할 수 있는 방법이 있다는 것이다(다음 장에서 설명할 것이다). 이 방법을 잘 활용하면 여러 가지 방해물들을 효과적으로 차단할 수 있다. 하지만 차폐막이 제대로 작동하고 있을 때에도 어려운 과제가 닥치면 방어가 되지 않는 경우가 있다. 이는 경쟁적인 두 목표가 자기통제력을 약화시킬 때 가장 많이 일어난다.

거의 모든 목표가 서로에 대해 경쟁적이다. 한 가지 목표를 위해 시간을 투자하는 것은 곧 다른 목표를 위해 사용할 시간을 소비한다는 뜻이다. 지금 내가 이 책을 쓰고 있는 것은 아이와 함께 할 시간이나 운동할 수 있는 시간을 이쪽으로 소비

했다는 말이다. 하지만 극복할 수 없는 장애물은 아니다. 글을 쓰고자 하는 목표, 엄마 역할을 해야 한다는 목표, 그리고 건강해져야 한다는 목표는 어떤 의미에서 상호배타적이지 않다. 잘 다루기만 하면 세 가지 목표 혹은 그 이상의 것을 추구할 수 있는 시간을 확보할 수 있다. 정말 어려운 과제는 두 가지 목표가 기본적인 측면에서 상충할 경우이다. 하나를 달성하기 위해선 다른 하나를 희생해야 된다는 의미이다. 사치와 검박을 동시에 누릴 수 없으며 집과 같은 편안함을 추구하면서 배낭여행을 할 수는 없다. 체중 감량을 시도하는 동안 식도락을 즐길 수는 없는 노릇이다. 특히 마지막 충돌은 다이어트를 시도하는 사람이면 모두 마주치는 문제로 왜 수많은 다이어트 시도가 실패하는지를 일부분 설명한다.

다이어트를 할 때 마주치는 상충되는 이 두 욕구는 양립 불가능한 목표이다. 초콜렛 케이크나 튀김 요리를 마주하게 되면 두 가지 욕구 '먹고 싶다'와 '먹지 말아야 한다'가 촉발된다. 상충하는 두 목표가 머릿속에서 활성화되면 그중 하나는 차단하는 것으로 반응하기 때문에 심리적 차폐막은 적절하게 운용되어야 한다. 예를 들어 체중 감량이 목표라면 이 목표를 달성하기 위해선 식욕이 완벽하게 불활성화되어야 한다(이는 다른 말로 '사고 차단'이라고도 한다. 사고 차단은 사고 억제와는 다른 말이다. 코끼리를 생각하지 말라는 말을 들으면 아이러니하게도 코끼리를 계속 생각하게 된다. 사고 억제는 마음속에 떠오르는 생각을 의식적으로 무시하려는 것이지만 사고 차단은 무의식적으로 특정 생각이 활성화되지 않도록 만드는 것이다). 심리적 차폐막이 맛난 음식을 과식하고 싶은 생각을 차단해야 하는 것이다. 하지만 현대사회는 음식에 손쉽게 접근할 수 있는 환경이다. 과식 촉발 인자는 곳곳에 널려 있다. TV와 잡지 광고, 진열대 위에 놓인 디저트들이 늘 사람들의 손길을 유혹한다. 이런 단서들은 사람들의 음식 욕구를 활성화시키도록 디자인된 것으로 심리적 차폐막의 에너지를 끊임없이 갉아먹는다. 만약 심리적 차폐막이 체중 감량 욕구가 아니라 먹고자 하는 욕구를 보호하게 되면 유혹이 승리하게 된다.

볼프강 스트뢰베Wolfgang Stroebe와 동료 연구진들은 실제 음식을 사용하지 않고 심리적 차폐막의 영향을 확인했다. 이들은 다이어트 그룹과 비다이어트 그룹으로 나눈 후, 참여자들을 먹는 즐거움과 관련된 단어들에 부지불식간에 노출시키는 실험을 했다. '맛나다', '군침이 돈다'와 같은 글에 노출된 후 참여자들은 컴퓨터 화면에 나타나는 일련의 문자를 주시하도록 요구받았다. 그리고 그 문자들이 진짜 단어인지(paper), 아니면 유사 단어인지(psper)를 판단하게 했다. 먹는 즐거움과 관련된 단어에 노출된 다이어트 그룹은 다이어트와 연관된 진짜 단어(slim, weight loss, diet)를 인식하는 데 반응이 느렸다. 이 느린 반응은 차폐막의 영향력을 설명하는 고전적인 사례이다.

식욕에 맞서 체중 감량이라는 목표를 지켜야 했던 뇌가 식욕과 함께 체중 감량과 연관된 단어들까지 함께 차단했다는 뜻이다. 차폐막이 차단해서는 안 되는 것까지 차단해버린 예이다. 하지만 다이어트를 하지 않는 그룹에서는 이 효과가 나타나지 않았다. 이들의 뇌는 체중 감량 목표도, 그럴 의향도 없었기 때문에 '먹어야 한다'와 '먹지 말아야 한다' 같은 충돌이 동시에 일어나지 않았다. 차폐막이 아예 작동하지 않았다고 보면 된다.

상호 양립이 불가능한 목표들 사이의 충돌은 동기 부여의 측면에서 아주 다루기 힘든 문제 중의 하나이다. 어느 것 하나를 포기함으로써 딜레마를 풀 수 없을 때가 더욱 그렇다. 해법은 주어진 목표에 따라 당사자가 시간과 장소를 주도할 수 있게끔 아주 조심스럽게 설계하는 데 있다(다음 장에서 자세히 논의될 것이다).

때로는 점검이 필요하다

잘하고 있다는 느낌을 받을 수 없으면 실질적으로 성공을 달성하기는 불가능하다. 가속을 해야 할 것인가? 아니면 속도를 늦출 것인가? 더 노력해야 할까? 아니면 다른 방식을 찾아야 하는 것일까? 마땅한 방도가 없다. 그동안 맹목적으로 했기 때문이다. 우연치 않게 목표에 도달할 수 있지만 그런 일은 아주 드물다. 기본적으로 동기 부여 체계가 파괴되었기 때문에 어떤 반성적 고찰을 할 수도 없기 때문이다. 목표가 설정되면 우리 두뇌는 아주 단순한 원칙하에 움직인다. '간극을 줄여라.' 이는 심리학자들이 말하는 '도달하고 싶은 목표'와 '실제로 도달해 있는 곳' 사이의 차이를 뜻한다. 두뇌는 이 둘 사이의 간극을 탐지하면 간격을 메우기 위해 행동을 취한다. 그런데 만약 반성적 고찰을 하지 못하면 지금 무엇을 잘하고 있는지 정보가 없기 때문에 간극을 탐지할 수가 없다. 아무런 일도 일어나지 않는다.

때때로 외부 세계로부터 반성적 고찰이 오는 경우가 있다. 학교에서 받은 성적이나 직장 상사의 평가, 웹사이트를 방문하는 사람의 수 같은 것이다. 하지만 반성적 고찰은 생산적이어야 한다. 다른 말로 하면 내가 얼마나 잘하고 있는지를 알아야 한다. 심리학에선 이를 '자기 점검self-monitoring'이라고 하는데 어려운 목표에 도달하기 위해 필수적으로 요구되는 기능이다. 그렇지만 우리가 여러 가지 이유로 무시하는 기능이기도 하다.

이유 중 하나는 '자기 점검'에도 어느 정도의 노력이 필요하기 때문이다. 목표를 추구하면서 자신의 수행 능력을 평가하기 위해 정보를 수집하기는 어렵다. 비유하자면 급한 상황에서 길을 잃었을 때 방향을 찾기 위해 차를 멈추어야 하는 것과 마찬가지이다. 실제로 이것이 올바른 행동이지만, 차를 정지시킬 때 오는 불편한 감정을 감수해야 한다. 대개 아무 곳에나 도착하기를 바라지 않으면서도 길을 잃었다는 신호를 무시하고 그냥 가던 길을 간다.

자기 점검이 어려운 또 다른 이유는 부정적인 정보와 마주할 가능성이 크기 때문이다. 제대로 하고 있지 못하다는 정보는 심리적 고통을 가져온다. 이는 자존감에 타격을 입힐 수 있다. 하지만 이 정보는 실제 목표를 달성하고자 할 때 필수적인 정보다. 목표 도달에 성공하기 위해선 태세 전환이 필요하다. 무엇을 잘못하고 있는지 알지 못하는 한 목표 달성은 일어나지 않는다.

다이어트를 하는 사람들처럼 나 또한 체중계에 올라설 때마다 걱정에 사로잡힌다. 옛날에 이런 걱정을 하지 않기 위해 내가 취한 태도 중의 하나가 아예 체중계에 올라서지 않는 것이었다. 이는 다소 무분별하게 먹고 마셨다는 것을 알고 있었다는 의미이다. 먹거리 유혹에 많이 사로잡힐수록 체중계를 보고 싶지 않았다. 체중계에 올라서는 것이 몸무게 증가를 야기하는 것은 아니지만 몸무게가 몇인지 알지 못하는 한 마음은 편했다(어디선가 많이 들어본 소리 아닌가? 체중에 고민하지 않는 독자들이라면 성적표, 신용카드 빚 같은 단어들을 떠올려보라. 무슨 이야기를 하는지 알 수 있을 것이다).

몸무게에 대해서라면 나는 자기 점검을 하는 여러 방법을 익혔다. 이제는 매일 체중계에 올라간다. 바늘이 무게 증가를 가리키면 즉시 건강한 먹거리로 대체하고 통제할 수 없을 정도로 불어나기 전에 운동을 하며 옷 사이즈를 지키려고 한다. 이는 체중 통제에 있어 매우 현명하고 효과적인 방법이다. 매주마다 의무적으로 체중을 재고 세심하게 먹거리를 관리하는 것은 다소 시간 소모적인 측면이 있지만 체중 감량 목표를 향해 자신이 관리를 잘하고 있음을 알리는 지표이다. 자기 점검은 목표 달성의 기초적인 부분이다.

필요한 것이 너무 적거나, 하지 못한 것이 너무 많다면

목표 추구 과정에서 우리가 저지를 수 있는 실수의 대부분은 크게 두 개의 범주로 나눌 수 있다. 첫째가 '전략 결여underregulation'라고 부르는 범주이다. 성공을 달성하기 위해 해야 할 일을 충분히 하지 않는 것을 일컫는다. 이 장에서 언급한 기회 상실과 자기 점검을 하지 않는 것 등은 모두 '전략 결여'의 한 예에 해당한다. 유혹을 회피하기 위한 자기통제력, 충동 억제 상실도 모두 '전략 결여'의 예가 된다. 앞으로 여러분과 나누게 될 이야기의 대부분은 이와 같은 위험 요소를 어떻게 다룰 것인가에 대한 것이다. '전략 결여'는 상당히 자주 마주치는 문제이다.

두 번째 범주의 실수는 '전략 착오 misregulation'라고 부른다. 이름에서 암시된 것처럼 목표 달성에 효력이 없는 전략을 선택하는 것을 말한다. 최선을 다하면서도 실질적으로는 성공의 가능성으로부터 멀어진다. 잘못된 방법을 선택하기 때문이다. 예를 들어 정확성을 기해야 할 때 속도를 강조하는 경우를 들 수 있다. 또 음식의 유혹에 저항하려다 식욕이 당겨지는 경우도 여기에 해당한다. 무언가를 떠올리지 않기 위해 사고 억제를 하는 것은 거의 대부분 제대로 작동하지 않는다. 억제할수록 반동력도 커진다.

이 '전략 착오'가 발생했을 때 적절한 조언을 하기는 어렵다. 한 목표에 제대로 작동하는 전략이지만 다른 목표에는 효력이 없을 수 있기 때문이다. 모든 목표에 두루 적용될 수 있는 전략을 수립할 수는 없다. 여러분에게 줄 수 있는 최고의 조언은 자기 검열을 명확히 하라는 것밖에는 없다. 자신의 수행 능력을 평가하는 것만이 새로운 전략을 수립하는 최고의 방안이고 너무 늦기 전에 변화를 주는 것이 최상의 행동이다.

　　사람들은 실패의 원인으로 종종 엉뚱한 것을 지목하는 경우가 많다. 이 장을 읽은 독자들은 과거의 실패담을 환기할 수 있는 시간을 가졌으면 한다. 실패를 능력 부족 탓으로 생각하고 있었다면 사실은 잘못된 전략을 사용한 탓이다. 목표를 추구할 시간이 없었기 때문에 실패했다고 여겼다면 실상은 기회를 놓치고 있었기 때문이다. 무엇을 해야 할지 모르는 상태에서 움직인 탓이라고 생각했다면 동기를 유지할 반성적 사고를 하지 않은 탓이다. 문제점이 실제 어디에 놓여 있는지를 알았으니 이제는 해법을 찾아 나설 시간이다.

목표 달성을 방해하는 위험 요소를 극복하는 해법은 다음 장에서 제시될 것이다. 여기서는 아래의 사항을 마음에 새기고 넘어가도록 하자.

••

• 그저 행동하자

목표에 도달하기 위해 무엇을 해야 하는지 우리는 안다. 단지 실제 행동으로 옮기지 않을 뿐이다. 실행에 초점을 맞추는 것이 성공의 필수 조건이다.

• 때를 놓치지 말자

바쁠수록 추구해야 할 목표들이 한꺼번에 밀려온다. 목표들 사이의 선후 관계를 주의 깊게 보지 않기 때문에 기회를 놓친다는 사실을 기억하라. 목표를 달성하려면 실행할 기회가 사라지기 전에 꽉 움켜쥐어야 한다.

• 무엇을 해야 할지를 알자

찰나를 응시하는 순간, 바로 무엇을 해야 할지를 알 수 있다. 재빨리 실행하지 않으면 기회를 낭비하게 된다.

• 심리적 차폐막을 치자

추구하려는 목표는 방해물과 유혹, 상충하는 다른 목표로부터 보호받아야 한다. 이런 것은 당신의 의도, 에너지, 그리고 동기를 잠식할 수 있다.

• 자기 점검을 하자

목표를 달성하기 위해서는 주의 깊은 자기 검열이 요구된다. 잘하고 있는지 알지 못하면 행동과 전략을 목표에 맞게 수정할 수가 없다. 진척 상황을 수시로 확인해야 한다.

9.
목표
달성을 위한
계획 세우기

계획에 실패하면 실패를 준비하게 된다. _벤저민 프랭클린

계획이 중요하다는 것은 누구나 동의할 것이다. 인터넷에서 '계획'을 검색해보자. 이름만 봐도 아는 유명 정치인, 작가, 비즈니스 리더와 미국 헌법의 아버지의 계획 수립을 찬양한 문구들이 나열될 것이다. 경영 컨설턴트인 데이비드 알렌은 자신을 유명하게 만든 책 『끝도 없는 일 깔끔하게 해치우기』에서 조직 관리 기법의 핵심을 이렇게 말했다. "쏟아지는 정보를 직접 선택하도록 스스로를 훈련함으로써 우리는 '다음 행

동'을 계획할 수 있다." 사실 계획하지 않고 '즉흥적으로 하라'
고 충고를 하는 사람을 찾기란 어렵다.

동기 부여에 관한 연구를 통해 얻은 과학적 증거들에 의
하면 이 열광적인 계획 숭배자들의 말은 옳다. 약간의 진전된
계획만큼 목표 달성을 방해하는 위험 요소들과 효과적으로 싸
울 수 있는 전략은 없다. 여기서 내가 조언을 한마디 더 덧붙인
다면 '목표를 어떻게 달성할 것인지 구체적인 계획을 만들라'
는 것이다.

그리고 한 가지 더 중요하게 새겨야 할 것이 있다. 어떤
종류의 계획은 그렇게 썩 잘 작동하지 않는다. 이것이 계획의
무용성을 풍자한 명언이 있는 이유이기도 하다. 구글을 검색
하면 우디 앨런의 명언도 찾을 수 있다. "신을 웃게 만들고 싶
다면 당신의 계획을 말해주라." 존 레논의 노래 가사에는 "삶
이란 우리가 정신없이 계획을 세우는 동안 나타났다 사라지는
것이다"라는 말이 있다. 어떤 계획이 도통 무용지물인 데는 그
만한 이유가 있다. 예를 들어 설명하는 것이 가장 좋을 듯하다.
체중 감량을 목표로 하는 사람은 아래와 같은 계획을 세웠다.

1단계: 적게 먹기
2단계: 열심히 운동하기

어느 정도 그럴싸해 보인다. 단계가 있지 않은가? 기법적인 측면에서 계획은 맞지만 이건 계획이 아니다. 이런 종류의 '계획하기'는 기본적으로 핵심이 없다. 목표를 향해 나아가는 사람을 도울 수 있는 것이 무엇인지 아무런 이야기가 없다. 이런 방식으로 계획을 짜면 계획을 세웠다는 느낌만 있을 뿐이다. 대부분이 이런 식으로 계획을 세운다. 계획 속에 들어가야할 것은 실제 해야 할 행동 목록이다. 가장 중요한 세부 사항을 그대로 남겨둔 것은 계획이 아니다. 열심히 운동하겠다고 했으면 언제, 어디서, 어떻게 하겠다는 것인가? 적게 먹겠다는 것은 무엇을 덜 먹겠다는 것이고 얼마나 적게 먹겠다는 것인가?

목표와 마찬가지로 모든 계획이 동등하지는 않다. 효과적인 계획이 되려면 무엇을, 어디서, 어떻게 할 것인가를 정확하게 기술해야 한다. 이 장에서 계획을 어떻게 세워야 하는지 알려주고자 한다. 심리학의 연구 결과물을 여러분들과 함께 공유함으로써 특정한 형식의 계획이 가진 놀랄 만한 영향력을 소개하고자 한다.

계획은 구체적으로

1997년 워싱턴 DC에서 심리과학회의 '동기 부여' 학회가 열리는 동안 나는 청중으로 앉아 있었다. 대학원 2년 차였던 내게 단상 위에 앉은 학자들은 록스타나 마찬가지였다. 그들 중 독일 콘스탄츠대학에서 온 피터 골비처는 사회심리학계에서 가장 잘 알려진 학자였다. 당시 나는 어떤 영역에서 전공을 특화해야 할지 갈피를 못 잡던 상태였다. 그때 피터가 보여준 학술 논문은 나의 학문적 진로를 완전히 바꾸어버렸다고 해도 과장이 아니다.

그는 콘스탄츠대학에서 학생들을 대상으로 한 실험에 대해 얘기했다. 크리스마스 휴가가 오기 전 기말고사를 준비하고 있던 학생들에게 현대인들이 명절을 어떻게 보내는지에 관한 연구에 참여해줄 것을 요청했다. 연구에 참여한 학생들은 명절 기간 동안 자신이 크리스마스를 어떻게 보냈는지 상세히 기술한 에세이 한 편을 써야 했다. 에세이가 완성되면 크리스마스 시즌 48시간 안에 우편으로 부쳐야 했다. 참여 학생들의 절반에게는 추가적인 지시 사항이 있었다. 에세이를 정확히 언제, 어디서 쓸지를 결정하라는 지시 사항이었다. 그들은 이 결정 사항을 종이에 적어 연구자들에게 제출했고 기말고사를 준비하러 갔다.

크리스마스 연휴가 얼마 지나지 않아 에세이가 우편으로 도착하기 시작했다. '언제, 어디서'를 결정하지 않은 학생들은 32퍼센트가 에세이를 보내왔고, 작성 계획을 제출한 학생들은 71퍼센트가 에세이를 제출했다. 비계획자에 비해 두 배나 높은 수치였다. 아주 단순한 개입만으로 목표 완수가 두 배나 높아진 것이었다. 인간 행동에 대한 연구는 상당히 복잡하고 예측이 어렵기 때문에, 사회심리학자들은 작은 개입을 통해 행동에 영향을 줄 경우 아무리 작은 결과가 나와도 흥분한다. 그런데 골비처가 실시한 '계획하기'의 영향력은 내가 그때껏 들어본 적 없는 엄청난 충격이었다. 당장이라도 누군가에게 알려주고 싶었다. 그 순간 나는 목표와 동기 부여에 관해 공부하기를 결정했고 지금껏 나의 연구 주제가 되었다.

'만약 그렇다면'이 가진 영향력

계획하기의 좋은 점은 그 단순성에 있다. 달성하고자 하는 목표가 있을 때 '언제, 어디서, 어떻게' 달성할 것인지를 정확하게 기술하면 된다.

> 1단계: 적게 먹기 → 하루에 1500칼로리 이상 섭취하지 않기
> 2단계: 열심히 운동하기 → 월요일부터 금요일까지 출근하기
> 전 1시간 동안 헬스클럽에서 운동하기

골비처는 이런 종류의 계획하기를 '실행 의도implementation intentions' 형성이라는 간단한 명칭으로 불렀다. 겉보기에 간단하지만 실제로 이 계획하기에는 'If-then' 논리가 적용되어 있다. '만약(If) 이런 상황이면(then) 이렇게 행동할 것이다.'

크리스마스 에세이 과제에 대한 이야기를 들은 후 여러 해가 지나 나는 박사 후 과정의 일환으로 뉴욕대학에서 골비처와 그의 아내 가브리엘 괴팅겐Gabriele Oettingen과 함께 연구할 기회가 생겼다. 펜실베이니아 대학에서 온 안젤라 덕워스Angela Duckworth도 참여한 이 연구에서 우리는 '실행 의도'를 검증하려고 했다. 실험에 참여한 사람들은 자기절제력과 실력이 부족하기로 악명 높은 10등급 학생들이었다. 이들은 모두 가을에 있을 대학 입학 예비고사를 치러야 했다. 5월에 우리는 학생들에게 10권의 예비고사 문제지를 주고 여름방학이 끝나고 학교로 돌아갈 9월에 문제지를 다시 회수할 것이라고 얘기했다. 학생 절반에게는 여름방학 동안 언제, 어디서 문제를 풀겠다는 계획을 말하도록 했다. 예를 들어 '아침 식사 후 내 방에서'와 같은 말을 우리에게 해야 했다. 우리는 여름방학이 끝날 때까지 학생들에게 그 계획을 상기시키지 않았다. 계획을 종이에 적어두라는 지시조차 내리지 않았다. 9월이 되어 문제지를 회수하게 되었을 때 비계획 집단의 학생들이 평균 100개의 문제를 푼 반면 계획 집단의 학생들은 250개의 연습 문제를 풀었다는 것을 알았다. 다시 한번 두 배 이상의 차이를 확인한 것이다.

언제 어디서 해야 할까

이와 같이 계획은 우리가 목표를 달성하고자 할 때 상당한 영향력을 행사한다. 건강 관리 목표를 설정했을 때 우리는 '질병에 관한 TV 프로그램'을 보는 것을 동기 부여의 수단으로 삼을 수도 있으며, '도넛이나 담배'와 같이 먹고 싶은 것들을 멀리하는 것으로도 수단을 삼을 수 있다. 건강 관리 목표를 달성하고자 할 때 대부분의 사람들은 도움을 받을 수 있는 모든 수단을 활용한다. 이때 'If-then' 계획은 의사의 지시 사항과 같은 역할을 한다.

영국 북부 지방의 200여 명의 성인 남녀를 대상으로 한 달 동안 체중 감량이라는 목표를 달성하도록 한 연구가 있다. 참여자들의 절반은 어떻게 지방을 덜 섭취할 것이며 어떤 운동을 할 것인지를 'If-then' 계획으로 세우게 했다. 그 결과 이 그룹의 참여자들은 전체적인 지방 섭취량을 성공적으로 줄일 수 있었으나 계획을 세우지 않은 비교 집단의 참여자들은 지방 섭취량이 소폭 상승했다. 'If-then' 계획은 금연에도 도움이 된다는 연구 결과가 있다. 두 달 과정에서 계획을 세운 참여자들은 비교 집단보다 높은 금연율을 보였다. 또 계획 수립 집단의 참여자들은 12퍼센트가 완전한 금연에 성공했지만 대조 집단은 단지 2퍼센트만 금연에 성공했다.

유방암 자가 검진은 모든 여성이 신경을 쓰는 중요한 건강 관리법이지만 정기적으로 검진을 하는 여성들은 극소수이다. 또 다른 연구에 따르면 언제, 어디서 자가 검진을 할 것인지 계획을 세운 여성들은 100퍼센트 검진을 시행했지만 계획을 세우지 않은 비교 집단의 여성들은 단지 53퍼센트만 자가 검진을 했다. 두 그룹 모두 자가 검진을 시행하려고 하는 열정이 강했음에도 결과는 다르게 나온 것이다. 자궁경부암 검진에서도 유사한 결과가 나왔다. 계획 집단은 92퍼센트, 계획을 세우지 않은 집단은 60퍼센트의 비율을 보였다. 또 운동 프로그램 고수하기에서는 계획 그룹은 91퍼센트, 계획을 세우지 않은 그룹은 39퍼센트의 실행률을 보였다.

골비처와 그의 동료 파스칼 시어런Paschal Sheeran은 'If-then 계획'의 영향력을 측정한 94건의 연구를 통해 계획 수립하기가 모든 영역에서 목표 달성률을 높인다는 사실을 밝혔다. 대중교통 이용하기, 유기농 음식 섭취하기, 봉사활동, 교통 규칙 준수, 금주, 금연, 자원 재활용, 고정관념 및 편견 피하기, 수학 문제 풀기 등등 우리가 목표를 설정하고 그에 도달하기 위해 간단한 계획을 수립하는 것만으로도 목표 달성률을 높일 수 있는 것이다.

'If-then 계획'은 사실상 비협조적인 환경 속에서도 작동한다. 헤로인 중독 프로그램에 참여한 사람들을 대상으로 한 연구가 이를 증명했다. 실험에 참여한 환자들은 여전히 금단 증상으로 고통을 받고 있었는데 이들은 오후 5시까지 짧은 이력서를 작성하게 되어 있었다. 이력서를 통해 병원 관계자들은 헤로인 중독 환자들이 퇴원할 준비가 되었을 때를 파악할 수 있었다. 그날 아침 의무 사항이 전달되었을 때 환자들의 절반에게 언제, 어디서 이력서를 작성할 것인지를 물었다. 오후 5시가 되자 연구자들은 비계획자 집단의 그 누구도 이력서를 완성하지 않았다는 것을 알았다. 하지만 계획자 집단은 80퍼센트가 이력서를 제출했다.

조현병 환자와 전두엽 손상 환자를 대상으로 한 추가적인 연구도 주목해야 한다. 이 두 집단은 목표 추구에 어려움이 따른다는 사실이 의학 연구를 통해 입증된 바 있다. 하지만 결과는 비슷하게 나왔다. 정신질환과 전두엽 손실을 겪은 사람들조차 계획을 수립함과 동시에 목표 달성률이 극적으로 높아졌다. 우리가 상상한 수준 이상의 결과였다.

이는 적어도 '누가' 목표를 추구하는지, 그것이 '어떤 목표인지'와 같은 문제가 그렇게 중요한 사안이 아니라는 점을 시사하는 듯하다. 목표 달성을 위해 언제, 어디서, 어떻게 행동하겠다는 계획을 세우는 것만으로 성공 가능성이 획기적으로 높아지기 때문이다. 이제 한 가지 질문만이 남는다. 어떻게 해서 '계획하기'와 같은 단순한 전략이 이렇게 강력한 영향력을 갖는 것일까?

무의식과 연결되는 계획

앞 장에서 우리가 목표를 달성하고자 할 때 가장 흔히 발생하는 문제가 행동을 취할 기회를 잃어버리는 것이라고 말했다. 이런 일은 우리가 다른 목표에 사로잡혀 있거나 다른 것을 생각하느라 목표를 잊었을 때 일어날 수 있다. 또 목표를 달성하기 위해 해야 할 일을 마지못해서 할 때도 이런 일이 발생한다. 그런 경우 해야 할 일이란 재미가 없기 때문이다. 이유가 어찌되었든 우리는 계속 목표를 달성할 수 있는 기회를 놓치고 살아간다. 목표 달성에 성공하기를 원한다면 순간에 집중할 필요가 있다. 이것이 바로 'If-then 계획'이 필요한 이유이다.

목표 달성을 위해 언제, 어디서, 어떻게 하겠다는 결심을 세우면 우리 두뇌에 경이로운 일이 일어난다. 계획적 행동은 상황과 단서를 연결해 행동이 수반되도록 만든다. 부모님에게 안부 전화를 드리는 상황을 가정해보자. 여러분의 목표는 일주일에 한 번 고향에 계신 부모님에게 전화하는 것이다. 목표설정 후 시간이 지나면 전화를 드려야 한다는 여러분의 생각에도 불구하고 깜빡하는 사태가 일어난다. 이럴 때 'If-then 계획'을 세우는 것이다. '일요일 저녁에는 엄마에게 전화를 드려야지.' 그러면 일요일 저녁이라는 상황이 오면 그것이 단서가 되어 '엄마에게 전화하기'라는 행동을 직접적으로 촉발하는 것이다.

상황을 단서로 만들게 되면 우리 두뇌는 곧바로 그에 따른 행동을 활성화한다. 이는 교실에서 선생님이 버몬트주의 행정 소재지가 어디인지 아는 사람을 물었을 때 학생들이 즉각 손을 드는 상황과 같다고 보면 된다. 마음속에서 활성화되는 순간 하지 않을 수가 없다. 어떤 상황이 되면 특정 행동을 하도록 조건화하면 우리가 어떤 특정한 일에 매몰되어 있을 때에도 이런 반응은 손쉽게 일어난다.

'If-then 계획'에서 '만약(If)'이라는 부분이 활성화되면 '그렇다면(then) …한다'는 반응은 의식적인 노력 없이도 자동적으로 일어난다. 우리의 두뇌가 특정 상황이나 조건을 단서로 인식할 때 어떤 행동을 해야 하는지 이미 알고 있기 때문이다. 의식적인 노력 없이 특정 행동을 유발할 수 있기 때문에 'If-then 계획'은 상당히 유용하다.

　　사람들은 무의식적으로 하는 행동이라고 하면 샤워하면서 노래 부르기, 손톱 물어뜯기와 같은 버릇을 떠올린다. 또 총소리와 함께 출발하는 100미터 수영선수와 같이 수많은 시간 동안 훈련한 기술을 떠올리기도 한다. 골비처는 이와 같은 의미에서 'If-then 계획'을 '즉석 습관instant habits'이라고 불렀다. 계획을 세운다는 것은 특정 행동이 '자동적'으로 반복되게끔 조심스럽게 환경과 조건을 단서화하는 것이다. 하지만 우리가 가진 다른 버릇과 달리 '즉석 습관'은 목표 달성을 방해하는 것이 아니라 도와준다.

　　'If-then 계획'의 또 다른 이점은 '자기통제력'이라는 귀중한 자원을 소모하지 않는다는 것이다. 의식적으로 상황과 조건을 탐지해 특정 행동을 하지 않고 무의식적으로 행동을 유발하게 되면 의지력을 덜 소모할 수 있다. 자기통제력을 보존함으로써 뒷날 필요할 경우에 쓸 수 있는데, 연구에 따르면 'If-then 계획'을 사용한 사람들은 뜻하지 않은 장애물을 만났을 때 더 집요하게 목표 지향적 행동을 하는 것으로 드러났다. 자기통제력을 소모하지 않았기 때문에 가능한 현상이다.

　　'If-then 계획 수립'이 단지 기회 포착에만 장점이 있는 것은 아니다. 유혹에도 상당한 저항력을 발휘하도록 하며 목표 추구에 방해가 되는 부정적 생각과 감정을 바람직한 방향으로 처리하게끔 한다. 다이어트를 시도하는 여성들을 대상으로 한 연구에서 'If-then 계획'의 효과가 증명되었다. 연구자들은 참가자들에게 자신이 가장 좋아하는 고칼로리 음식이 무엇인지 물었다. 이들의 목표는 다음 주 내내 자신이 선호하는 고칼로리 음식 섭취를 50퍼센트로 줄이는 것이었다. 참가자들의 절반은 계획을 세우도록 했다. '음식 생각이 나면 물(우유, 차)을 마실 것이다(산책할 것이다).' 그리고 이 계획을 소리 내어 세 번 반복하도록 했다. 일주일 후 비교해본 결과, 비계획 참여자들은 주당 네 번에서 세 번으로 음식 섭취를 줄였다. 절반 이상 줄여야 하는 목표에 견주어볼 때 성공률이 높은 편은 아니었다. 반면 계획을 세운 참가자들은 주당 네 번의 섭취에서 두 번으로 줄였다. 목표에 도달했을 뿐만 아니라 비계획 참가자들에 비해 두 배 이상의 효과를 보았다.

테니스 선수를 대상으로 한 연구도 있다. 경기에 대한 불안감과 피로감을 다룰 수 있는 자신만의 계획을 수립하게 한 후 다음 경기 때까지 계획에 따라 실행하도록 만든 것이다. 그들이 세운 계획의 예를 보면 이렇다. '불안감이 느껴지면 마음을 진정시키고 연습 경기인 양 생각할 것이다.' '불안할 때마다 심호흡을 하겠다.' 계획을 세운 선수들이 승패를 떠나 다음 경기에서 좋은 경기 결과를 보인 것은 물론이다. 이들의 경기 내용은 코치와 팀 동료들이 평가한 것으로 무계획 집단의 선수들에 비해 훨씬 향상된 경기력을 보였다.

기회를 놓치지 않는 것과 심리적 차폐막을 치는 데 있어서도 'If-then 계획 수립'보다 더 단순하고 효과적인 전략을 찾기는 어렵다. 나는 계획 수립을 어떻게, 왜 해야 하는지를 설명한 작은 책자를 만들어 다이어트 서적과 자기계발 서적에 끼워 넣는 생각을 가끔씩 한다. 또 의사들의 진료실과 헬스클럽의 접수대 주변에 놓아두고 싶은 생각도 있다. 의정 활동을 하는 몇몇 친구에게도 보내고 싶다. 달성하고자 하는 목표가 무엇이든 작은 계획을 세우고 시작한다면 성공의 확률이 더 높기 때문이다.

• 계획은 도움이 된다

목표를 달성하려고 할 때 우리가 직면하는 문제의 많은 부분은 'If-then 계획'을 세움으로써 풀릴 수 있다. 기회를 포착하려고 할 때, 유혹에 저항하려고 할 때, 그리고 불안과 의구심과 싸울 때도 계획은 우리에게 상당한 도움이 된다.

• 계획을 구체적으로 세우자

취해야 할 행동을 구체화하는 것이 목표 달성에 도움이 된다. '적게 먹자', '열심히 공부하자'와 같은 모호한 진술을 피하고 명확하고 자세하게 행동을 기술해야 한다. '잠들기 전 네 시간 이상 공부하자'와 같이 무엇을 해야 하고 어떤 행동을 하지 말아야 할지를 구체화시켜 다른 짓을 할 여지를 남기지 말아야 한다. 구체적일수록 좋다. 구체적이어야 우리 두뇌가 기회를 탐지하고 기회를 포착하기가 쉬워진다. 구체적으로 기술되어야 의식적으로 노력하지 않아도 자동적으로 행동을 하게 된다.

• 'If-then' 계획을 세우자

계획을 세울 때 '만약… 그렇다면… 할 것이다'라는 진술을 사용하라. '평일 저녁에는 잠자리에 들 때까지 내 방으로 가서 적어도 네 시간 이상 공부하겠다.' 이런 계획을 노트에 적고 몇 번이고 반복해서 읊조려 마음속에 내재화시키는 것이 좋다.

• 장애물들을 표적으로 삼자

장애물과 유혹은 목표를 추구하는 동안 끊임없이 일어나기 마련이다. 이런 것들을 어떻게 다루어야 할까? 'If-then 계획'을 그에 맞게 세우는 것이 하나의 방법이다. '만약 친구가 찾아와 피시방에 가자고 하면 나는 고맙지만 주말에 하자고 말할 것이다.' 이런 식으로 장애물을 다루면 목표를 추구하는 과정에서 최선의 결정이 무엇인지를 알 수 있다. 어떤 장애물과 유혹이 나타나더라도 성공으로 가는 길에서 벗어나지 않는다.

10.
자기통제력을 높이는 법

서른 살이 되던 해는 내게 그리 좋은 기억으로 남아 있지 않다. 첫 남편과 헤어졌으며, 박사 후 과정 때 지원받은 돈이 바닥나기 전에 새로운 직장을 찾을 수 있을지 확신할 수 없던 상태였다. 파국으로 끝이 난 첫 결혼의 상처와 함께 불명확한 미래와 싸워야 했다. 마음대로 먹고 마시면서도 운동은 포기하고 살았기에 체중이 급속도로 불어났다. 매일 밤 친구들과 어울려 술을 마시고 다음 날 오후까지 일어나지 못했다. 당연히 집은 엉망이었다. 직업이 변변치 않았음에도 충동적으로 돈을 썼다. 새 옷을 사고 근사한 레스토랑에서 저녁을 먹는 것만이 우울한 기분을 달랠 수 있는 유일한 방법이었다. 통장 잔고는 빠르게 바닥을 향해 달려가고 있었다. 인생을 통틀어 가장 우울한 때였을 것이다.

마침내 바닥을 딛고 다시 일어서기 시작했다. 이상하게 들리겠지만 태어난 지 10주 된 강아지를 입양한 것이 변화의 시작이었다. 루시는 아주 작은 슈나이저 품종으로 테리어 품종과 함께 키우기 까다로운 녀석이다. 우디 앨런의 말을 빌려서 얘기하자면 "신을 웃게 만들고 싶다면 슈나이저 훈련 계획을 그에게 말하라"가 될 것이다. 정확히 이 말 그대로였다. 루시는 정말 까다로운 개였다. 정기적으로 산책을 시켜야 했고, 대소변을 치워야 했으며, 안아주고, 먹여주고, 놀아주고, 아끼는 소장품이 한 눈 파는 사이에 망가지지 않도록 경계심을 늦추지 않아야 했다. 뉴욕시에 위치한 아파트에 사는 동안 이 지칠 줄 모르는 강아지를 위해 하루에도 몇 번씩 산책을 나가는 것이 일상이었다. 첫 산책은 아침 5시에 시작했는데 점심시간까지 늦잠을 자는 것이 버릇이었던 나로선 아주 중요한 변화였다.

루시와의 동거 기간 동안 나는 개를 돌보기 위해 상당히 많은 자기통제력을 발휘해야 했다. 온갖 수고로움을 감수하면서 계획을 세우고 인내력을 통째로 쏟아 부었다. 첫 몇 주는 믿기지 않을 정도로 힘들었는데 무언가를 책임져본 적이 없었던 탓이다. 하지만 시간이 지날수록 조금씩 수월해져갔다. 아침 5시에 일어나는 것을 시작으로 새로운 가족에게 익숙해져 갔다.

흥미로운 점은 내 삶의 다른 국면까지도 개선되기 시작했다는 것이다. 루시의 온갖 행패에도 불구하고 집은 깨끗해졌고 빨랫감이 쌓이는 일도 없었다. 통장의 잔고가 비어가는 속도도 줄어들었다. 학문적 경력을 쌓는 일도 다시 시작했다. 논문을 쓰고, 새로운 아이디어를 생각해내고, 학술회의에 적극적으로 참여하기 시작했으며, 결국에는 리하이대학 교수직에 응모하기도 했다. 그리고 서른한 살이 막 지났을 때에는 미래의 남편을 만나기에 이르렀다(그에게 미안한 이야기이지만 처음 보았을 때 좋은 점이라고는 없었다).

이 이야기를 길게 한 이유는 자기통제력이 무엇인지 그 일면을 알려주고 싶기 때문이다. 이 책의 서두에서 나는 자기통제력은 일종의 근육과 같은 것이라고 얘기했다. 우리 몸에 있는 근육과 마찬가지로 자기통제력도 사용하지 않으면 줄어든다. 첫 결혼에 실패하면서 나의 자기통제력은 몸을 침대에 눕혔다 일어날 수 있는 수준밖에 안 되었다. 강아지를 입양하고 키우게 되면서 다시 자기통제력이 불어나기 시작한 것이다. 마치 오랫동안 다니지 않던 헬스클럽을 다니게 된 것과 같은 상황이다. 루시와 함께 매일 자기통제력을 훈련하고 새로운 생활 습관을 몸에 익히면서 자기통제력이 점점 강해진 것이다. 이 경험을 통해 나는 새로운 과제와 씨름하면서 예전의 삶으로 다시 되돌아올 수 있다는 사실을 알게 되었다.

반복할수록 강해지는 자기통제력

자기통제력은 목표를 달성할 때 아주 중요한 역할을 한다. 이것은 학교 성적과 출석 그리고 표준화된 대부분의 시험 성적을 IQ보다 더 정확히 예견할 수 있다. 사실 인간 능력의 많은 부분이 이 자기통제력에 의지하고 있다. 많은 사람이 '자기통제력'이라는 말을 들으면 유혹에 저항하거나 욕망을 억누르는 것을 떠올린다. 하지만 자기통제력은 타인에게 좋은 인상을 주려 할 때에도 필요하고 무언가를 결정하는 순간에도 필요하다(쇼핑을 하고 난 후 피로감을 느낀 적은 없는가? 바로 자기통제력을 사용했기 때문이다). 좋은 소식이 있다면 지금 당장 갖고 있는 것보다 훨씬 더 강한 자기통제력을 계발할 수 있다는 것이고 다양한 방법으로 획득이 가능하다는 것이다.

마크 무레이븐은 성인 남녀를 대상으로 2주 동안 단것을 먹지 않게 하는 실험과 악력기를 사용해 운동을 하게 하는 실험을 했다. '단것 금지' 그룹은 케이크와 쿠키, 사탕 그리고 디저트와 같은 음식을 먹어서는 안 되었다. '악력기 운동' 그룹은 집으로 악력기를 가져가 전날의 두 배로 운동을 해야 했다. 두 과제는 모두 자기통제력이 요구되는 것으로 유혹에 저항해야 하고 육체적 불편함을 이겨내야 하는 것이다. 2주가 지난 후 무레이븐은 두 그룹의 참여자들이 컴퓨터로 프로그래밍된 집중 과제에서 능력이 눈에 띄게 향상된 것을 알았다. 이 역시 자기통제력이 요구되는 과제로 비교 집단의 수행 능력은 아무런 차이를 보이지 않았다는 측면에서 시사점이 있다. 결과적으로 근육처럼 정기적으로 움직여주면 자기통제력은 증가할 수 있다는 것이다.

강제적인 자기통제력 훈련 연구에서도 비슷한 결과가 나왔다. 참여자들에게는 헬스클럽 자유 이용권과 트레이너에 의해 짜인 개별 운동 프로그램이 주어졌다. 두 달간의 운동이 끝난 후 여기에 참여했던 사람들은 실험실에서 행해진 다양한 자기통제력 과제에서 능력이 증가했을 뿐만 아니라 생활의 다른 영역에서도 자기통제력이 증가한 것으로 관찰되었다. 예컨대 이들은 담배를 줄였고 알코올 남용이 적었으며 정크 푸드도 덜 먹었다. 참여자들 스스로 화를 예전보다 잘 참는 편이 되었고 충동적인 소비 습관도 줄었다고 했다. 싱크대에 접시를 쌓아놓지 않고 빨랫감도 묵히지도 않으며 공부 습관도 나아졌다고 보고했다. 이 말은 사실상 삶의 모든 국면에서 자기통제력이 사용된다는 것을 의미한다.

책의 서두에서 내가 아주 다양한 방식으로 이루어진 자기통제력 연구를 언급했었다. 욕설 금지, 혹은 비우세손을 사용해 일상적인 활동하기 같은 것으로도 자기통제력은 향상된다. 단지 매일 일어났다 앉았다 하는 동작만으로도 자기통제력 강화를 도울 수 있다. 이런 방법들의 공통점은, 항복하고 포기하고 신경 쓰지 말라고 끊임없이 설득해오는 유혹들과 싸우게 만든다는 것이다. 추구하고자 하는 목표에 적합한 활동을 선택해 8장에서 본 것과 같은 계획을 세워 일상에 적용해보라. 자기통제력이 약한 초창기에는 힘이 들 것이다. 하지만 약속할 수 있다. 멈추지 않는 한 시간이 지날수록 수월해지며 자기통제력 또한 성장한다. 그렇게 되면 더 나은 방향으로 삶의 모든 국면에 바람직한 충격을 줄 수 있다고 나는 확신한다.

소진된 자기통제력 회복하기

아널드 슈워제네거의 대단한 근육도 지치기 마련이다. 그가 노년에 접어들었음을 의미하는 것이 아니다. 〈코난 더 바바리안Conan the Barbarian〉에 출연했던 젊은 시절에도 반복된 액션 연기에 지쳐 칼을 들 수 없었던 적이 있었다고 했다. 크기가 어떻든 원래 가진 힘을 발휘하기 위해선 근육도 휴식이 필요하다. 근육을 키우는 웨이트 트레이닝 프로그램에도 휴식기가 반드시 들어간다. 자기통제력이라는 근육도 마찬가지이다. 아무리 자기통제력이 강하다고 하더라도 소진했을 때는 회복할 수 있는 시간이 필요하다. 이럴 때는 자기통제력이 요구되는 어떤 일이건 하지 않는 것이 이상적이지만 삶이라는 것이 그렇게 흘러가지는 않는다. 물리적인 근육은 지치면 휴식을 취하면 되지만 자기통제력이 바닥을 드러냈다고 해서 쉴 수 있는 상황은 우리 일상에서 잘 일어나지 않는다.

어떻게 해야 자기통제력이 회복되는 속도를 높일 수 있을까? 휴식을 선택할 수 없을 때 사용할 수 있는 몇 가지 전략이 있다. 그 중 한 가지는 목표의 '전염성'을 이용하는 것이다. 우리는 이를 '포착catch'이라고 부른다. 어떤 목표를 추구하고 있는 사람을 떠올리는 것으로 자기통제력을 회복하는 방법이다. 예를 들어 정기적으로 운동하는 친구의 모습을 지켜보는 것만으로도 자기통제력의 회복은 빨라진다.

이 전략을 사용할 때 주의해야 할 것은 '포착'은 특정 조건 아래에서 유효하다는 것이다. 누군가 열심히 일하는 것을 지켜보는 상황을 가정하자. 상당한 양의 자기통제력을 사용해 일하는 모습은 우리의 자기통제력을 회복시킬 수 있지만, 얼마 남지 않은 것까지 소진시킬 수도 있다. '이제 일하는 것만 봐도 진절머리가 난다', '먹는 모습만 봐도 지겹다'와 같은 상황이 일어 날 수도 있다는 이야기이다. 누군가가 유혹에 저항하면서 목표 를 추구하는 모습을 지켜보는 것은 전염성을 지닌다. 하지만 마음은 행동만을 지켜보지 않는다. 그들의 생각, 감정까지 함 께 모니터링한다. 그 때문에 마치 우리가 그 일을 하고 있는 것 처럼 우리의 자기통제력에도 영향을 미친다.

이와 같은 부정적 효과에 관한 연구가 있다. 실험 참가자 들은 아침을 거른 채 직장에 온 웨이터에 관한 글을 읽어야 했 다. 일하는 도중 끼니를 해결하는 것은 해고의 위험을 감수해 야 하는 도박이다. 이야기에는 레스토랑에서 내놓는 맛있는 음식들의 유혹과 허기를 참으면서 일을 하는 웨이터의 갈등이 상세히 묘사되어 있었다. 참가자들의 절반은 단순히 그 이야 기를 읽기만을 요구받았고 나머지 절반의 그룹은 웨이터가 된 것처럼 생각과 감정을 상상하라고 지시받았다.

그런 다음 모든 참가자들에게 자기통제력 테스트가 주어 졌다. 그들에게는 시계에서 자동차에 이르는 중저가와 고가 의 상품 리스트 12개가 주어졌으며 각각의 품목에 얼마의 가 격을 지불할 용의가 있는지를 적도록 했다. 우리는 자기통제 력이 낮은 상황이면 다소 무분별하게 소비할 것이라고 추정 했다. 학자들은 12개 품목의 가격을 평균을 냈는데, 웨이터의 상황과 감정을 상상했던 집단의 가격대가 대조 집단에 비해

6,000달러 이상 높았다. 감정이입으로도 자기통제력을 소진할 수 있다는 실험 결과였다. 그러므로 우리가 특별히 어려운 목표를 추구할 때는 세상사에 약간의 심리적 거리감을 유지하는 것도 때로는 아주 효과적인 전략이 될 수 있다.

'자기 격려pick-me-up'라는 감정 부양책을 통해 자기통제력을 끌어올리는 방안도 있다. 좋은 감정이나 기분을 유지하는 여러 방법으로 이 목적을 달성할 수 있다. 기분을 끌어올린다고 하면 술을 떠올리는 사람이 많겠지만 알코올은 자기통제력을 향상하는 데 전혀 도움이 되지 않는다. 단지 기분만 바꿀 뿐 술은 자기통제력을 오히려 약화시킨다. 자기통제력을 강화할 수 있는 감정 부양책으로 대표적인 것이 선물이다.

자기통제력을 소진한 사람들에게 아주 간단한 선물을 주는 실험이 있었다. 예를 들어 예쁜 리본으로 묶은 사탕 봉지 같은 것이다. 그런 다음 참여자들에게 자기통제력 테스트가 시행되었다. 식초 주스를 얼마나 마실 수 있느냐는 실험이었는데, 선물로 기분 전환을 시킨 집단은 아무런 선물이 주어지지 않은 집단보다 두 배가량 많은 식초 주스를 마셨다. 비교 집단은 약 76밀리리터를 마셨지만 이들은 약 155밀리리터를 마셨다. 게다가 이들은 자기통제력을 상실하지 않은 다른 집단에 견주어서도 더 많은 음료를 마셨다. 이는 선물과 같은 감정 고양책이 자기통제력의 수준을 매우 빨리, 그리고 평상 수준

이상으로 회복시킬 수 있다는 것을 의미한다. 코미디 영화를 보게 했을 때도 동일한 결과가 나왔다. 왜 그것이 나에게 중요한지 어느 정도의 가치가 있는지 생각하거나 글을 쓰는 방법도 감정 고양책의 하나이다. 우리의 감정을 끌어올릴 수 있는 것이면 무엇이 되었든 자기통제력을 회복할 수 있게 한다.

자기통제력을 회복하는 방법 중 하나로 언급하고 싶은 것이 하나 더 있다. 최근 연구에 따르면 자기통제력의 강도는 육체적인 징표로 드러난다는 것이 밝혀졌다. 자기통제력은 부분적으로 혈중 포도당과 관련 있다. 우리의 의지력은 혈액 속 당의 영향을 받는다. 다수의 연구를 통해, 혈중 포도당 농도가 자기통제력을 발휘해야 하는 과제를 마친 후 눈에 띄게 낮아진다는 사실이 알려졌다. 타인을 돕는 행동, 죽음에 대한 생각, 그리고 편견을 가진 사람과의 토론을 마친 후에도 혈중 포도당의 농도가 낮아졌다. 중요한 것은 모든 어려운 활동이 포도당 소모를 요구하지는 않는다는 점이다. 자기통제력이 요구되는 활동일 때 포도당 소모가 높아진다.

이렇게 소모된 포도당은 섭식을 통해 보충할 수 있는데 이를 통해 일시적으로 자기통제력을 회복하는 데 도움을 줄 수 있다. 포도당은 혈액 속에서 분당 30칼로리 가량이 흡수되며 약 10분이 지난 후에 두뇌에서 대사 작용을 한다. 즉 포도당으로 자기통제력을 회복하기 위해서는 약간의 시간이 필요하다는 말이다. 하지만 이 방법은 자기통제력을 회복하는 데 있어 '포착'과 '자기 격려'만큼 효과적이라는 것이 실험에서 밝혀졌다.

　연구자들은 설탕이 들어간 레모네이드를 마시게 함으로써 자기통제력을 완전히 상실한 참가자의 자기통제력이 통제력을 상실하지 않은 비교 집단 수준으로 올라가는 것을 확인했다. 포도당 용액을 마시게 한 다른 실험에서도 결과는 마찬가지였다. 칼로리 제로 감미료와 포도당 용액을 각기 다른 두 집단에게 준 실험에서 포도당을 섭취한 그룹의 대학생들은 기말고사를 앞두고서도 자선활동과 봉사에 더 적극적이었다. 칼로리 제로 감미료는 단맛은 있지만 포도당은 전혀 없다. 이로써 우리는 관대함이라는 인간적 덕목 또한 이기적인 욕구와 맞서 상당한 양의 자기통제력을 요구한다는 사실을 알 수 있다.

　혈중 포도당 농도를 올릴 때 명심할 것이 있다. 혈중 포도당 농도를 오랫동안 유지하려면 단백질과 복합탄수화물 섭취가 더 바람직하다는 점이다. 단맛 음료나 사탕과 같은 단당류 식품들은 자기통제력의 강도를 빨리 회복시킬 수는 있지만 그만큼 빨리 소모된다. 당뇨병과 몸무게 증가, 충치와 같은 바람직하지 않은 상황을 피하면서 자기통제력을 높이는 최선의 방법은 끼니를 거르지 않는 것이다.

몸 안에 남아 있는 연료가 없을 때

일상생활을 하다보면 극도의 피로감을 느낄 때가 있다. 이런 상황에서는 자기통제력이 남아 있을 수 없기에 이때껏 내가 조언했던 여러 가지 해결책들도 유혹에 직면했을 때 큰 도움이 되지 않는다. 아침보다 저녁이 되었을 때 다이어트 다짐이 깨지기 쉬운 것도, 저녁이 되면 음주의 유혹에 넘어가고 흡연의 충동에 놓이는 이유도 여기에 있다. 일상생활은 생각보다 자기통제력이라는 연료를 많이 소모시킨다. 중독 재활 프로그램은 이 같은 상황을 HALT라는 네 글자로 요약하고 있다. 배고픔Hungry, 분노Angry, 외로움Lonely, 피곤Tired이 바로 그것이다. 이와 같은 조건에 놓였을 때 자기통제력은 빨리 소진된다. 가장 취약한 상태에 놓여 있을 때 가장 위험하다. 이 부정적인 영향권 안에 놓여 있을 때 목표를 보호할 전략적 수단을 강구하는 것이 중요하다.

다행스럽게도 자기통제력이 모두 소진되기 전 이를 제한할 수 있는 전략들이 있다. 첫 번째 전략은, 우리의 육체가 어떤 행동을 멈추기 위해 특별한 의지를 발휘하지 않으면 움직이는 대로 움직이려는 경향이 있다는 사실에서 기인한다. 이른바 관성의 법칙으로 처음부터 자기통제력이 소진될 기미를 차단하는 것이다. 한번 시작한 후 오래 지속되는 행동일수록 멈추기 위한 자기통제력을 발휘하기가 어렵다. 예컨대 열정의 불이 붙은 후 자제력을 발휘하기보다 처음부터 컴퓨터 게임을 하지 않는 것이 더 쉽다. 감자칩 한두 개만 먹고 봉지를 닫는 것보다 아예 열지 않는 것이 더 수월하다. 시작하기 전 멈추는 것이 자기통제력을 최소한으로 사용하는 최상의 전략이다.

두 번째는 장기적 관점에서 목표를 바라보고 그 가치를 되새기면서 내가 이 목표를 왜 달성해야 하는지를 생각하는 것이다. 그리고 원하는 것을 얻기 위해 무엇을 해야 하는지 자기 검열을 실시해야 한다. 이는 유혹에 저항하는 최선의 방법이 된다. 나는 달콤한 파이와 기름진 스테이크의 환영에 시달릴 때면 정상 체중을 유지해야 한다는 목표를 떠올리고 새로 산 바지를 입어본다. 그것도 안 된다면 포크를 집기 전 체중계 위에 올라선다.

세 번째는 상당한 양의 자기통제력을 필요로 하는 두 가지 목표를 동시에 추구하지 않는 것이다. 사람들은 자기통제력의 양이 정해져 있다. 예컨대 다이어트와 함께 금연까지 시도하도록 한 연구가 있었다. 빨리 건강을 되찾도록 하기 위해 다이어트와 금연을 동반하도록 한 것이다. 프로그램의 선의와 의지는 완벽했지만 이 집단의 참가자들은 한 번에 하나씩 시도한 집단에 비해 어느 것 하나 성공하지 못했다.

마지막으로 의지력의 총손실을 회복하는 전략이 있다. 스스로를 평가하고 그에 맞는 대가를 지불하는 것이다. 잘 선택된 인센티브는 목표에 이의를 제기하는 사람에게 효과적일 뿐만 아니라 동기 부여를 증가시켜 자기통제력의 결손을 보충할 수 있다. 현금도 인센티브의 한 종류이지만 결코 유일한 것은 아니다. 사람들이 자신의 행위로부터 어떤 배움을 얻을 수 있고 인내로부터 얻은 이득을 다른 사람에게 설명할 수 있을 때에도 물질적인 인센티브 못지않은 효력이 발생한다.

과도한 자신감의 위험성

이 장을 읽고 난 후, 나는 여러분이 자기통제력이란 근육처럼 단련할 수 있는 것이라고 확신했으면 한다. 내가 설명한 전략을 사용하면 손실되거나 낮아진 자기통제력도 회복이 가능하다. 나는 여러분이 이 모든 것을 할 수 있으리라는 것을 확신한다. 그러나 어떤 의미에서 너무 과도한 자신감은 위험할 수 있다. 여기에는 우리가 의식하지 않는 한 쉽게 저지를 수 있는 실수가 있을 수 있기 때문이다. 최근 연구에 따르면 많은 사람이 충동을 조절하는 자신의 능력을 너무 과대평가하고 있다고 한다. 달리 말하면 자신이 실제 발휘할 수 있는 것보다 더 많은 자기통제력을 갖고 있다고 믿고 있다는 것이다. 이 신념이 과

장될수록 유혹에 노출되기가 더 쉽다. 특히 HALT 상태에 있지 않을 때 이런 과신을 더 많이 하는 경향이 있다. 하지만 자기통제력에 대한 과신만큼 위험한 것은 없다.

예컨대 금연 프로그램에 참여한 흡연자에 대한 연구가 있다. 지난 3주 동안 성공적인 금연을 한 참가자들은 육체적인 금단 증상에서 벗어났으며 흡연 충동에 저항할 수 있을 것이라는 자신감도 충만해 있었다. 하지만 이들이 유혹에 실질적으로 저항할 수 있는가에 대한 의지와는 별개로 금연 성공에 이르는 가장 안전한 길은 흡연 환경에 놓이지 않는 것이다. 그러니까 술집이나 흡연하는 친구들과 동석하지 않는 것이 가장 안전한 전략이다. 그러나 유혹에 저항할 수 있다고 자신의 능력을 확신한 집단의 참가자들은 이 상황을 회피하려는 의향을 덜 보였다. 수개월 후 연구자들이 조사를 했을 때 자기통제력을 확신한 금연자들은 대부분이 예전의 습관으로 돌아가 있었다.

자기통제력을 계발해 목표로 한 일을 성공적으로 달성하고 싶다면 기억해야 한다. 자기통제력은 본질적으로 한정된 자원이다. 육체적인 근육이 무한정 불어나지 않는 것과 마찬가지다. 언제든 실패할 가능성이 있다는 것을 이해하고 실행 가능한 계획을 세워야 한다. 심신이 취약해졌을 때 어떻게 대처할 것인가도 잘 알아야 한다. 이것만이 우리들의 일상생활에 던져지는 도전 과제를 더 잘 준비하게 한다.

• 자기통제력은 근육처럼 키울 수 있다

자기통제력은 우리 몸의 다른 근육처럼 움직인다. 사용하지 않으면 약해진다. 좋은 의도로 사용하기 위해 정기적으로 훈련을 하면 목표를 달성하기 위한 훌륭한 도구가 될 수 있다.

• 자기통제력을 강화하기

자기통제력을 강화하기 위해 몸과 마음이 원하지 않는 일을 도전 과제로 삼는 방법이 있다. 당도가 높은 과자를 먹지 않는 것, 매일 팔굽혀펴기를 하는 것, 새로운 기술을 습득하는 것, 스마트폰을 멀리하고 독서하는 것 등이 그런 방법들이다. 도중에 그만두고 싶다고 중도 포기하지 말라. 어떤 행동을 시작했다면 난관을 다루는 방법도 준비해야 한다. 단맛에 강렬하게 끌릴 때 신선한 과일 한 알이나 건조 과일 세 조각을 먹겠다는 계획도 난관을 다루는 하나의 방법이다. 시작할 때는 어렵지만 이 모든 것들은 할수록 쉬워진다. 자기통제력이 강화될수록 더 많은 도전 과제에 뛰어들 수 있다.

• 휴식이 필요하다

근육은 언제든 피로해진다. 자기통제력도 상당한 양을 소진하게 되면 피로도가 높아진다는 사실을 명심하라. 중간고사, 기말고사를 치른 직후 유혹에 저항하기가 훨씬 어렵다. 할 수 있다면 통제력이 다시 회복될 때까지 스스로에게 너무 많은 요구를 하지 않아야 한다.

• 목표의 전염성을 이용하자

부양책이 필요할 때 목표의 전염성을 이용하라. 자기통제력을 발휘하는 누군가를 지켜보는 것만으로도, 그 사람에 대해 생각하는 것만으로도 자기통제력은 다시 강화될 수 있다. 다만 지나친 감정이입만은 지양해야 한다. 그 사람이 들이는 지난한 노력 과정에 지나치게 몰두하는 것만으로도 자기통제력이 소진될 수 있기 때문이다. 자기 격려 또한 자기통제력을 강화한다. 작은 선물, 스스로에게 내리는 보상도 소진된 자기통제력을 회복시킬 수 있다.

• 달콤한 것은 자기통제력을 높여준다

자기통제력은 적어도 부분적으로는 혈액 속에 포함된 포도당에 의존한다. 가장 좋은 방법은 단백질과 복합탄수화물을 섭취함으로써 혈액 속에 안정적으로 포도당을 공급하는 것이다. 필요하다면 사탕이나 스낵, 주스를 마셔도 된다. 칼로리 제로와 같은 인공 감미료가 든 것은 효과가 없다. 그리고 포도당이 우리 머리까지 도달하는 데에는 약 10분의 시간이 걸린다. 두뇌가 포도당을 연소시켜 자기통제력이 회복될 때까지는 그만큼의 시간적 간극이 있다. 단 단당류로부터 얻은 에너지는 소모가 빨라 오래 지속되지 않는다.

• 최소한의 에너지 사용하기

자기통제력이 소진되었을 때 최소한의 자기통제력을 활용하는 방법을 알아야 한다. 한번 시작하면 멈추기 힘든 행동, 멈추려면 어마어마한 양의 자기통제력이 필요한 행동은 처음부터 시작하지 않아야 한다. 컴퓨터 게임 한 번만 하고 말겠다는 의지는 제대로 지키기가 어렵다. 처음부터 컴퓨터 게임을 하지 않는 것이 더 수월하다. 또 다른 전략으로 왜 내가 이 목표를 달성해야 하는가를 생각하고 이를 달성하기 위해서 해야 할 행동이 무엇인지 자기 검열하라. 그리고 돈이나 선물과 같은 인센티브를 적극 활용하라.

• 자기통제력을 과신하지 않기

자기통제력이 얼마나 강한지는 중요하지 않다. 자기통제력은 제한된 자원이다. 무리하는 순간 순식간에 소진된다. 할 수 있다면 동시에 두 가지 과제에 도전하지 말아야 한다. 또 불리한 환경에 자신을 위치시켜서도 안 된다. 대부분의 사람들이 유혹에 저항하는 자신의 능력을 과신하는 경향이 있다. 그 결과 온통 유혹으로 가득 찬 환경 속으로 스스로 걸어 들어간다. 그럴 필요가 없는데도 자신을 힘들게 하는 어리석은 일을 벌이지 말자.

11.
현실을
직시하라

수많은 자기계발 서적에는 금과옥조로 새길 만한 말들이 많이 나온다. 그중 자신감과 낙관론만큼 목표를 달성하는 데 있어 중요한 역할을 하는 것은 없다고 한다. '자신을 믿어라', '성공을 시각화하라', 그리고 '긍정적으로 행동하라' 같은 말을 끊임없이 들었을 것이다. 자기계발 서적이 우리에게 외치는 말이 틀렸다고 하지는 않겠다.

목표에 따라서는 이와 같은 말이 사실일 수 있다. 성공하리라는 확신만큼 동기 부여를 강화시키는 것은 없다. 하지만 자신감과 낙관론도 목표에 따라 도움이 될 수 있고 또 안 될 수도 있다. 목표에도 여러 종류가 있다는 것을 이제 여러분도 알고 있다. 낙관론이라는 것은 의사가 우리에게 하는 권고 사항이나 마찬가지이다. 꼭 필요한 것도 아니고 모두에게 도움이 되는 것도 아니다. 이 장에서는 낙관주의가 좋은 전략인 경우와 좋지 못한 전략이 되는 경우에 대해 논의할 것이다. 또 긍정적인 생각을 해야 할 때와 지나친 허세의 위험을 피하기 위해 우리의 기대를 다져야 할 때가 언제인지 논의할 것이다. 그리고 현실적 낙관론realistic optimism과 비현실적 낙관론unrealistic optimism에 대해서도 이야기할 것이다. 하나는 성공의 필수적인 요소로 불리고, 다른 하나는 기분 좋은 환상을 가져다주지만 문젯거리만 야기한다. 또한 성공을 위해 우리 마음을 다스릴 수 있는 몇 가지 전략도 제공하겠다.

세상의 밝은 면을 보는 일

오랫동안 사회심리학자들은 낙관론으로 많은 것을 얻을 수 있다고 생각했다. 일반적으로 낙관론은 모든 일이 잘되고 있다는 믿음이다. 자기 능력에 대한 확신, 신이나 운명이 내 편이라는 믿음 등이 낙관론의 근거가 된다. 어떤 이들은 이를 한 점의 의심도 없는 '긍정적 사고'라고 부르기도 한다. 긍정적 사고가 어떤 영향을 미치는지를 보여준 연구가 있다. 연구에 따르면 긍정적 사고가 가져오는 여러 가지 이득은 다음과 같다. 신체적 건강 증진, 암 환자의 사망률 감소, 심장동맥우회술에서의 빠른 회복, 출산 전 건강 관리, 산후 우울증과 스트레스에 따른 우울증 감소, 대학 신입생의 적응 능력 향상 등등. 긍정적 사고를 통해 증진시킬 수 없는 삶의 도전 과제를 찾기가 더 어려울 것 같다.

이것뿐만이 아니다. 낙관주의자들이 더 로맨틱한 연인 관계를 갖는다고 한다. 헌신적인 커플에 관한 연구에서 낙관주의자들이 파트너와의 언쟁과 갈등을 훨씬 더 잘 다루는 것으로 나타났다. 더 효과적이며 불쾌감을 유발하지 않는 문제 해결법을 통해 시간이 거듭될수록 더 많은 행복감과 충만감을 갖도록 관계를 이끌어간다고 한다. 삶의 모든 영역에서 낙관주의자들이 보다 직접적이고 활동적으로 장애물에 맞서며, 수동적으로 문제를 회피하는 태도를 보이지도 않는다. 성공의 가능성을 확신하기에 그들은 더 오랫동안 인내하며 결과적으로 자신의 목표를 달성해내는 경향을 보인다.

잘 알려지지 않은 낙관주의의 이점은 목표들 사이의 우선권을 잘 다룬다는 점이다. 어떤 목표는 다른 것들에 비해 더 중요하다. 이런 목표들은 우리 삶에 아주 큰 영향력을 행사한다. 이런 것들은 삶에 가져오는 잠재적 가치가 아주 높다. 이에 반해 대부분의 목표는 약간의 중요성만을 가질 뿐이다. 내 경우에는 좋은 엄마가 되는 것과 성공한 심리학자가 되는 일이, 냉장고 정리하기나 내가 출연한 TV 프로그램 녹화하기보다 잠재적 가치가 높은 목표이다.

행복을 최대화한다는 것의 의미는 우리의 시간과 에너지 그리고 열정을 더 중요한 목표에 쏟아붓는 것이며 필요하다면 하위 목표를 희생해야 한다는 의미이다. 낙관주의자들은 정확하게 그렇게 한다. 기본적으로 그들은 여러 목표를 더 많이 달성할 뿐만 아니라 목표들을 동시에 다루는 방법도 더 잘 알고 있다. 에어로빅 참가자들을 다룬 연구에서 에어로빅 운동에 더 높은 가치를 매긴 참가자들이 보다 낙천적인 태도로 에어로빅에 참가했다. 에어로빅 운동에 다소 비관적인 태도를 보인 사람들은 운동에 그렇게 많은 시간을 투자하지 않았다. 이와 유사한 결과는 친구 사귀기, 시험 통과와 같은 다른 목표에서도 확인이 된다. 다시 한번 말하지만 낙관주의자들은 더 중요한 문제에 에너지와 시간을 더 많이 투자한다.

게다가 낙관주의자들은 긍정적인 정보에 민감하다. 자기를 둘러싼 환경에서 긍정적인 면을 더 많이 발견하며 최악의 조건도 나쁘지 않다고 여긴다. 거의 모든 상황에서 좋은 점을 찾아내기 때문에 삶에서 마주하는 사소한 문젯거리는 이들에게 선물이나 다름이 없다.

비현실적 낙관주의의 문제

낙관주의자가 반드시 좋은 것만은 아니다. 항상 최고를 기대하는 태도로 인해 특정 유형의 실수에 취약하다. 비관주의자들은 절대로 저지르지 않는 실수를 이들은 한다. 예컨대 성공이 불가피하다는 믿음 때문에 낙관주의자들은 자신의 행동이 가져올 결과에 대해 깊이 생각하지 않는 경향이 있다. 필수적으로 준비해야 할 것이 무엇인지, 또 위험을 초래할 수 있는 것이 무엇인지도 깊이 생각하지 않는다. 도박에 뛰어든 낙관주의자들은 연달아 게임에서 지게 되면 다음번 내기에서 판돈을 쉽게 올린다. 다음 판은 승리가 기다리고 있다고 믿는 경향이 농후하다. 카지노에서 모든 게임은 카지노 측에 유리하게끔 설계되어 있기 때문에 이런 태도는 낙관주의자들의 주머니를 가볍게 할 뿐이다.

하지만 비관주의자들은 최악을 예상한다. 이들은 여러 가지 가능성에 대해 준비를 하는데 일이 잘못될 가능성도 포함을 시킨다. 연달아 내기에서 지게 되면 비관주의적 성향을 지닌 도박사는 자신이 승리할 것이라는 믿음을 버리고 도박장을 떠나버린다. 사실 비관주의자들이 제 발로 카지노에 들어가는 경우는 일어나지 않는다.

낙천주의자와 비관주의자는 빈약한 수행 능력을 보인 후

생각하는 방식에서도 차이가 있다. 목표 달성에 실패하면 사람들은 대부분 그때 다르게 행동했다면 어떤 일이 일어났을까를 생각한다. 심리학자은 이를 '반사실적 사고counterfactual thinking'라고 부른다. 여기에는 두 가지 종류가 있다. '그렇게라도 했으니what-ifs' 사고방식과 '그렇게 했다면if only' 사고방식이다. 이 두 가지 조건적 사고는 다르게 작동한다. 비관론자들은 '그렇게 했다면'으로 사고를 한다. '그때 그렇게 했다면 성공할 수 있었을 텐데'라고 과거의 실패담을 떠올리는 것이다. 이 사고방식은 미래의 수행 능력을 개선하는 데 아주 유용하다. 다음번에 일어날 일에 대해 더 많은 준비를 기울이게 만들기 때문이다. 이와 달리 낙천주의자들은 과거의 실패담을 떠올릴 때 '그렇게라도 했으니'라고 생각한다. 이들은 일이 더 나빠졌을 가능성을 먼저 생각한다. '그렇게라도 했으니 다행이지. 아니면 더 나쁜 결과가 나왔을 거야'라고 하는 것이다. 이런 '반사실적 사고'가 하는 일은 한 가지뿐이다. 쓰라린 감정을 달래는 것이다. 주어진 환경과 조건을 통제할 수 없을 때 이런 식의 사고법은 능력을 개선하는 데 아무 도움이 되지 않으며 궁극적으로 목표를 달성하는 데도 보탬이 되지 않는다.

낙관론이 갖는 가장 큰 문제점은 '비현실적 낙관'이다. 성공할 수 있다는 믿음을 고양하는 것만큼 중요한 것은 없다. 하지만 본의 아니게 마주한 현실을 객관적으로 볼 수 없게 만든다. 상당히 흔히 일어나는 일이다. 닐 바인스타인Neil Weinstein이 30년 전에 실시한 기념비적 연구에 따르면, 대학 입학 연령의 당시 미국인들은 자신의 능력을 동료들보다 과신하는 경향이 있었다. 이들은 높은 연봉을 받으며 사회생활을 시작할 것이라고 생각했고 휴가철이면 유럽을 여행할 것이며 자신의 기대 수명은 여든 이상으로 바라보았다. 또 음주 문제나, 이혼의 위험, 성병 감염, 직장에서의 해고, 심장병 등의 위험률도 다른 사람들보다 낮을 것이라 믿었다.

이른바 '워비곤 호수 효과Lake Wobegon effect'이다. 작가 게리슨 케일러Garrison Keillor가 여자는 모두 아름답고 남자는 강인하고 아이들은 전부 평균 이상인 가상의 마을을 무대로 진행한 라디오 쇼에서 유래된 것으로, 심리학에서는 '자신의 능력을 평균 이상으로 바라보고 운명 또한 자신에게 더 호의적일 것'이라고 믿는 경향을 말한다. 눈앞에 명백한 위험을 두고도 자기만 비켜갈 것이라고 생각하는 것이다. 이와 같은 비현실적 낙관론자들은 세상을 세 가지 방식으로 나누어서 바라본다. 통제할 수 있는 사건(심각한 고도비만), 드물게 일어나는 사건(파산), 그리고 비교적 유순한 사건(생각했던 것보다 덜 나온 시험 성적). 주의해야 할 것은 몸무게를 관리하고, 재정 균형을 맞추고, 시험을 준비하는 것과 같은 목표들은 실패를 예방하는 데 주안점을 두어야 하는 목표들이다. 물론 처음부터 자신에게 이런 일은 발생하지 않으리라는 생각 때문에 예방 전략을 취하지 않을 수 있다.

수년 전 나는 결정적인 기회를 기다리면서 장차 배우가 되고자 했던 남자와 데이트를 한 적이 있다. 브로드웨이 뮤지컬 〈로미오와 줄리엣〉 제작 발표회에서 그를 만난 이후 우리는 곧바로 데이트를 시작했다. 상당한 미남이었기에 나는 그가 머지않아 배우 경력을 쌓을 것이라고 생각했다. 그도 자신이 스타 자질을 가졌다고 믿었으며 성공은 필연적인 것이라고 생각했다. 문제가 있다면 어떤 오디션도 지원하지 않았다는 점이다. 나중에 알았지만 로미오 배역은 친구의 추천이었다. 몇 달이 지나는 동안 그의 흑백사진들은 누구의 선택도 받지 못하고 먼지만 쌓여갔다.

그는 대부분의 시간을 소파에 누워서 보냈다. 하염없이 기회를 기다리면서도 자신의 놀랄 만한 재능에 대해 의심을 하지 않았다. 젊은 배우들의 경우 길거리에서 우연히 캐스팅되는 사례가 있다. 하지만 유명한 배우들조차 연예계의 꼭대기에 올라서기 전에 긴 오디션 과정을 겪는다. 최근에 들은 소식에 의하면 예전 남자 친구는 아직도 파스타 접시를 나르며 스티븐 스필버그 같은 감독이 자신을 발견해주기를 기다리고 있다고 한다. 하지만 가능성이 그렇게 밝아 보이지는 않는 듯하다.

이렇게 비현실적 낙관론은 비생산적이면서 때로는 위험하다. 이에 반해 현실적 낙관론은 성공을 달성하는 데 결정적인 역할을 하며 왜 우리가 낙관적인 태도를 가져야 하는지를 말해준다. 성공의 가능성이 있든 없든 자신의 통제력하에 할 수 있는 최상의 노력을 기울이고, 계획을 세우고, 적절한 전략을 수립하는 것이 현실적인 낙관론이다. 하지만 비현실적 낙관론은 자신의 통제력 바깥에서 낙관의 이유를 찾는다. 가령 고정된 능력이나 행운에 의지하는 것이다. '나는 다른 사람보다 똑똑하니까 성공할 수 있다' 혹은 '보기 드문 운명의 손금을 갖고 있다'라고 생각하는 것이다. 하지만 사람은 그렇게 되어야 할 이유가 있기 때문에 성공하는 것이 아니다.

현실적 낙관론과 비현실적 낙관론 사이의 차이점은 대학 신입생을 다룬 연구에서 잘 드러났다. 연구자들은 캠퍼스에 입학한 학생들의 낙천성을 측정했다. 학생들의 대다수가 강한 낙관론자였지만 현실적이지 않다는 사실을 알았다. 아주 강한 낙관론자들의 절반에게 특별히 조정된 개입이 이루어졌다. 이른바 '귀인 재훈련attributional retraining'이다. '귀인'이란 성공이나 실패의 근본적인 원인이 어디에 있는지 믿는 경향을 말한다. '재훈련'은 성공과 실패의 원인은 지능이나 재능의 문제가 아니라 노력을 투입하고 전략을 세움으로써 향상될 수 있다는 사실을 배우는 것이다. 귀인 재훈련을 이용해 연구자들은 참가자들에게 수학과 같이 전형적으로 재능과 관련된 능력까지 연습을 통해 향상시킬 수 있다고 가르쳤다. 이 개입으로 비현실적 낙관론자는 현실적 낙관론자가 되었으며, 단지 성공하게 될 것이라는 가정이 아니라 성공을 만들어가겠다는 자신감을 키우게 되었다.

재훈련의 결과는 놀라웠다. 귀인 재훈련을 받은 높은 수준의 낙관론자들은 첫 학기 평균 평점이 B였다. 귀인 재훈련을 받지 않은 낙관론자들의 평균 평점은 C로 나타났다. 이 결과가 시사하는 바는 미래를 낙관적으로 바라보는 것은 매우 좋은 결과를 가져온다는 것이다. 단 우리의 행동이 성공을 현실화하는 데 직접적인 책임이 있다는 것을 이해할 때 그렇다.

만약 목표를 달성하고자 하는 우리의 자신감이 현실적인 근거에서 나온 것이 아니라면 스스로에게 몇 가지 질문을 던져야 한다. 이 과정을 통해 비현실적 낙관론이 현실적 낙관론으로 바뀔 수 있으며 우리를 유리하게 이끌고 간다.

1. 왜 잘할 수 있다고 생각했는지 스스로에게 물어라. 예를 들어 대기업 면접장에 들어섰다고 가정하자. 당신은 다른 후보자들보다 자신이 유리한 위치에 있다고 생각한다. 왜 유리하다고 생각했는가? 그 이유를 상세하게 적을 수 있다면 좋다.

2. 마찬가지로 다른 후보자들도 유리한 위치에 있다면 어떻겠는가? 당신이 생각하는 취업 성공의 이유가 당신이 무척 똑똑하기 때문이며 좋은 대학에서 높은 학점으로 졸업했기 때문이라면, 다른 후보자들 또한 똑똑하고 좋은 대학에 높은 학점을 갖고 있을 수 있다. 이럴 경우 당신은 실제로 두각을 나타낼 수 있는가? 이유가 정말 현실적인가?

3. 이제 성공의 유무와 상관없이 어떻게 상황을 제어할 것인가 생각해보자. 취업의 가능성을 높여주는 것은 무엇인가? 구술 면접을 어떻게 준비해야 할까? 어떻게 해야 성공적으로 마무리할 수 있겠는가? 목표 달성을 보증할 수 있는 단계들을 밟아나갈 때 낙관적인 전망은 비로소 현실이 된다.

낙관론의 위험을 두 가지 더 지적하고자 한다. 이미 앞 장에서 논의된 것이지만 반복할 만한 가치가 있다. 첫째, 낙관론은 예방 목표를 추구할 때 좋은 태도가 되지 못한다. 안전과 위험의 관점에서 목표를 바라볼 때 우리는 잃어버리게 될 것이 무엇인지에 더 많은 관심을 기울인다. 모든 것이 잘될 것이라는 확신보다 잘못될 가능성을 염두하는 것이 동기 부여에 훨씬 효과적이다.

둘째는 성공하겠다는 마음가짐과 성공할 수밖에 없다는

마음가짐은 차이가 크다는 것을 명심하자. 사실 성공할 수밖에 없다는 믿음은 비현실적 낙관의 일종이다. 노력 없이 성공의 가치와 의미를 예단할 수 없다. 목표를 달성하기 위해서는 주의 깊은 사고와 준비 그리고 노력이 필요하다. 성공을 달성하기 위해서 무엇을 해야 하는지는 이미 알고 있다. 그것이 낙관론이 존재하는 진짜 이유이다.

비관주의를 넘어 낙관주의로

때때로 목표에 도달하기 위해선 '성공할 수 있다는 믿음'만큼 필수적인 것은 없다. 이런 믿음은 특히 승급 목표에 어울리는 자질이다. 승급 목표를 추구할 때 우리는 무엇을 얻을 수 있는지의 관점에서 세상을 바라본다. 그렇다면 어떻게 자신감을 높이고 낙관주의를 강화할 수 있을까? 또 어떻게 비관주의를 넘어 낙관주의로 넘어갈 수 있을까?

첫 번째는 심리학자들이 사용하는 '귀인 재훈련' 전략을 사용하는 것이다. 사람들은 성공의 가능성을 확신하지 못한다. 대부분은 자신이 성공하기에는 능력이 부족하다고 느끼기 때문이다. 완전히 틀린 생각이다. 이런 생각에 의문을 던지고 다른 가능성을 숙고하라. 예컨대 달성하고자 하는 목표가 정말 능력의 문제인지를 생각해보라. 또 노력을 쏟아붓고, 어려움을 인내하고, 좋은 계획을 실행하는 것의 문제인지도 고려해보라. 만약 후자라면(대부분이 후자의 문제이다), 목표 달성 여부는 전적으로 우리에게 달려 있다. 롤 모델을 떠올려보는 것도 도움이 된다. 특히 동일한 목표를 성공적으로 한 사람이라면 더욱 좋다. 높은 성취를 달성한 사람을 찾으면 예외가 없다. 그들은 어마어마한 노력을 기울였고 계획을 세워 목표에 이르렀다. 그것이 그들이 한 전부이다.

두 번째는 과거를 모방하는 방법으로 자신감을 확충할 수 있다. 과거 자신이 성공했던 무언가를 떠올려보고, 어떤 어려움에 직면했었는지 그리고 그것을 극복하기 위해, 어떤 전략을 사용했는지 생각해보라. 특별히 자랑스러운 성취를 적어보고 어떻게 해낼 수 있었는지를 떠올려보자. 때로는 보험에 든 것처럼 이런 과거 회상만으로도 우리의 관점을 변화시킬 수 있다.

세 번째 전략은 강력히 추천하는 것으로 'If-then' 계획을 통해 일어날 수 있는 부정적인 생각을 다루는 것이다. 계획에는 특정한 낙관주의적 사고를 통해 비관적 생각을 대체하는 것이 들어가야 한다. 예를 들면 '만약 내 능력에 의심이 들기 시작하면 내 안에 이미 성공할 만한 자질이 있다고 스스로에게 말해주겠다'라고 하는 것이다. 8장에서 언급한 것처럼 이

기법은 우리를 연약하게 만드는 생각을 다룰 때 효과적이다. 이 전략을 지속적으로 사용하면 시간이 지날수록 긍정적 전망이 강화될 수 있다.

네 번째 전략은 성공을 시각화하는 것과 관련되어 있다. 나는 이런 식의 이름 짓기를 좋아하지 않는다. 상당히 많은 자기계발 서적에서 독자들에게 원하는 것을 마음속에 그리라고 조언을 한다. 그러면 그 일이 일어날 수 있다는 것이다. 이 말이 사실이라면 좋겠다. 과학적으로는 마음속에 시각화하는 것만으로 바라던 일이 일어난다는 증거는 없다. 하지만 시각화는 상당히 유용하다. 단 성공 그 자체를 시각화하는 것이 아니라 성공하기 위해 우리가 취해야 할 단계들을 시각화해야 한다. 원하는 결과물을 상상하는 것보다 목표를 달성하기 위한 절차들을 시뮬레이션하는 것이 긍정적인 전망과 함께 좋은 계획과 준비를 이끌어낼 수 있다. 성공으로 가기 위해 자신이 '해야 할 일'을 그려라. 그러면 그것을 할 수 있다는 사실을 금방 알게 될 것이다. 그리고 가장 좋은 점이 있다면 우리가 옳다는 것이다.

- **낙관주의는 좋은 태도이다**

낙관적인 태도를 유지하면 많은 이득이 있다. 동기를 강화할 수 있으며 우선순위를 설정하는 데 도움이 되고 뜻밖의 난제에 잘 대처할 수 있다.

- **하지만 낙관주의는 때로 위험하다**

낙관주의적 태도는 치명적인 실수로 우리를 이끌어갈 수도 있다. 행동으로 야기될 모든 가능성을 생각하지 못해 충분한 준비를 하지 못하게 하며 불필요한 위험을 감수하게 한다. 이런 차질이 발생해도 낙관주의자들은 개선점을 찾기보다 '모든 일이 잘 풀리겠지' 하며 안위하는 경향이 많다.

- **차이점이 무엇인지 인식하자**

비현실적 낙관론과 현실적 낙관론의 차이점을 이해하는 것이 핵심이다. 비현실적 낙관론은 타고난 능력, 운명 혹은 행운과 같이, 우리가 통제할 수 없는 자질에 대한 자신감이다. 내가 똑똑하기 때문에, 행운을 타고났기에, 스타성이 있기에 성공할 수 있다고 믿는다면 문젯거리만 야기한다. 비현실적 낙관론은 성공하기 위해 필요한 조치가 무엇인지 알지 못하게 하며, 일이 잘못되고 있을 때 무엇을 해야 할지 단서조차 잡기 어렵게 만든다.

• 현실을 직시하자

현실적 낙관주의는 우리가 통제할 수 있는 것에 대한 자신감이다. 목표를 달성하는 사람들은 노력을 기울이고 동기를 유지하면서 적절한 전략을 사용한다. 현실적인 낙관주의자들은 치명적인 실수를 덜 하기 때문에 궁극적으로 자신의 목표를 달성하는 경향이 많다.

• 비현실적 낙관주의를 현실적 낙관주의로 만들자

목표를 달성하기 위해 씨름을 할 때 낙관적인 결과가 실재한다고 생각해야 한다. 의심이 든다면 내가 이 장에서 언급한 전략을 사용하라. 왜 자신의 능력을 믿었는지를 생각하고, 위험을 제거하고, 취할 수 있는 조치를 취해 계획을 수립하라.

• 능력에 대한 회의가 들 때는 낙관주의적 태도를 유지하자

목표 추구 과정에서는 성공 가능성에 대한 의심과 자기 능력에 대한 불신이 자주 일어난다. 목표에 도달하기 위해선 노력, 인내, 계획하기와 같은 지난한 과정의 축적이 필요하다. 목표를 달성한 롤 모델을 떠올리는 것만으로도 힘든 과정을 이겨내는 데 도움이 된다. 목표를 달성한 사람들은 이미 그런 과정을 거쳤다. 그리고 그들도 누군가로부터 배웠다.

• 과거의 성공에서 배우자

낙관주의적 태도를 유지하고 고양하는 또 다른 전략은 자신의 과거 성취에 대해 생각하는 것이다. 과거 달성했던 목표에 대해 떠올리는 것만으로도 자신감이 회복될 수 있다.

• 성공하기 위해 해야 할 단계들을 시각화하자

결승점을 1등으로 통과하는 자신의 모습을 상상하는 것은 결승점까지 가는 데 어떤 도움도 되지 않는다. 거기에는 전략과 선택, 마주하게 될 장애물을 어떻게 다룰 것인지에 대한 숙고가 없다. 어떻게 경기를 치를 것인가를 생각하라. 자신감뿐 아니라 주어진 과제를 더 잘 준비하게 될 것이다. 이런 태도를 현실적 낙관론이라고 부른다.

12.
매달려야 할 때와
그만두어야 할 때

연구자로서 그리고 교수로서 경력을 쌓는 동안 나는 명석한 사람들이 주어진 과제가 힘들어지는 순간 포기하는 모습을 자주 봐왔다. 또 분명히 평범한 능력을 가졌음에도 끝까지 버티고 마침내는 목표를 달성하는 사람들도 보았다. 성취에 대한 연구를 하게 되면서 가장 먼저 배운 사실은, 타고난 능력이 성공과 관련해서는 놀랄 만큼 제 역할을 못 한다는 사실이다. 그와 반면 인내력은 굉장히 많은 것을 해낸다. 우리가 목표 달성에 성공하지 못하는 이유는 너무 빨리 포기하기 때문이라는 것이 가장 일반적인 설명이다.

그렇다면 어떻게 해야 우리의 인내력을 향상시킬 수 있을까? 이 장에서는 장기전을 치를 때 사용하는 전략들을 소개하고자 한다. 앞에서 나는 지속적으로 이어지는 난제와 장애물들을 효과적으로 다룰 수 있는 사고방식을 개발할 수 있다고 강조했다. 적절한 목표와 함께 시작하는 것만으로 성공의 가능성은 높아진다.

사람들은 자신의 성공과 실패에 대해 굉장히 다른 방식으로 설명을 한다. 이 차이가 우리 인내력에 영향을 준다. 예를 들어 시험이나 직장의 승진 시험에서 좋은 성적을 받는 것을 대부분 지능이나 재능, 아니면 행운으로 생각하는 경향이 있지 않은가? 이런 식의 생각은 문제가 있다. 성공이 빨리, 그리고 손쉽게 오지 않으면 결국 자신에게 문제가 있다는 뜻이 된다. 이럴 경우 '난 운이 없어' 혹은 '머리가 좋지 않은가봐'라고 하지 않고, '더 열심히 해야겠어'라고 생각하는 것이 난제에 맞서는 사람들의 태도이다.

이제부터는 성공하고 말겠다는 사람들이 어떻게 그런 신념을 유지할 수 있는지를 살펴볼 것이다. 또 인내에 관한 문화적 영향도 고려할 것이다. 이는 성취에 있어 아시아 학생들과 서구 학생들 간의 격차를 설명하는 개념이기도 하다.

그러나 삶에 인내력만큼 중요한 것이 있다. 때로는 삶의 총제적인 국면을 보아야 한다. 포기해야 한다는 사실을 인정하지 않고 목표 달성만을 이야기할 수는 없다. 모든 게임에서 이길 수는 없다. 도달하기 어렵고 달성하기 위해서는 너무 많은 대가를 치러야 하는 목표라면 그만두어야 할 때가 있다. 언제 그만두어야 하는지를 아는 것 또한 삶의 행복을 위해 필수적이다. 그래서 이 장에서는 언제, 그리고 어떻게 목표를 내려놓아야 하는지도 이야기할 것이다. 여기서 우리는 목표 추구를 계속해야 할지, 아니면 그만두어야 할지를 결정하는 방법을 배우게 될 것이다. 이 방법은 잘못된 논리나 두려움이 아니라 증거에 기반한 것이다. 정작 중요한 점은 포기를 통해서도 우리는 행복감을 높이고 그로부터 배울 점을 찾을 수 있다는 것이다.

계속 나아가는 일

다른 사람들보다 자기통제력이 강한 사람이 있다. 이들은 어떤 역경이 닥쳐오더라도 꿋꿋이 버텨낸다. 심리학자 안젤라 덕워스는 이 재능을 가리켜 '투지grit'라고 하며 "투지가 있는 사람들은 마라톤을 하듯 목표에 접근한다. 이들의 장점은 지속하는 힘이다"라고 했다. 투지는 장기간의 헌신과 인내의 조합으로, '나는 수년 동안의 노력으로 목표를 달성했다' 혹은

'시작하면 끝을 보는 성격이다' 같은 진술에 동의하는 정도에 따라 투지의 강도를 평가할 수 있다. '투지'라는 말을 들었을 때 아마도 극복하기 힘든 난관을 이겨낸 영웅들이 떠오를 수 있다. 고환암을 극복한 사이클 선수 랜스 암스트롱이나 인권 운동으로 27년간 투옥되었지만 끝내 대통령이 된 넬슨 만델라 같은 사람들이다.

하지만 평범한 사람들에게도 투지는 있다. 그리고 투지는 높은 성취와도 강한 연관이 있다. 학자들은 투지의 차이로 교육의 수준을 예견하기도 한다. 투지가 좋은 학생들이 대학에서 더 높은 평점을 받는다. 투지는 또 사관후보생이 웨스트포인트의 혹독한 훈련을 이겨낼 수 있는가도 예견한다. 투지는 전국 철자법 대회에 참가하는 선수들의 성적도 예견한다(마지막 라운드로 갈수록 투지가 좋은 참가자들이 더 많은 학습량을 보인다).

간단하게 말해서 투지는 엄청난 재능이다. 하지만 이 또한 자기통제력을 강화할 수 있는 것처럼 원하기만 한다면 강화할 수 있다. 지금 투지가 부족하다면 배울 수 있다. 먼저 목표를 설정하자. 여기서부터 자연스럽게 투지는 증가한다. '성장하기' 목표는 타인의 평가나 인정이 아니라 전진과 향상에 방점을 둔다. 이런 목표는 우리 앞에 놓인 과정이 아무리 험난해도 낙관론을 유지할 수 있게 한다. 바로 이것이 투지를 향상시키는 아주 멋진 방법이 된다. 마찬가지로 자율적으로 선택한 목표 또한 투지력을 강화하는 데 좋다. 자신의 선호와 가치, 열망이 반영된 목표는 그에 이르는 길이 지난할지라도 그 과정을 즐길 수 있는 것으로 만들며 마침내 목표에 달성하도록 이끈다.

무명으로 생을 마감할 수 있는 상황 속에서도 고군분투를 마다하지 않는 학자들을 생각해보자. 그들은 책상 위에 수많은 책과 논문을 산더미처럼 쌓아놓고 연구에 매진하는 생활을 수년 혹은 십수 년 이어간다. 책더미와 씨름하는 생활이 남들에겐 불행하게 보일지 몰라도 그들은 자신을 그렇게 바라보지 않는다. 일반인이 이해할 수 없는 지식의 편린을 쫓아가는 그들의 열정은 자연스럽게 발현된 것이다. 학계는 단지 선택의 기회를 주었을 뿐이다. 자신의 모든 삶을 여기에 헌신하기로 한 것은 그들의 결정이다.

투지력을 향상하는 또 다른 방법은 성공과 실패의 원인을 제대로 파악하는 것이다. 낮은 수행 능력의 원인을 재능의 결과라고 믿는다면, 특히나 그런 재능은 변하지 않는 자질이라고 생각하고 있다면, 걱정과 불안 그리고 낮은 자존감에서 벗어날 수가 없다. 성공은 요원한 일이 되고 만다. 새로운 직업을 찾고 있을 때 가장 먼저 수행해야 할 일은 더 나아지겠다고 상상하는 것이다. 성격상의 장단점과 재능들이 불변하는 것이라고 믿는 한, 새로운 기술을 습득하기는 쉽지 않으며 발전도 불가능하다. 성공의 가능성이 보이지 않는 곳에 투지를 불태우는 사람은 없다.

나의 부족함이 열심히 노력하지 않았기 때문이며 적절한 방법으로 동료나 선생님의 도움을 구하지 못했기 때문이라고 생각한다면 가던 길을 계속 가야 한다. 열패감을 덜 느낄 뿐만 아니라 문제점을 찾는 데도 더 적극적이기 때문이다. 이런 상태는 투지가 넘치는 상황이다. 목표에 매달려야 한다.

실패가 오로지 어찌할 수 없는 재능의 문제로 인해 야기되는 경우는 극히 드물다. 재능이 중요하지 않다고 말하려는 것은 아니다. 예컨대 내 키는 165센티미터이다. 이 키로 특별한 신발이나 스프링의 도움 없이 덩크슛을 할 수는 없다. 내가 덩크슛을 목표로 농구를 한다면 열패감에 사로잡힐 것이다. 그럼에도 끈기 있게 투지를 발휘한다면 여전히 덩크는 못 하겠지만 달라지지 않는 사실이 있다. 농구에 대한 이해도가 높아질 것이고 도전하지 않은 나보다 도전한 내가 더 농구를 잘할 것이라는 사실이다. 타고난 재능은 있다. 하지만 어떤 스포츠 지도자도 노력과 연습만큼 중요한 것은 없다고 말한다. 발전은 언제나 가능하다.

그러므로 실패를 낮은 능력치나 바꿀 수 없는 재능 탓이라고 생각하면 실질적으로 바뀌는 것은 아무것도 없다. 똑똑하지 못해서, 강하지 못해서, 그 목표를 달성할 만한 재능이 없어서 실패하는 것이 아니다. 진짜 범인은 노력 부족이고 계획 이 바르지 않아서이며 인내하지 못했기 때문이다. 또 전략적 인 선택을 하지 않은 탓이다. 왜 이 사실을 깨닫지 못하는 걸 까? 부분적으로 문화의 영향을 받는 것 같다.

모든 문화는 가치와 신념에 관한 자기만의 색깔을 가진 다. 그리고 어린이들은 특별히 의식하지 않고 이 가치와 신념 을 받아들인다. 서구사회는 평가와 찬사, 능력을 강조하는 경 향이 있다. 아마도 미국보다 더한 곳은 찾기가 힘들 것이다. 미 국인들은 천재성, 영재, 타고난 재능과 같은 이야기에 잘 매혹 된다. 특별한 재능이 있다고 생각하는 사람에게 찬사를 보내 며 재능이 부족한 사람이 성공하기는 어렵다고 생각한다. 이 런 문화권에 살아온 사람들은 성공을 능력의 관점에서 바라보 며 실패를 능력 부족 탓으로 돌리는 경향이 높다. 하지만 우리 와는 다르게 세상을 보는 사람들도 있다. 전혀 다른 문화적 토 대에서 살아가는 사람들이 지구 반대편에 존재한다.

다르게 행동하는 사람들

'국제 수학 및 과학 연구회'는 4년마다 48개국 학생들의 학업 성취도를 조사한다. 미국 교육부는 이 자료를 통해 자국 학생들이 세계 학생들에 견주어 얼마만큼의 학업 성취를 달성했는지를 확인한다. 조사된 자료에 의하면 미국의 8학년 학생들이 한국, 중국, 싱가포르 그리고 일본 학생들에게 다시 한번 압도당한 것으로 나타났다. 교육 당사자와 정부 관료들에게 골치아픈 숙제를 안겨주는 자료였다. 어떻게 해서 아시아 학생들은 수학과 과학 분야에서 매번 미국 학생들을 능가하는 것일까? 타고나기를 미국 학생들보다 뛰어나기 때문일까? 이런 가정을 했다면 100퍼센트 틀렸다. 차이는 문화에서 기인한 것이지 유전자에서 비롯된 것이 아니다. 동아시아와 미국 사이의 결정적 차이를 논하라고 한다면 바로 이것이다. 미국인은 재능을 신뢰하지만 동아시아인들은 노력을 믿는다.

모든 동아시아 국가의 교육체계는 유교적 교육관에 기반을 두고 있다. 유교적 교육관은 노력의 중요성에 엄청난 가치를 둔다는 것이 특징이다. 교육관을 엿볼 수 있는 예화가 있다.

재능과 의지는 공부할 때 함께 와야 한다. 의지는 공부의 머리이고 재능은 공부의 꼬리이다. 재능이 없어도 공부는 가능하지만 의지가 없으면 공부 자체가 없다. _서간, 『중론(中論)』

배울 때 부지런함이란 오랜 시간동안 노력을 쏟아붓는 것을 말한다. _공자, 「자장(子張)」 『논어』

컬럼비아대학에 있는 대학원 동기 중 한 명은 한국에서 태어나고 자랐다. 한번은 내게 가벼운 한국어 인사 표현 하나를 가르쳐주었다. '수고하세요(受苦하다).' 누군가 어떤 일을 잘 마무리짓기 바랄 때 쓰는 말로, 글자 그대로 직역하면 '괴로움을 받아들여라'이고 '최선을 다하라 Do your best'라는 함의까지 갖고 있다고 했다.

이렇게 노력을 강조하는 문화권이기에 학생들도 성적이 좋지 않을 때 노력을 탓한다. 가령 일본 학생들은 수학 시험에서 점수가 좋지 않으면 '재능이 없다', '문제가 어려웠다' 혹은 '운이 없었다'라고 하지 않는다. 그들은 '노력이 부족했다'라고 말한다. 다른 나라도 비슷하다. 중국 어머니들도 아이들의 시험 성적이 낮은 요인으로 '노력 부족'을 먼저 꼽는다. 미국 어머니와는 전혀 다른 태도이다. 미국 어머니들은 재능, 조건, 행운 그리고 노력을 동등하게 놓고 평가한다.

아시아 학생들은 열심히 공부하고 깨우칠 때까지 인내하는 것이 성공의 열쇠라고 교육받는다. 아시아 학생들이 수학과 과학에 탁월한 성적을 거두는 원인은 투지와 오랜 학습의 결과일 뿐이다. 하지만 미국의 아이들은 수학과 과학을 잘하려면 타고난 자질이 있어야 한다는 잘못된 믿음을 갖고 있다. 아이들은 어려운 개념이나 문제와 마주해 어떻게 풀어야 할지 알지 못하면 '잘할 수 없으니까 할 수 없다'라는 잘못된 결론으로 도약하고 만다. 어떻게 목표에 도달할 수 있는지 가르치고 성취하기 위해서는 무엇을 이해해야 하는지를 알려주려면 이 문화적 차이도 감안해야 할 것이다. 이제 동전의 다른 면을 볼 차례이다.

포기해야 할 때를 아는 용기

목표를 중단할 것을 심각하게 고려해야 할 순간이 있다. 당신이 그렇게 해야 하는 적절한 이유를 찾을 수 있을 때가 그 순간이다. 대부분의 사람들은 성공할 가능성이 없을 때 목표를 포기한다. 성공의 가능성이 재능에만 달려 있지 않다는 것을 이제 여러분도 알았을 것이다. 성공에 필요한 모든 조건(자질, 계획, 노력, 흥미 등)을 갖고 있다면 지금 당장은 아니더라도 목표를 달성할 수 있을 것이다. 그런데 왜 달성할 수 있는 목표를 포기해야 하는 것인가?

목표를 포기하기 위해선 두 가지 합리적인 이유가 있어야 한다(그것들 중 어느 것도 능력과는 상관이 없다는 것을 유념했으면 한다). 첫째는 싫든 좋든 거기에 너무 많은 시간이 투입될 때이다. 가질 수 있는 모든 재능을 가졌고 모든 측면에서 잠재적 천재성을 나타낼 수 있다. 하지만 모든 목표를 달성하기 위해서 우리가 가진 자원을 전부 사용할 수는 없다. 에너지가 흘러넘치고 시간이 차고 넘친다 할지라도 우리는 선택을 내려야 한다. 물리적으로 모든 것을 할 수가 없기 때문이다. 시간을 효과적으로 활용하는 전략을 짤 수는 있다. 그렇다고 시간이 저축했다 필요할 때 꺼내 쓸 수 있는 것은 아니다.

직장을 가진 부모들이 겪는 딜레마가 바로 이것이다. 주당 60시간을 일해야 하는 직업을 가졌다면 아이들과 함께할 시간은 그만큼 사라진다. 이 사실은 변하지 않는다. 지쳐 있다는 이유로 하루 동안 육아를 소홀히 하고 도우미를 이용할 수는 있어도, 이 순환에서 쉽게 벗어날 수는 없다. 한 번에 여러 목표를 추구하는 것보다 특정한 목표 하나를 추구하는 것이 효율적이다. 우리의 시간과 에너지는 제한되어 있다. 이런 일이 발생했을 때 가장 중요한 것이 무엇인지 생각해야 한다. 적어도 조건이 좋아질 때까지 나머지는 내버려두어야 한다.

목표를 포기해야 하는 두 번째 합리적인 이유는 거기에 너무 많은 대가를 치러야 할 때이다. 환경과 조건은 변한다. 뜻하지 않은 어려움이나 불쾌한 조건과 마주칠 수 있다. 우리가 어떤 상황에 처할지는 누구도 알 수 없다. 이런 일이 일어나게 되면 선택을 재평가하는 것만이 가장 현명한 길이다.

2003년, 나와 결혼하기 전 남편은 세인트루이스 소재의 워싱턴대학에서 학부생들에게 철학을 가르치고 있었다. 컬럼비아대학에서 철학 박사 학위를 받고 2년이 지났을 때였다. 모든 것을 고려했을 때 그는 행복해야 했다. 어릴 때부터 다른 직업에 대해선 생각해보지 않은 사람이었다. 하지만 젊은 철학도로서 경력을 쌓던 그는 자신에게 심각한 결함이 있다는 사실을 알았다. 철학 연구는 좋았지만 학생들을 가르치는 일이 달갑지 않았기 때문이다. 모든 대학은 학생들을 가르치는 부분과 연구하는 부분으로 나뉘어 있다. 남편의 문제는 가르치는 영역에 너무 많은 시간을 투자해야 한다는 것이었다. 학기 당 한두 강좌만 맡아도 상관이 없는 분야도 있지만 철학은 달랐다. 학기당 평균 서너 강좌 혹은 그 이상을 담당해야 했고 가르치는 것에 시간을 할애하면 연구에 투자할 시간이 남지 않았다.

남편은 교수로서의 경력을 포기하기로 결정했다. 오랜 시간 고통스러운 자기 평가에서 나온 결단이었다. 자신을 지지해준 사람들과 잠재성을 평가해준 사람들을 실망시키는 결심이었지만 자신에게만큼은 옳은 결정이었다. 때때로 우리 자신에게 줄 수 있는 최선의 선물은 항상 원해왔던 것을 포기할 때이다. 달성하기 위해서는 너무 많은 대가를 지불해야 할 때가 바로 그 순간이다.

지속적인 회의감과 스트레스에 직면해 온갖 문젯거리에 시달리느니 포기하는 것이 좋은 방법이 된다. 물론 이런 결심이 쉽지는 않다. 목표를 포기하는 것은 목표를 추구하는 것보다 더 어려울 수 있다. 이미 거기에 너무 많은 시간과 에너지를 투자했다면 누구도 그 모든 노력과 과정이 허공으로 날아가는 것을 바라지 않는다. 여전히 내가 추구하는 목표가 결코 닿을 수 없는 것인지 확신하지 못한다. 또 결국은 실패하고 말았다는 열패감을 바라지도 않는다. 때로는 너무 빨리 포기하는 것은 아닌가 싶기도 하다. 모두 옳은 생각이다. 우리는 언제, 어떻게 그만두어야 하는지 모르는 것이 사실이다.

목표를 포기하는 결단이 자아상과 관련이 있을 때는 이 과정이 훨씬 더 어렵다. 우리가 일상생활에서 하는 많은 역할이 자신의 정체성을 타인에게 어떻게 보여줄 것인가 하는 문제이다. 엄마로서, 의사로서, 혹은 봉사단체 회원으로서 우리는 각기 다른 자신의 자아상을 끊임없이 떠올리고 살아간다. 의사가 되고자 하는 목표, 좋은 엄마가 되고자 하는 목표, 그리고 봉사활동을 하고자 하는 목표가 상실되었을 때 실망감뿐만 아니라 내가 누구이며 무엇을 해야 하는지까지 위협을 받게 된다.

하지만 포기하는 능력은 행복과 안녕을 위해 반드시 필요하다. 그리고 우리는 이를 통해서도 무언가를 배울 수 있다.

목표를 성공적으로 포기하기 위해선 두 가지 단계를 밟을 필요가 있다. 첫째, 포기가 정말 자신을 위해 최선의 선택인가를 결정해야 한다.

+ 최선의 선택

아래 질문에 답을 해보자. 답변을 적어 내려가는 것이 많은 도움이 될 것이다.

1. 왜 나는 이 목표를 추구하기 위해 힘든 시간을 인내하고 있는가? 성공적으로 해내기 위해서는 무엇이 필요한가? 만약 대답이 '뭘 답해야 할지 모르겠다'라면 천천히 다시 생각하길 바란다. 당신에게 필요한 것은 무엇인가?

   a. 더 많은 시간
   b. 더 많은 노력
   c. 새로운 시도 방법
   d. 전문가의 도움
   e. 자기통제력
   f. 더 나은 계획

2. 성공하기 위해선 무엇이 필요한가? 시간을 확보할 수 있는가? 에너지는? 다른 사람의 도움을 구할 수 있는가? 그에 대한 답이 '아니오'라면 목표를 포기할 것을 심각하게 고려

3. 치러야 할 대가가 너무 클 것 같은가? 나를 불행하게 할 것 같은가? 중요한 여러 다른 목표들을 희생해야 할 것 같은가? 이에 대한 답이 '그렇다'이면 목표를 포기할 것을 심각하게 고려해야 한다.

이 과정을 거친 후 목표를 포기하겠다는 결정을 내렸다면 더 깊이 생각하지 않도록 하라. 무의식 속에선 여전히 목표가 활성화되어 있기 때문이다. 무의식은 이 결정을 받아들이지 못하고 있다.

이제부터 우리가 밟을 두 번째 단계가 정말 중요하다. 대부분이 이 과정을 무시하지만, 이 단계를 받아들이는 것이 행복을 증진하는 열쇠로 후회를 극복할 수 있는 길이다. 목표를 대체할 수 있는 것을 찾아라. 한 번도 생각해본 적이 없는 것일수록 좋다. 만약 포기한 것이 경력이었다면 어떤 직업을 찾아야 하는 것일까? 에어로빅 강습이 싫다면 그것을 대체할 만한 운동은 무엇이 있는가? 파트너와 이별을 생각했다면? 함께했던 그 시간을 어떻게 대신할 수 있을까?

한 목표를 포기할 때 우리는 다른 목표를 찾고 새로운 목표에 이끌리는 훨씬 유연한 자세를 갖게 된다. 목표를 대체하

는 것은 실질적으로 목표 의식과 우리의 정체성을 유지하는
데에 도움을 준다. 뒤를 돌아보기보다 앞을 바라보며 나아갈
수 있게 한다.

- ## 인내력을 가졌는가

장기간의 목표에 시간과 에너지를 투자하는 사람들은 어려움에 직면했을 때 인내력이 강하다.

- ## 인내심을 키우자

적절한 목표를 선택함으로써 투지를 키울 수 있다. '성장하기' 목표와 '자기 선택적' 목표는 오랜 시간을 견딜 수 있는 힘을 준다.

- ## 재능의 문제가 아니다

재능은 타고난다. 그런데 재능이 부족하다는 생각이 자꾸 들어 포기하고 싶어진다면, 그 생각은 틀렸다. 노력, 계획, 인내, 그리고 좋은 전략이 언제나 성공을 실현한다. 이 사실을 깨닫는 것만이 스스로에게도 도움이 되며 목표를 정확히 달성할 수 있게 한다.

- ## 모든 것을 다 할 수는 없다

능력이 부족하기에 목표를 포기하는 것은 좋은 생각이 아니다. 하지만 우리의 시간과 에너지는 한정적이다. 때로는 무언가를 포기해야 한다. 실질적으로 달성하는 것이 불가능할 때 목표를 버리는 것을 두려워하지 말라.

• 포기하는 것도 용기이다

정말 원하는 목표이고 달성할 수 있을 것 같을 때조차 목표에서 한 걸음 물러설 수 있어야 한다. 너무 많은 대가를 치러야 할 때가 그렇다. 어떤 목표를 위해 너무 많은 고통을 감수해야 하고 너무 많은 것을 포기해야 할 경우, 때로는 그런 희생들이 그만한 가치를 창출하지 못할 수 있다.

• 낡은 것이 나가면 새로운 것이 들어온다

언제 목표를 포기해야 하는지를 알기는 정말 어렵다. 게다가 너무 많은 비용을 들였고 인간관계와 같은 삶의 기초적인 면을 희생했다면 더욱 그렇다. 단계를 밟아 감행하면 쉬울 뿐만 아니라 보상까지 따라올 수 있다. 낡은 것을 대체할 수 있는 새로운 목표를 찾아라. 이것이 당신의 의무감과 목적의식을 유지하며 퇴행하지 않는 삶을 살아가게 한다.

13.
좋은 조언과
나쁜 조언

피드백은 중요하며 목표를 달성하기 위해서는 필수적이다. 피드백이 없으면 제대로 가고 있는지도 모른 채 어두운 밤길을 눈을 감고 걷는 것이나 마찬가지이다. 부모, 선생님, 코치와 직장 상사들은 다른 사람에게 피드백을 제공하는 것이 역할의 한 부분이다. 이들은 아이와 학생, 제자들의 잘잘못을 가려줄 뿐만 아니라 동기를 유지할 수 있도록 도와준다. 불행하게도 경험상 모든 피드백이 도움이 되는 것은 아니다. 어떤 것은 다소 쓸모가 없다. 또 어떤 것은 역효과를 불러 오기도 한다. 좋은 의도를 갖고 있었다 할지라도 칭찬과 비평에는 생각지 못한 부작용이 따라올 수 있다. 왜 의도대로 되지 않았는지 알기는 어렵다.

왜 어떤 것은 의도대로 되고 어떤 것은 뜻대로 되지 않는지를 설명할 수 있는 피드백의 과학이 있다. 말해야 할 것과 말하지 않아야 할 것을 아는 것은 타고난 재능의 문제가 아니다. 과거에 망친 경험이 있다면 적절한 피드백을 주는 방법을 지금부터 배울 수 있다. 이 장에서는 동기 부여를 유지하게끔 하는 피드백이 어떤 것인지에 대해 논의할 것이다.

스스로에게 물어보자. 누군가가 충분한 노력을 하지 않거나, 혹은 잘못된 방식으로 과제를 처리하고 있거나, 정말 어울리지 않는 역할을 떠맡고 있을 때 충고를 한 적이 있는가? 도움을 요청하지 않아도 조언을 하는 것이 좋을까? 능력을 칭찬하는 것이 좋을까, 열정을 칭찬하는 것이 좋을까? 자주 하는 것이 큰 성과를 달성했을 때를 대비해 아껴두는 것이 좋을까? 이와 같은 질문을 던지면 아마도 각양각색의 답이 나올 것이다.

좋은 피드백을 하는 것이 다소 어렵다는 사실을 부정하지는 않겠다. 사람의 능력을 칭찬하면 기분이 고양된다. 하지만 상황이 힘들어지면 기분이 곤두박질칠 수 있다. 반면 노력을 칭찬하게 되면 때로 그 당사자의 지능이나 재능을 폄하할 우려가 있다. 하지만 난제에 사로잡혔을 때는 좌절하지 않게 하는 효과가 있다. 또한 작은 성취를 칭찬하게 되면 당사자의 수행 능력을 약화시키는 결과를 초래할 수도 있다. 너무 걱정하지 말자. 방금 말했듯이 피드백은 과학이다. 몇 가지 원칙이 있다. 이 간단한 규칙을 알게 되면 무엇을 말하고 어떻게 말해야 하는지를 알 수 있을 것이다.

정직한 피드백이 필요할 때

충고하기란 쉽지 않은 일이다. 나쁜 얘기를 좋아하는 사람은 없다. 건설적인 비판이나 생산적인 비평은 습득하기 어려운 기술이다. 비판할 때 우리는 이렇게 생각한다. 비판을 받는 사람들의 감정을 최대한 보호해야 한다는 것이다. 부정적인 감정이 일어나지 않도록 흔히 이렇게 말한다. "네 잘못이 아니야." "최선을 다했으니 됐다." "너한테 어울리는 일이 아니었어." 이와 같은 진술이 정확한 평가인지의 여부는 중요하지 않다. 단지 그 사람의 감정이 다치지 않기를 바랄 뿐이다.

하지만 동기 부여의 측면에서 이는 매우 근시안적인 관점이다. 부정적인 평가는 정직한 피드백이 가져오는 불행한 결과이지만 동시에 필수적인 결과물이다. 분노와 슬픔은 동기 부여 측면에서 일정한 역할을 한다. 우리 뇌는 부정적인 감정을 제거하려고 하는 경향이 있다. 같은 지적을 또 받으려는 사람은 없다. 부정적인 평가는 몸에서 마치 자동차의 연료처럼 작동할 수 있다. 일부러 불쾌한 감정을 불러일으키는 피드백을 하라는 것이 아니다. 요점은 듣기에 좋은 말이 동기 부여 측면에서 꼭 효과적이지 않다는 것이다. 들어야 될 필요가 있다면 머뭇거리지 말아야 한다. 나쁜 결과를 초래할까 두려워할 필요가 없다.

피드백이 좋은 결과를 야기하려면 성공이 아직 당사자의 행동 여하에 달렸다는 확신을 주어야 한다. 자기 능력에 대한 회의를 불러일으키는 피드백만큼 동기 부여를 잠식하는 것은 없다. 이는 승급 지향적 사람들에게 특이나 중요하다. 획득의 관점에서 목표를 바라보는 사람은 비관적인 비평에 민감하게 반응한다. 그러므로 부정적인 피드백을 줄 때 당사자에게 이득이 되게 하기 위해선 마음속에 새겨야 할 몇 가지 중요한 사항이 있다.

첫째, 가능한 한 잘못된 점을 구체화해야 한다. 그렇게 해야 문제점을 과도하게 일반화하는 잘못을 피할 수 있다. '공식을 다시 공부해'라고 해야지 '수학 머리는 아니구나'라고 해서는 안 된다. 능력을 탓하게 되면 자신감을 잃을 뿐만 아니라 향상하고자 하는 의지마저 꺾인다. 형편없는 대화 기술을 갖고 있다면 차라리 말하지 않는 것이 좋다. 무엇이 잘못되었는지, 그리고 무엇을 해야 하는지를 구체적으로 말해야 한다. 정확하게 무엇을 말하고 무엇을 말하지 않아야 할까? 그리고 어떻게 말해야 할까?

피드백의 안 좋은 예:

밥, 자네는 뭐 하나 제대로 하는 게 없어.

피드백의 좋은 예:

밥, 프로젝트 진행 상황을 볼 때 시간 관리가 제대로 되지 않고 있어. 진행 상황을 매주 짧게라도 내게 보고해줘.

처음의 것은 능력에 대한 비판이다. 단점만 지적하고 개선책이 없다. 두 번째 피드백은 시간 관리를 제대로 하지 못한다는 것을 명확히 알려준다. 또 이를 극복하라는 메시지도 함께 전달되었다. 이렇게 할 수 있는 일을 정확하게 지적하면 당사자의 감정에 자율권을 남길 수 있다. 구체적이어야 변화를 유도한다.

부정적인 피드백을 할 때 마음속에 새겨두어야 할 것이 있다. 자존감이 낮은 사람들은 자존감이 높은 사람들에 비해 자신이 들은 것을 과도하게 일반화한다. 리하이대학의 연구실에서 초청 연사 한 분과 이야기를 나눌 기회가 있었다. 상당히 잘 알려진 분이었는데, 그분이 한 주제에 대한 설명이 다소 불

분명했다. 이야기 끝에 동료 한 사람이 그에게 방금 말한 것을 어떻게 확증할 수 있냐고 물었다. 그는 그만 화를 내며 방을 나가고 말았다. 훗날 이 사건에 관해 다시 얘기할 기회가 있었다. 그때 그는 심각한 어조와 확신이 찬 목소리로 내 동료가 자신을 바보 취급했다고 말했다. "그런 조건에서 어떻게 자존감을 측정하셨나요?"라는 질문이 그의 머릿속에서 "그건 멍청한 연구 아닌가요?"로 번역된 것이다. 이런 예기치 않은 상황을 피할 수 있는 완벽한 방법은 없다. 하지만 누군가에게 부정적인 피드백을 줄 때는 개선점이 무엇인지 구체화할 수 있도록 특별한 주의를 기울여야 한다.

상황을 통제할 수 없다고 느낄 때 사람들은 비관적이 된다. 반면 상황을 통제할 수 있다고 생각하면 자존감 상승과 함께 낙관적인 태도를 유지할 수 있다. 그러므로 부정적인 비평을 할 때는 당사자가 상황을 통제할 수 있다는 감정을 약화시키지 말아야 한다. 그렇게 하고 싶은 유혹이 들지라도 결과와 당사자를 함께 묶어서 비난하지 않는 것이 최선의 방법이다. 자신의 의지로 다른 결과를 만들어내기 위해선 실패에 대한 책임감을 느낄 필요가 있다. 열심히 해야 한다거나 다르게 시도할 필요가 있다고 충고해야 한다면 느낌 그대로 말하는 것이 좋다. 하지만 자신의 힘으로 변화를 유도할 수 있다는 지적이 들어가야 당사자의 자신감을 훼손하지 않게 된다.

피드백의 안 좋은 예:

화학 시험 망쳤다고 걱정하지 마. 과학 과목이 네 적성에 맞지 않을 뿐이야. 너는 글쓰기에 재능이 있잖니. 여기 작문 점수가 얼마나 좋은지 보렴.

피드백의 좋은 예:

화학 시험을 충분히 준비하지 않았구나. 작문 시험만큼 공부를 하지 않은 게 아닐까? 화학 공부에 얼마나 시간을 쏟을지, 어떻게 공부해야 할지 얘기를 해보자. 다음번에는 이보다 잘할 수 있을 거야.

안타깝게도 시간과 노력을 투자한다고 할지라도 여전히 목표에 도달하지 못하는 경우가 있다. 이런 경우에 사람들은 쏟아부은 노력을 칭찬함으로써 감정을 북돋우려고 한다. "속상해하지 마. 최선을 다했잖아!" 이처럼 좋은 의미의 피드백은 피드백을 하는 위치에 있는 사람에게는 당연한 의무이다. 하지만 연구에 의하면 이와 같은 피드백을 하면 당사자는 자신의 재능을 탓하기 쉽다. 의도하고자 하는 상황과는 반대로 흘러가는 것이다. 쏟아부은 노력이 실패로 귀결되었을 때는 칭찬을 피하고 정확한 정보로 피드백을 해야 한다. "다르게 할 수는 없었을까?" 노력 문제가 아니라면 비효율적인 전략을 지적해야 한다. "더 나은 계획이 있지 않을까?" 피드백은 잘못과 함께 정확한 방법(계획)을 알려주는 것이 중요하다.

칭찬의 5가지 규칙

나쁜 칭찬이라는 것이 있을 수 있을까? 비평이 건설적일 수도 있지만 해로울 수도 있다고 말하면 모두들 이 사실을 쉽게 인정한다. 하지만 칭찬이 독이 될 수 있다는 말에는 머뭇거린다. 사실 칭찬은 동기를 강화할 수도 있고 약화시킬 수도 있다. 모든 것은 무엇을 어떻게 말하느냐에 달렸다. 연구에 따르면 칭찬에는 기대하는 만큼 자신감과 투지를 상승시키는 효과가 있다. 칭찬을 받으면 사람들은 주어진 과제를 즐겁게 받아들이고 또 기꺼이 그것을 하려고 든다. 하지만 때로는 과도한 압박이 되기도 있다. 도전 정신을 약화시킬 뿐더러 자율권을 침해할 수도 있다. 어떤 방식으로 칭찬해야 부정적인 결과를 방지하고 지속적인 성과를 유지하도록 할 수 있을까?

2002년 칭찬의 효과를 다룬 수많은 논문이 나왔다. 심리학자 제니퍼 헨더롱Jennifer Henderlong과 마크 레퍼에 따르면 칭찬이 긍정적인 영향력을 갖기 위해선 다섯 가지 규칙에 따라야 한다.

+ 규칙 1. 칭찬은 진정성이 있어야 한다

칭찬에는 진정성을 담아야 한다. 그렇지 않다면 진정성이 있는 것처럼이라도 보여야 한다. 진정성이 없는 칭찬은 다른 동기를 숨긴 것이다. 칭찬을 통해 무언가를 유도하고 있다는 느낌이 드는 순간 칭찬에서 진정성은 사라진다. 또 너무 과장되어도 솔직하지 못하다는 인상을 준다. "여태껏 본 것 중 가장 최고야!" 이처럼 칭찬에도 적정 수준이 있다.

또 타고난 속성인 것처럼 과하게 일반화해도 칭찬의 영향력은 반감된다. "형은 항상 인심이 후한 사람이야!" 이를 받아들이는 사람은 반례를 쉽게 찾아낸다. "내가 밥을 안 살 경우엔 뭐라고 할 거지?" 가능하다면 칭찬받아야 하는 것이 정확히 무엇인지 구체적으로 표현하는 것이 좋다.

칭찬의 안 좋은 예:

업무처리가 환상적이었어. 필! 자네는 꿈에 그리던 직원이야.

칭찬의 좋은 예:

필, 자네의 고객 관리에 깊은 인상을 받았네. 힘든 상황이었는데 정말 잘 참아주었어. 꾹 참고 인내해줘서 정말 고맙네. 항상 내 기대를 뛰어넘는군.

하지 않은 일은 칭찬하지 말아야 한다. 그리고 무언가를 배우고 있을 때에 그에 대한 재능을 과도하게 칭찬하는 것도 좋지 않다. 동기 부여를 받기보다 쑥스러움을 경험할 가능성이 크다. 작은 능력이나 성과에 대한 칭찬도 마찬가지다. "와우, 조, 당신 손글씨는 알아보기가 너무 쉬워요." 최악의 경우 칭찬을 듣는 사람에게 부정적인 영향을 미친다. '왜 내 손글씨를 칭찬한 거지?' 별것 아닌 일에 칭찬받고 싶어 하는 사람은 없다.

진정성을 보이기 위해선 비언어적 행동으로 칭찬을 스스로 반박해서도 안 된다. 예컨대 상대와 눈을 마주치지 않는다거나, 억지로 꾸며내는 것처럼 뜸을 들이면 당사자는 말과 행동이 일치하지 않는다는 것을 단박에 파악한다. 그리고 칭찬은 남발하지 않고 조금 아껴야 한다. 그렇게 해야 좋은 성과를 기대할 수 있는 격려가 된다. 하지만 칭찬받을 만한 자격이 있다면 반드시 해야 한다.

+ 규칙 2. 노력을 칭찬한다

타고난 재능이나 능력과 같이 불변의 속성이라고 믿는 자질을 칭찬하면 어려운 일이 발생했을 때 문제가 야기될 수 있다. 이런 예가 적절할 것이다. 시험을 잘 치른 아이에게 우리 아들은 정말 똑똑하다고 칭찬했다. 만약 다음 시험을 망치게 된다면 아이는 자신에 대해 어떻게 생각할까? 반면 노력, 인내, 투지에 대해 칭찬은 성공으로 가기 위한 핵심적인 연료이다. 이런 자질을 칭찬받은 당사자들은 어려움과 좌절에 직면했을 때 회복력이 좋다.

규칙 2의 중요성은 캐롤 드웩과 클라우디아 뮬러^{Claudia} ^{Mueller}가 기획한 일련의 연구를 통해 증명이 되었다. 학생들에게 비교적 쉬운 3세트의 문제를 풀게 한 후 그 결과를 두고 칭찬을 한 실험이었다. 학생들의 절반은 능력을 강조한 칭찬을 받았다. "정말 잘했구나. 똑똑한 아이라고 생각했는데 내 생각이 맞았네." 다른 절반의 아이들은 노력에 초점을 맞춘 칭찬을 받았다. "정말 잘했구나. 열심히 공부하는 학생일 줄 알았어." 이 실험 후에 모든 학생들에게 점차 난이도를 올려 열 개 중 한 개도 풀기 어려운 문제로 구성된 세트를 주었다. 첫 세트는 학생들이 처음 풀었던 문제와 비슷한 수준이었지만 단계가 올라갈수록 난이도가 점점 높아졌다.

실험 결과 '똑똑함'에 대해 칭찬받은 학생들은 단계가 올라갈수록 결과가 나빴다. 첫 실험에서 받은 점수가 자신의 '똑똑함'에서 비롯된 것이라고 생각한 학생들은 난이도가 올라가는 두 번째 세트에서부터 자신이 그렇게 똑똑하지 않다고 생각했고 세 번째 세트는 아예 풀지도 않았다. 이 그룹의 학생들은 자신감과 함께 문제 풀이 동기까지 상실했다.

하지만 노력에 대해 칭찬받은 학생들은 상반된 결과를 보여주었다. 이들은 첫 실험에서 받은 점수가 노력의 대가라는 것을 알았기에 난이도가 높아지는 두 번째 세트에서부터는 오히려 집중력을 높여 적극적으로 풀이에 임했다. 학생들은 자신감과 동기를 잃지 않았으며 처음보다 더 높은 점수를 받을 수 있었다.

모두 능력에 대해 칭찬을 받는 것이 어떤 기분인지 이해할 수 있을 것이다. 노력이 아니라 영특함을 칭찬받을 때가 기분이 더 좋다. 사람들은 능력이 이루어내는 결과물이 엄청나다는 것을 본능적으로 알고 있다. 하지만 무엇이 정말 중요한지를 스스로에게 물어야 한다. 단지 좋은 기분에 휩싸여 있을 것인가, 아니면 목표 달성을 하기 위해 필요한 능력을 개발해야 할 것인가를 말이다. 답이 후자라면 칭찬은 그에 맞게 조정해야 한다.

결코 능력에 대한 칭찬을 하지 말아야 한다는 뜻은 아니다. 우리 부모님은 내가 무언가를 잘할 때마다 똑똑하다는 칭찬을 아끼지 않았다. 나 또한 스스로에게 그렇게 말하고는 했었다. 기억해야 할 분명한 사실은 능력만 따로 칭찬하지 말라는 것이다. 누군가 어떤 것에 재능을 가졌다면 노력도 함께 칭찬해야 한다. 그렇게 해야 그 재능이 빛을 발할 수 있다. 능력만으로 성공할 수는 없다. 성공은 대부분 적절한 행동, 인내 그리고 동기를 잃지 않고 앞으로 나아갈 때 이루어진다.

칭찬의 좋지 않은 예:

잘했어, 토미! 넌 정말 똑똑한 아들이야!

칭찬의 좋은 예:

잘했어, 토미! 이번 시험을 위해 열심히 공부했다는 것이 엄마는 정말 너무 자랑스럽다.

+ 규칙 3. 칭찬할 때는 비교하지 말아야 한다

이 규칙은 규칙 2와 직접적으로 관련이 있다. 비교는 노력이나 헌신과 같은 통제할 수 있는 자질에 대한 공헌을 무시한 채 항상 능력의 관점에서 이루어지기 때문이다. 사람들은 자신의 성과가 누군가와 비교될 때 자연스럽게 '평가받기'의 관점에서 스스로를 바라본다. 비교에 주안점을 둔 칭찬은 자의식을 자극해 칭찬받는 사람은 지속적으로 자신을 증명해야 한다는 강박에 시달릴 수 있다. 미래의 성취에 부정적인 영향을 미치는 것은 당연하다.

그러므로 누군가를 칭찬할 때는 경쟁심을 부추기지 않고 개인적인 목표의 달성에 초점을 두어야 한다. 비교해야 할 것은 그 사람의 '어제의 성과'와 '오늘의 성과'이지 타인이 되어서는 안 된다.

칭찬의 안 좋은 예:

댄, 자넨 개교 이래 가장 좋은 성적으로 졸업한 학생이야.

칭찬의 좋은 예:

댄, 입학할 때보다 훨씬 더 발전했어. 이제 일류 학자로 가는 첫걸음을 시작한 것이나 다름없네.

✚ 규칙 4. 칭찬은 당사자의 자율권을 약화시키는 방식으로 이루어져서는 안 된다

보상이나 압력은 종종 통제받고 있다고 느끼게 할 수 있으며 정작 자신을 위해 무엇을 해야 할지 알 수 없게 만든다. "계속 이 성적이면 아빠가 큰 선물을 하마", "이렇게만 하면 너 정말 크게 될 것 같다"와 같은 칭찬은 외적 평가에 주안점을 둔 것이다. 목표 달성을 내재화하고 그 과정을 즐기고 목표에 흥미를 잃지 않기를 바란다면 과제 자체에 초점을 두고 '자율성'을 유지할 수 있도록 당사자의 감정과 선택을 지지하는 칭찬을 해야 한다.

좋지 않은 칭찬의 예:

애니, 수학 점수가 조금만 더 올라가면 엄마가 동네방네 자랑할 수 있겠다.

좋은 칭찬의 예:

애니, 점수가 좋아지는 걸 보니 수학에 드디어 흥미를 가졌구나. 엄마는 정말 기쁘다.

+ **규칙 5. 칭찬할 때는 성취 가능한 목표와 기대가 함께 전달되어야 한다**

성취를 인식시키는 것은 동기를 유지하고 좋은 결과를 이끌어 낼 수 있는 최선의 방법이다. 하지만 때때로 열정을 앗아가는 칭찬도 있다. 칭찬으로 자신감을 불어넣을 수 있다고 생각하지만 부주의한 신호로 반대의 효과를 얻을 수 있다.

유망한 학생에게 '하버드대학으로 가야지'라든가, 재능 있는 운동선수에게 '올림픽을 위하여'라고 하는 것은 해가 되지 않는 칭찬처럼 들린다. 하지만 이런 말을 너무 자주 들으면 당사자에게 압력으로 작용한다. 기준점을 높이지 말라는 얘기가 아니다. 칭찬은 현실적이어야 한다. 수천 명의 영특한 학생들이 매년 하버드대학의 입학을 거절당한다. 극소수의 뛰어난 운동선수만이 올림픽에서 자신의 나라를 대표할 수 있는 특권을 가질 뿐이다(이렇게 생각하라. 미국에서 네 번째로 빠른 사나이는 올림픽에 출전할 수 없다).

칭찬으로 격려하기 위해선 가능한 목표가 설정되어야 한다. 하버드대학이 아니라 '좋은 대학'만으로도 칭찬은 충분하며 올림픽이 아니라 '전국대회'가 되어도 격려는 충분하다.

좋지 않은 칭찬의 예:

그렇게만 하면 메이저리그를 기대해도 되겠다.

좋은 칭찬의 예:

잘했어. 잠재성이 무궁무진해. 장래에 무엇을 할지 조금씩 생각할 때가 된 것 같구나.

만약 좋은 피드백을 주고 싶으면 먼저 말하고 싶은 것에 대해 사려 깊은 생각을 해야 한다. 말 한마디는 우리가 알고 있는 것 이상으로 동기 부여에 큰 역할을 할 수 있다. 그러므로 칭찬을 할 때에는 그 안에 힘과 영감을 불어넣을 수 있는 메시지가 담겨야 하며 구체적인 정보가 있다면 더욱 좋다.

• 진실만을 말하자

상처 주지 않기 위해 유의해야 하지만, 그렇다고 해서 할 것을 숨겨서도
안 된다. '네 실수가 아니야', '최선을 다했잖니'라고 부드럽게만 말한다
면 감정을 위로할 수는 있지만 동시에 무기력하게 만들 뿐더러 동기 부
여도 되지 않는다. 실패에 대한 책임감을 갖게 하기 위해서는 노력과 전
략의 부재에 대해 명확히 지적해야 한다.

• 긍정적이고 실용적 관점을 유지하자

비평을 할 때는 문제점이 무엇인지, 어떤 조치를 취해야 해결할 수 있는
지를 구체화하는 것이 좋다.

• 진정성을 담아야 한다

동기 부여를 강화시키기 위해선 칭찬에 진정성이 담겨야 한다. 너무 과
장하거나 일반적인 칭찬도 솔직하지 못하다는 인상을 주며 너무 잦은 칭
찬은 진정성을 약화시킨다. 성취와 열정, 자격이 있을 때에만 칭찬하자.

• 행동을 칭찬하자

칭찬은 반드시 당사자가 통제할 수 있는 행동에 주안점을 두어야 한다.
노력과 좋은 전략, 투지, 열정, 인내에 초점을 두는 것이 중요하다.

• 다른 사람과 비교하지 말자

어제의 나와 오늘의 나만 비교하자. 얼마나 성장했는지에 가치를 두고 비교를 하되 타인과의 비교는 절대로 피해야 한다.

• 자율성이 중요하다

칭찬과 보상을 결합시켜 자율감을 약화시켜서는 안 된다. 자율적 선택이라는 느낌이 유지되어야 내재적 동기가 강화될 수 있다.

• 현실감을 유지하자

칭찬과 비평에는 항상 수용할 수 있는 기대와 기준이 있어야 하며 현실적이어야 한다. 기대치를 너무 높인 칭찬은 압력으로 작용해 역효과를 불러온다.

더 나은 삶을 위해
행동할 시간

나는 절대적 확신을 갖고 무언가를 장담하는 것을 무척이나 경계하는 편이다. 아마 오랫동안 과학적 훈련을 받은 탓에 객관적인 자료 없이 하는 주장을 의심하는 습관 탓일 것이다. 아니면 내 이야기가 다른 사람의 동의를 받지 못하면 주눅이 드는 소심한 성격 때문인지도 모르겠다.

이렇게 안전을 중시하고 소심한 나조차도 100퍼센트 확신하는 것이 한 가지 있다. 그건 바로 목표 달성의 성공 가능성은 노력을 통해 얼마든지 높일 수 있다는 말이다.

나는 이 책에서 동기를 부여하고 성공 가능성을 높이는 데 필요한 아주 구체적이고 실용적인 실천 방법들을 다양하게 소개했다. 이제부터는 과거의 성공으로부터 소중한 교훈을 스스로 이끌어내고 실패의 경험 속에서도 원인을 찾아내 문제를 해결하는 새로운 전략을 수립할 수 있을 것이다.

목표 달성을 가로막는 모든 장애물에는 반드시 해결책이 있다. 예를 들어 자기통제력이 떨어졌을 때 우리는 이를 신속하게 회복시킬 수 있다. 미리 계획을 수립하고, 현실적 낙관주의를 강화하고, 인내력을 키움으로써 목표 달성을 방해하는 다양한 장애물들을 슬기롭게 극복할 수 있다. 관점을 달리하고, 목표에 맞는 적절한 전략을 선택함으로써 성공 가능성을 높일 수 있다. 그리고 객관적인 상황 판단으로 목표를 포기하는 최후의 방안까지 고려하고, 이를 통해 행복하고 건강한 삶을 누릴 수 있게 될 것이다.

이 책에서 소개한 다양한 실천 방안을 여러분이 일상에서 직접 실천하고 인생이 변하는 순간을 맞이하기를 기대한다. 목표를 세우고, 계획을 구체화시키는 일을 실천에 옮기기 위해 특별한 재능은 필요 없다. 또한 지금보다 성공적인 사람이 되기 위해 180도 다른 사람이 되어야 할 필요도 없다. 목표 달성을 위해 실질적으로 어떤 것이 도움이 되는지 아는 것만으로 충분하다.

여러분은 이미 알고 있다. 성취와 달성을 위해 필요한 지식이 무엇인지 습득했다면 이제 행동에 옮길 시간이다. 자, 바로 시작하자!

석세스

초판 1쇄 발행 2025년 11월 5일

지은이 하이디 그랜트 할버슨
옮긴이 장원철
콘텐츠 그룹 조혜영 양예주 전연교 김신우 정다솔 문혜진 기소미
디자인 [★]규

펴낸이 전승환
펴낸곳 책읽어주는남자
신고번호 제2024-000099호.
이메일 bookfarmers@thebookman.co.kr
ISBN 979-11-24038-08-6 (03190)